A classe operária tem dois sexos

Trabalho, dominação e resistência

3ª edição

Primeira edição, 1991

Tradução: Marco Aurélio Garcia *("Movimento de mulheres e representação política no Brasil (1980-1990): o gênero das representações")* e Noemia Arantes *("Lutas operárias e lutas das operárias em São Bernardo do Campo", "Masculino e feminino na prática e nos discursos sindicais no Brasil" e "Modelo japonês e práticas brasileiras")*

Esta edição obedece às normas do Novo Acordo Ortográfico da Língua Portuguesa.

Nota do editor: mantivemos, nesta edição, o padrão de referências bibliográficas da 1ª edição da obra.

Todos os direitos reservados à Fundação Perseu Abramo e Editora Expressão Popular.

Fundação Perseu Abramo
Rua Francisco Cruz, 234 – Vila Mariana
04117-091 São Paulo – SP
f: 11 5571 4299
www.fpabramo.org.br

Editora Expressão Popular
Rua Abolição, 201 – Bela Vista
01319-010 São Paulo – SP
f: 11 3105 9500 – 3522 7516
livraria@expressaopopular.com.br
www.expressaopopular.com.br
www.facebook.com/ed.expressaopopular

A classe operária tem dois sexos

Trabalho, dominação e resistência

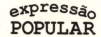

Fundação Perseu Abramo
Instituída pelo Diretório Nacional do Partido dos Trabalhadores em maio de 1996.

Diretoria:
Presidente: Aloizio Mercadante
Vice-presidenta: Vívian Farias
Elen Coutinho
Jéssica Italoema
Artur Henrique
Alberto Cantalice
Carlos Henrique Árabe
Lindbergh Farias
Márcio Jardim
Valter Pomar

Conselho editorial:
Albino Rubim, Alice Ruiz, André Singer, Clarisse Paradis, Conceição Evaristo, Dainis Karepovs, Emir Sader, Hamilton Pereira, Laís Abramo, Luiz Dulci, Macaé Evaristo, Marcio Meira, Maria Rita Kehl, Marisa Midori, Rita Sipahi, Silvio Almeida, Tassia Rabelo, Valter Silvério

Coordenador editorial:
Rogério Chaves

Assistente editorial:
Raquel Costa

Preparação de originais
Angélica Ramacciotti

Capa
Caco Bisol

Projeto Gráfico e Editoração Eletrônica
Enrique Pablo Grande

Copyright © by Leon de Souza Lobo Garcia

Dados Internacionais de Catalogação na Publicação (CIP)

S729c Souza-Lobo, Elisabeth, 1943-1991.
A classe operária tem dois sexos : trabalho, dominação e resistência / Elisabeth Souza-Lobo. – 3. ed. – São Paulo : Fundação Perseu Abramo, Editora Expressão Popular, 2021.
304 p.

Inclui bibliografia e anexos.
ISBN 978-85-7643-097-1 (Fundação Perseu Abramo)
ISBN 978-65-5891-014-5 (Expressão Popular)

1. Trabalhadores - Brasil - Atividades políticas. 2. Mulheres - Brasil - Condições sociais. 3. Mulheres na política - Brasil. 4. Sociologia do trabalho. 5. Sindicalismo - Brasil. I. Título.

CDU   331.101.232(81)
CDD   331.870981

(Bibliotecária responsável: Sabrina Leal Araujo – CRB 10/1507)

Sumário

Nota editorial 7

Sobre a autora 9

Prefácio à 2ª edição,
por *Leila Blass, Helena Hirata* e *Vera Soares* 11

Apresentação à 1ª edição,
por *Helena Hirata* 23

I. Práticas e discursos das operárias, processos de trabalho e lutas sindicais no Brasil. Os anos 1970 e 1980
    Lutas operárias e lutas das operárias
    em São Bernardo do Campo 29
    Masculino e feminino na linha de montagem 57
    Masculino e feminino na prática e nos discursos
    sindicais no Brasil 73
    Experiências de mulheres, destinos de gênero 83
    Trabalhadoras e trabalhadores:
    o dia a dia das representações 97
    Modelo japonês e práticas brasileiras 115

II. O gênero no trabalho: perspectivas teóricas e metodológicas
    As operárias, o sindicato e o discurso sociológico 125
    A divisão sexual do trabalho e as ciências sociais 151

Do desenvolvimento à divisão sexual do trabalho –
estudos sobre "os trabalhos das mulheres" 163
Homem e mulher: imagens das ciências sociais 179
Os usos do gênero 189
O trabalho como linguagem: o gênero no trabalho 197

III. Movimentos sociais de mulheres. Igualdade e diferença
Um movimento no feminino
(notas sobre uma política das mulheres) 213
Mulheres, feminismo e novas práticas sociais 223
A cidadania das mulheres na nova Constituição brasileira 233
Questões a partir de estudos sobre o
movimento de mulheres no Brasil 243
Mulheres: uma nova identidade 249
A igualdade imaginada 255
Movimentos de mulheres e representação política
no Brasil (1980-1990): o gênero da representação 265

IV. Anexos
Mais-valia feminina 281
Desventuras das mulheres em busca de emprego 289

V. Trabalhos da autora 295

Nota editorial

Algumas obras condensam períodos históricos e se transformam em clássicos, porque produzidos a partir da classe trabalhadora; é o caso desta que a leitora e o leitor tem mãos, agora em coedição entre a Fundação Perseu Abramo e a Editora Expressão Popular. Este livro tem por objeto compreender as transformações no mundo do trabalho na sociedade, as relações de trabalho e as novas relações sociais daí decorrentes.

A cada época, com seu modo de produção e reprodução da vida, correspondem transformações que dizem respeito às formas de vida em sociedade, de organização dos sujeitos e das relações de poder. Vide o processo desde o escravismo primitivo, do artesanato, da servidão, do modelo de produção industrial, capitalista, e mais recentemente, do impacto das novas tecnologias. Assim, adentramos nos séculos XX e XXI com os novos ramos das ciências sociais por meio do estudo científico e pelas observações inerentes ao pensamento social próprio desta época, sob a ótica da classe trabalhadora, não mais fragmentada, tecendo as críticas necessárias ao modo de produção e à decorrente alienação do trabalhador em relação à sua atividade, marcadas profundamente pelas relações de poder.

Publicada no final de 1991, como obra póstuma, *A classe operária tem dois sexos* é uma coletânea de artigos e ensaios teóricos elaborados por Elizabeth Souza-Lobo entre 1982 e 1991, período importantíssimo de estudos e sínteses sobre o que ocorria na região industrial do ABC paulista e sobre a classe trabalhadora. Apesar de parecer óbvio, o título abria um espaço fundamental de conhecimento e debate.

A obra foi organizada por Beth Lobo – como era conhecida – em torno de três grandes temas: a) estudos sobre sociologia do trabalho; b) reflexões sobre questões metodológicas; e c) análises sobre as mulheres nos movimentos sociais. O livro contou com uma segunda edição pela Fundação Perseu Abramo, em 2011, e recebeu uma apresentação mais longa, analítica, feita a seis mãos por Helena Hirata, Leila Blass e Vera Soares, o que proporcionou uma visão e contextualização da produção intelectual de Beth Lobo.

Passados 30 anos, no cumprimento das tarefas editoriais para manter viva a trajetória histórica da classe trabalhadora em seus objetivos mais nobres – assumir o protagonismo político, destruir o modo de produção que a explora, construir a alternativas socialista – iniciados em 18 de março de 1871, na Comuna de Paris, nas revoluções que se seguiram desde 1848 até hoje, prestamos também nossa homenagem à Elizabeth Souza-Lobo e Maria da Penha Nascimento Silva que, tragicamente, nos deixaram em 15 de março de 1991. Beth Lobo nos legou a pesquisa e o registro das lutas da classe que tem dois sexos; Maria nos legou o necessário trabalho de base e a dedicação em construir, nos mais longínquos rincões, a organização popular.

Que seus exemplos nos fortaleçam e nos motivem a lutar efetivamente pela revolução e transformação do mundo que nos rodeia.

Editora da Fundação Perseu Abramo
Editora Expressão Popular
Fevereiro de 2021

Sobre a autora

Elisabeth de Souza-Lobo Garcia nasceu em 30 de agosto de 1943 em Porto Alegre (RS), onde se formou em Letras. Morou na França, no Chile durante o governo Allende, e de novo na França, onde doutorou-se em Sociologia na Universidade de Paris VIII, em 1979. No mesmo ano voltou ao Brasil. Filiada ao Partido dos Trabalhadores (PT), combinou, desde então, atividade acadêmica e militância política. Deu aulas na Universidade Metodista de Piracicaba (Unimep), em Piracicaba, e na Universidade Estadual Paulista (Unesp), em Marília. Em 1982, tornou-se, por concurso, professora do Departamento de Sociologia da Universidade de São Paulo (USP) e, em 1989, passou a integrar também o quadro docente do Programa de Pós-Graduação em História Social do Trabalho, da Universidade Estadual de Campinas (Unicamp).

Elisabeth morreu em 15 de março de 1991, vítima de um acidente de carro nos arredores de João Pessoa (PB), onde havia ido proferir um ciclo de palestras e continuar sua pesquisa sobre relações de gênero em movimentos sociais no campo. No mesmo acidente perdeu a vida a líder feminista e sindicalista rural de Alagoa Grande (PB), Maria da Penha Nascimento Silva, que figurava na lista de "marcados para morrer", divulgada pela Comissão Pastoral da Terra (CPT).

Casada com Marco Aurélio Garcia, deixou um filho, Leon Garcia.

A classe operária tem dois sexos, o masculino e o feminino, e não apenas um, como parecem sugerir os estudos clássicos e o discurso sindical dominante. Esse é o ponto de partida de uma reflexão apaixonada e invulgar sobre as relações entre gênero e classe social, gênero e ação política. Frutos de mais de uma década de pesquisa universitária e militância política, os ensaios reunidos neste livro são o retrato de uma intelectual de rara coragem e inteligência, sintonizada com as grandes questões teóricas e, ao mesmo tempo, aberta às múltiplas experiências de trabalhadoras e trabalhadores brasileiros.

Prefácio à 2ª edição

Introdução

A sociologia do trabalho, desde seus primórdios[1], tem produzido uma ampla literatura sobre processo de trabalho, organização e relações de trabalho, mercado de trabalho e políticas de gestão da mão de obra, sindicalismo e movimentos sociais, e interrogado o próprio conceito de trabalho. O que há de comum nesta produção acadêmica, que resultou num grande número de correntes teóricas e ideológicas, é a invisibilidade das mulheres e do seu trabalho – profissional e doméstico – até o início dos anos 1970, com algumas raras exceções. Quando as mulheres apareciam nestes estudos, elas não eram trabalhadoras como os trabalhadores homens, mas caracterizadas pela sua especificidade, conforme Araújo (2005:88): "a mão de obra feminina como parte do exército industrial de reserva, dadas as características da sua inserção na indústria marcada pela descontinuidade, pela desqualificação e pelos baixos salários".

Os estudos sobre trabalho e trabalhadores realizados no Brasil até a década de 1970 expressavam uma visão homogênea da classe trabalhadora, ocultando a atividade feminina e as desigualdades de gênero no mercado de trabalho. Os estudos pioneiros destas temáticas no Brasil

---

[1] Podemos situar os primórdios da sociologia do trabalho nos Estados Unidos, nos anos 1920-1930 com a emergência da sociologia industrial; na França, nos anos 1950-1960 com as pesquisas de Friedman e Naville; e no Brasil, nos anos 1960-1970 com as obras pioneiras de Juarez Brandão Lopes e Leôncio Martins Rodrigues.

são de Heleieth Safiotti (1979), desaparecida recentemente, e de Eva Blay (1978)[2]. Ambas tratam da condição feminina e do trabalho das mulheres[3], que são apresentadas como uma categoria específica e sem um enfoque comparativo entre homens e mulheres. Tal enfoque comparativo aparece na sociologia brasileira no início dos anos 1980 com as reflexões de Elisabeth Lobo sobre "Masculino e feminino na linha de montagem", redigido em 1985 em colaboração com Vera Soares e reproduzido no livro que ora apresentamos.

Nos anos 1960 e 1970 há (re)aparecimento do movimento feminista, denominado "a segunda onda do feminismo" tanto nos países da Europa, nos Estados Unidos, como nos países abaixo do Equador. Este movimento centrara parte do seu debate sobre o significado do trabalho doméstico, criando uma palavra de ordem – *trabalho doméstico é trabalho*, e indagando a própria noção moderna de trabalho. O feminismo, deste modo, com suas inquietações e reflexões, influenciou a produção acadêmica contribuindo a tornar visível o trabalho das mulheres e as relações de poder entre os sexos. Na França, em particular, este debate tomou corpo com pesquisadoras feministas, como Danièle Kergoat e sua equipe, que realizaram estudos inovadores sobre as operárias, o trabalho e as reivindicações. Elisabeth Lobo desenvolveu, simultaneamente, durante toda a década de 1980, pesquisas similares sobre as operárias brasileiras, o processo de trabalho e a divisão sexual do trabalho nos estabelecimentos industriais do ABC paulista, a participação das mulheres nas lutas sindicais. Na mesma linha de Danièle Kergoat, na França, mas a partir de trabalho de campo no Brasil, Beth mostrou que "a classe operária tem dois sexos", que "operário não é igual a operária". Também "as práticas coletivas passam a ser vistas como sexualizadas", como comenta Cappellin (1994:89). Esses trabalhos constituem a primeira parte dessa obra, que é apresentada em 2ª edição, trinta anos após seu falecimento trágico no Nordeste do Brasil, em 15 de março de 1991. Fundados em pesquisas empíricas, eles permitem a conceitualização e o desenvolvimento epistemológico e teórico dos textos apresentados na segunda parte do livro. Ambas as partes contribuem para pensar as

---

[2] As teses de doutorado, que resultaram nessas publicações, são anteriores de quase uma década: Saffioti, 1968, Blay 1973.

[3] Assim como na França, onde as pesquisas pioneiras de Madeleine Guilbert (1966) e de Viviane Isambert Jamati (1962) tinham como objeto o trabalho das mulheres e a condição feminina mais do que a divisão sexual do trabalho ou as relações homem/ mulher, ou relações sociais de sexo/gênero.

vias complexas do feminismo enquanto estratégia de luta para a emancipação e para a igualdade de gênero, objeto da terceira e última parte. De trinta anos para cá, as análises sobre divisão sexual do trabalho se desenvolveram em novas direções que respondem, em parte, às novas configurações da divisão sexual do trabalho no contexto atual de globalização.

Novas configurações da divisão sexual do trabalho (1990-2010)

Se o crescimento do trabalho assalariado e remunerado das mulheres foi constatado em quase todas as partes do mundo desde os anos 1970, três características do emprego feminino são mais recentes, e datam, sobretudo dos últimos trinta anos (1990-2010) e são concomitantes ao processo de globalização econômica e financeira. Trata-se *primeiramente* do processo de bipolarização do emprego feminino: um polo majoritário constituído pelo setor tradicionalmente feminino nos ramos da educação, da saúde, dos serviços, do comércio[4], e um polo minoritário constituído de profissões valorizadas, relativamente bem remuneradas, profissões essas ocupadas em geral por mulheres brancas, não imigrantes, qualificadas (médicas, engenheiras, arquitetas, jornalistas, professoras universitárias, advogadas, juízas, publicitárias etc) (cf. Hakim, 1996; Bruschini, Lombardi, 2000).

Uma *segunda* característica é a precarização e a vulnerabilidade dos empregos criados, sobretudo a partir dos anos 1990, que se distanciam da norma do emprego estável em vigor no período anterior. No caso do Brasil, onde o trabalho informal e sem proteção social foi sempre dominante, assiste-se à instabilidade dos empregos estáveis, e a supressão, nos anos 1990, de empregos formais, sobretudo no setor industrial (Dedecca, 2010). Essa precarização social e do trabalho acarretou consequências negativas em termos de remuneração, de saúde, de condições de vida e de trabalho.

Enfim, assiste-se a partir dos anos 1990 à expansão dos ofícios relacionados ao *care* (cuidados), isto é, à mercantilização e à externalização de um trabalho tradicionalmente alocado às mulheres na esfera

---

[4] O serviço doméstico remunerado constitui a categoria profissional mais numerosa no Brasil: segundo os dados da PNAD de 2009, 7 milhões e 223 mil pessoas têm um emprego doméstico, das quais 504 mil são homens e 6 milhões e 719 mil são mulheres. Sobre as condições de trabalho dessa categoria, cf. Avila, 2010.

dita "privada", no seio da família, trabalho tradicionalmente gratuito e realizado "por amor": o cuidado da casa, das crianças, dos idosos, dos doentes. Trata-se do que podemos denominar a globalização do trabalho reprodutivo, fortemente relacionado ao aumento dos fluxos migratórios internacionais. Acreditamos que não se pode mais hoje, na década de 2010, analisar o trabalho, nem as perspectivas do movimento operário, sem estudar as migrações internas e internacionais (cf. Milkman, 2006).

Novos temas e novos enfoques sobre gênero e trabalho no Brasil (1990-2010)

As transformações macroeconômicas e sociais suscitadas pelo processo de globalização e sua incidência em termos de precarização social e do trabalho, internacionalização do trabalho reprodutivo (migração e *care*) e bipolarização do emprego feminino, abriram novos campos de pesquisa no Brasil. O desenvolvimento das novas tecnologias de informação e comunicação, a expansão das redes e a financiarização das economias conduziu ao aumento significativo do trabalho assalariado das mulheres nos países em vias de desenvolvimento nos anos 1990, sobretudo em setores como a informática, os centros de teleatendimento, o telemarketing. Os empregos criados são, entretanto marcados pela vulnerabilidade e a precariedade. O estudo das cooperativas e do trabalho associativo, as pesquisas sobre trabalho informal, onde se localiza uma maioria significativa da mão de obra feminina, assim como as novas tendências daí decorrentes do sindicalismo[5], são todos temas de pesquisa desenvolvidos nos últimos trinta anos.

O novo padrão de acumulação do capitalismo e a reestruturação da produção desencadeada em escala mundial implicaram num processo de transformação profunda do mundo do trabalho. Amplo processo de fusões e aquisições nos anos 1990 e início de 2000 trouxe para o campo de pesquisa em ciências sociais, questões como a das diferenças e conflitos de cultura entre e intraempresas (Blass, 2001). Neste contexto, mudanças significativas ocorreram no emprego da mão de obra feminina, apesar da permanência de seu status como "mão de obra secundária" (Abramo, 2007). Para a compreensão destes fenômenos, o trabalho de sociólogas como Elisabeth Lobo foi essencial e dele se valeram

---

[5] Para o conjunto desses temas recentes de pesquisa na área do trabalho e gênero no Brasil, cf. os *papers* apresentados nos GTs da ANPOCS, sobretudo no GT Trabalho e sindicato na sociedade contemporânea.

as jovens pesquisadoras para a compreensão dos efeitos complexos e contraditórios da globalização e suas consequências desiguais sobre o emprego masculino e feminino.

Estudos sobre novas formas de gestão da produção e as experiências de "trabalho em domicílio" analisado no contexto dos anos 1980 por Abreu (1986) que, compreendem a externalização de atividades, terceirização e subcontratação, mostram a presença significativa das mulheres. A maior parte dessas trabalhadoras é casada, com filhos pequenos, e tenta, segundo Leite (2008), conciliar trabalho assalariado em domicílio com atividades domésticas e o cuidado com as crianças. Um exemplo pode ser encontrado na indústria de calçados (Braga, 2006; Santos, 2006). Kergoat e Hirata (2007) assinalaram que as políticas de flexibilização e de precarização do trabalho acarretaram alterações nos tipos de atividades desenvolvidas por homens e mulheres. Os trabalhos em tempo parcial e marcados pela informalidade dos laços empregatícios passaram a englobar um número maior de mulheres, aprofundando as desigualdades entre os sexos. De acordo com Neves (2000) a força de trabalho feminina passou, então, a ser incorporada por meio das jornadas parciais, dos contratos por tempo determinado e dos trabalhos a domicílio, sem que ocorresse uma revalorização do trabalho realizado. Lavinas e Sorj (2000) mostraram que as mulheres aparecem como a força de trabalho mais sujeita a este tipo de vínculo devido às suas responsabilidades familiares e domésticas.

Mais recentemente, outra possibilidade de emprego para as mulheres de várias faixas etárias no mercado de trabalho, é constituída pelo setor bancário (Segnini, 1998) e de telecomunicações, principalmente as empresas de teleatendimento. Daí um grande número de estudos desenvolvidos sobre esse setor, por exemplo, por Nogueira (2006), Venco (2003, 2009), Freitas (2010) ou Rosenfield (2010). Freitas (2010) considera uma das principais características dessas empresas o uso associado da alta tecnologia com jornadas flexíveis de trabalho e a utilização dos atributos humanos como a voz, e mostra que "a percepção acerca do estereótipo feminino é decisiva para a inserção ou saída das mulheres de determinados setores" (*idem*: 83). Pode-se notar igualmente que, com a expansão do setor de teleatendimento e do setor de serviços em geral, as questões antes debatidas no quadro dos estudos sobre o trabalho industrial, como autonomia *versus* controle, neotaylorismo ou novas formas de organização do trabalho, são transpostas para os estudos sobre o trabalho no setor terciário (cf. Antunes e Braga, 2009; Rosenfield, 2010).

Um novo tema, não diretamente relacionado à inserção das mulheres no mundo do trabalho, é o da construção de políticas públicas que buscam alterar as condições de desigualdade e ampliar a autonomia das mulheres, em particular sua autonomia econômica e a criação de mecanismos governamentais voltados à intervenção do poder público. Isto foi decorrência das reivindicações dos movimentos de mulheres dirigidas ao poder público para que respondesse às suas necessidades e às novas questões, nascidas do questionamento das desigualdades entre mulheres e homens e ações para corrigir essas desigualdades[6]. A análise sobre as possibilidades da ação do Estado e a definição destas políticas, em muitos casos, vão se apoiar "nas elaborações sobre as relações sociais de sexo e na divisão sexual do trabalho como instrumentos teórico, para iluminar as dinâmicas das desigualdades entre mulheres e homens, e criar ações governamentais" (Godinho, 2007).

Transformações no espaço da fábrica e o lugar das mulheres no sindicato

As pesquisas mais recentes sobre o mundo do sindicato e da indústria indicam claramente a existência tanto de mudanças quanto de permanências na divisão do trabalho entre homens e mulheres num contexto de profundas transformações na organização da produção industrial. Trata-se de um mundo ainda hoje fundamentalmente masculino. Se mudanças fundamentais ocorreram desde os anos 1970 nas relações de trabalho e de poder entre os sexos, uma série de aspectos mostram que a hierarquia do masculino e do feminino continua ativa. Muitas das reivindicações e das denúncias analisadas por Ivete Garcia (2005), a partir da atuação das dirigentes metalúrgicas, químicas e da indústria do vestuário do ABC, são um prolongamento das que apareceram nas reuniões das mulheres trabalhadoras do sindicato de metalúrgicos do ABC, no final dos anos 1970 e início dos anos 1980. Estas situações das operárias e as reivindicações também foram estudadas por Elisabeth Lobo, além de John Humphrey, Leda Gitahy, Rosa Moysés, Vera Soares, Maria Berenice Godinho Delgado, e outras pesquisadoras que colaboraram com Elisabeth naquelas pesquisas. A

---

[6] Para alguns exemplos de analises destes novos temas cf. artigos apresentados em inúmeros números da Revista Estudos Feministas e nos anais eletrônicos dos diversos Seminários Internacionais – Fazendo Gênero, cf. http://www.fazendogenero.ufsc.br/site/capa .

reivindicação por creches nos locais de trabalho aparece nas plataformas sindicais de 2010, como aparecia em 1978.

Outra dessas permanências, é que ainda hoje o mesmo sindicato considera a luta das mulheres como uma "luta específica" (cf. Sindicato dos Metalúrgicos do ABC, 2010), como se lutar por igualdade ou por justiça fossem lutas específicas.

Entretanto, existem mudanças. A primeira, que indica o peso dos novos modelos produtivos (células de produção, novas formas de terceirização) e suas repercussões sobre as trabalhadoras, é a intensificação do trabalho. Ela provoca, de um lado, a lesão por esforços repetitivos, de outro, o stress, a depressão e o assédio moral (Garcia, 2005; cf. também sobre gênero e assédio, Soares, 2006). O assédio sexual não data de hoje, pois a "cantada" do chefe é velha como o mundo, mas é agravado por outras formas de pressão sobre as operárias. O "sofrimento mental" aparece na fala das trabalhadoras associado à organização do trabalho e às novas formas de controle, em particular o "autocontrole" (Garcia, *idem*).

Uma segunda mudança se refere à tradicional combatividade operária no quadro mesmo da inserção dessas empresas num polo regional dinâmico, com inovações institucionais como a Câmara Regional do ABC. Globalização e regionalização são duas faces de um mesmo fenômeno, e a dialética do local e do global aparece como um dos aspectos importantes no processo de reestruturação produtiva dessa região nos anos 1990 e 2000.

Uma terceira mudança pode ser apreendida na evolução da Comissão Nacional sobre a Mulher Trabalhadora, para Secretaria Nacional sobre a Mulher Trabalhadora da CUT, sob a coordenação de Maria Ednalva Bezerra de Lima[7], precocemente falecida em 2007, que organizou uma rede feminista de debate e ação composta de organizações sindicais, entidades feministas, ONGs, entidades universitárias etc, em torno de objetivos comuns. Trata-se de um coletivo com uma configuração original, e em plena evolução.

Embora os estudos sociológicos sobre operárias industriais e suas lutas tenham perdido terreno nas duas últimas décadas, as mudanças citadas constituem desafios e, ao mesmo tempo, pistas heurísticas para a pesquisa.

---

[7] O livro *Mulheres da CUT: uma história de muitas faces* relata esta trajetória de construção deste lugar de representação e organização das trabalhadoras na Central Única dos Trabalhadores (CUT).

Sociologia da divisão sexual do trabalho e "coextensividade"

A não hierarquização foi um princípio privilegiado por Beth. Não hierarquização das diferentes experiências, dos objetivos estratégicos, negação das "etapas", do "principal" e do "secundário", do "antes" e do "depois". Talvez a categoria trabalho, unificadora do conjunto de suas preocupações, se prestasse melhor que outras a essa não hierarquização entre teoria e ação, entre as múltiplas dimensões da sociabilidade. Introduzindo o conceito de gênero no trabalho, acabou por subvertê-lo, transformá-lo, descentrá-lo. Demonstrou desde "A prática invisível das operárias", de 1982, até "O trabalho como linguagem: o gênero do trabalho", apresentado na última Reunião Anual da Associação Nacional de Pós-Graduação em Ciências Sociais (ANPOCS), em fins de 1990, como, a questão "O trabalho: categoria-chave da Sociologia?", não se pode reagir por um sim/não. O modo de vida, o "privado", o pessoal, preenchem o espaço considerado "público", profissional, fabril. O "dia a dia das representações" dá sentido à prática de trabalho profissional e doméstico de homens e mulheres. O lugar do trabalho na construção da identidade, no acesso das mulheres à cidadania era constantemente, por Beth, simultaneamente relativizado e reafirmado – nuances que seus colegas sociólogos(as) nem sempre conseguiram introduzir...

A evolução das teorias da divisão sexual do trabalho, de 1990 para cá, conheceu uma diversificação disciplinar relativamente grande. A própria divisão sexual enquanto noção binária foi implicitamente posta em questão por teóricas como Judith Butler (2005) ou Teresa de Lauretis (2007), cujas análises sobre a cultura teriam certamente interessado Beth, que já em 1987 citava (cf. 1ª edição desse livro, 1991, p. 191 e p. 195 desta edição) a feminista Carol Gilligan, que somente nos últimos cinco anos tornou-se objeto de interesse das feministas na Europa ou na América Latina, a partir da questão de grande atualidade social e cientifica que é a da ética do "care" (Silveira e Tito, 2008).

Acreditamos, entretanto que as teorias atuais que têm maior proximidade com o universo teórico de Beth são as teorias da intersecionalidade de Kimberlé Crenshaw (2002) e a teoria da consubstancialidade ou coextensividade de Danièle Kergoat (2009). As duas autoras postulam a "interseção" ou a "imbricação" de classe, sexo, raça, sem estabelecer hierarquias. Para Danièle Kergoat, trata-se de um enfoque privilegiado para se pensar a dinâmica das relações sociais. As relações de classe e de sexo foram tradicionalmente tratadas conjuntamente, a incorporação da dimensão racial é mais recente e influenciada pelas teóricas do "blackfeminism". No Brasil, a consideração da dimensão raça pelas pesquisadoras feministas foi bem anterior à França (Gonzalez, 1982, 1983), mas aparece marginalmente na obra de Elisabeth Lobo.

Conclusão

O trabalho, na perspectiva de análise de Beth Lobo, possui uma linguagem que caberia aos cientistas sociais desvendar, do ponto de vista das relações sociais de gênero. Do mesmo modo, são sexuadas as relações de poder, de classe, bem como os movimentos sociais. O decifrar desse enigma implicaria repensar, daquela perspectiva, os "conceitos fundados em relações estruturais onde as representações simbólicas, as linguagens são neutras".

Os estudos de Beth Lobo deixam evidentes as potencialidades analíticas do simbólico na desmontagem e reconstrução das representações e da linguagem de atores e atrizes sociais dentro de uma perspectiva histórica, perspectiva tão cara à Beth, sempre atenta às periodizações e ao processo de formação das classes sociais e da construção do masculino e do feminino. Tais análises exigem abordagens metodológicas que atendam aos pressupostos da interdisciplinariedade no que se refere aos estudos do gênero no trabalho

Enfim, terminamos relembrando a participação de Elisabeth Lobo na construção do Partido dos Trabalhadores, lutando para a incorporação, desde o início, da dimensão feminista – um feminismo de classe – em suas plataformas e programas. Sua atividade redundou em múltiplos textos, apresentados – sobretudo – na última parte desse livro, que continuam sendo de grande atualidade. Beth teria certamente muito a dizer dos rumos tomados pelo PT, suas práticas no governo do país e a vitória de uma mulher desse partido para e presidência da República do Brasil. Apesar da perda, sempre sentida, dessa interlocutora e amiga privilegiada, nossos debates em torno das suas ideias não fazem senão começar, com a publicação da segunda edição de sua obra póstuma.

Leila Blass*, Helena Hirata, Vera Soares
Paris, São Paulo, dezembro 2010.

---

* Manifestamos nossa homenagem à Leila Maria da Silva Blass, professora titular no Departamento de Sociologia da PUC-SP desde 1985, que faleceu em 25 de julho de 2017. Foi pesquisadora da categoria bancária, tendo publicado seu livro mais importante sobre a grande greve de 1985: "Estamos em Greve!: Imagens, gestos e palavras do movimento dos bancários".

Referências bibliográficas

Abramo, Lais. A inserção da mulher no mercado de trabalho: uma força de trabalho secundária? Tese de Doutorado em Sociologia, USP, mimeo, 2007.

Abreu, Alice Rangel de Paiva. *O avesso da moda:* trabalho a domicílio na indústria de confecção. São Paulo, Hucitec, 1986.

Antunes, R., Braga R. *Infoproletários:* degradação real do trabalho virtual. São Paulo, Boitempo, 2009.

Araújo, Angela Maria C. "Gênero nos estudos do trabalho. (Para lembrar Elisabeth de Souza Lobo)" *in* Moraes, M. L. Quartim de (org), *Gênero nas fronteiras do Sul.* Coleção Encontros. Pagu/Núcleo de Estudos de Gênero. UNICAMP, 2005.

Avila, Maria B. *O tempo de trabalho das empregadas domésticas*, SOS--Corpo/UFPe, Recife, 2010.

Bezerra de Lima, Maria E., Godinho, D., Paulino L., Cabral, S. *Mulheres na CUT:* Uma História de Muitas Faces. CUT, São Paulo, 2006.

Blass, L. *De volta ao futuro:* o discurso empresarial e sindical no fim da Autolatina-São Paulo. Educ/Cortez/FAPESP, 2001.

Blay, E. *Trabalho domesticado* – a mulher na indústria paulista, São Paulo, Ática, 1978.

Braga, Alice M. O tempo de trabalho e os demais tempos sociais: realidade das mães que costuram sapatos em Franca/ SP. Dissertação de Mestrado, UNESP/ Franca, 2009.

Bruschini, C., Lombardi, M. R. "A bipolaridade do trabalho feminino no Brasil contemporâneo", *Cadernos de Pesquisa*, n° 110, p. 67-104, 2000.

Butler, J. *Trouble dans le genre*, Paris, La découverte, 2005 (original inglês *Gender Trouble*, 1990).

Cappellin, P. Viver o sindicalismo no feminino. *Estudos Feministas*, Viver o sindicalismo no feminino, n° especial, Rio de Janeiro, CIEC/ ECO/ UFRJ, 1994.

Crenshaw, K. Documento para o encontro de especialistas em aspectos da discriminação racial relativos ao gênero, *in Revista Estudos Feministas,* 2002.

Dedecca, C. S. Flexibilidade e regulação de um mercado de trabalho precário: a experiência brasileira; *in* Araujo, Guimaraes, Nadya Araujo; Hirata, Helena, Sugita, Kurumi (org), *Trabalho flexivel, emprego precário?* São Paulo, Edusp, 2010.

Freitas, T. V. Entre o tempo da produção econômica e o da reprodução social: a vida das teleoperadoras. Dissertação de mestrado em Sociologia do IFCH/ UNICAMP, 2010.

Garcia, Ivete. As Operárias do ABC, Reestruturação Produtiva, Relações de Gênero e Participação Sindical Feminina nos Anos 1990. Dissertação de Mestrado, São Caetano, mimeo, 2005.

Gonzales, Lélia, O movimento negro na última década, *in* Gonzalez, Lélia, Hasembalg, Carlos, *Lugar de negro*, Rio de Janeiro, Marco Zero, 1982.

Gonzales, Lélia. Racismo e sexismo na cultura brasileira, *in* Machado Silva, Luiz Antonio *et alli*, *Movimentos sociais urbanos, minorias étnicas e outros estudos*, Brasília, ANPOCS, 1983, p. 223-244.

Godinho, Tatau. Estrutura de Governo e Ação Política Feminista: A Experiência do PT na Prefeitura de São Paulo, Tese de Doutorado, PUC-São Paulo, 2007.

Guilbert, Madeleine. *Les fonctions des femmes dans l'industrie*, Paris/La Haye, Mouton, 1966.

Guimarães, Nadya A. Desemprego, padrões de trajetorias e segregação em Paris e São Paulo, *in* Costa, Albertina, Sorj, B., Bruschini, C.; Hirata, H.: *Mercado de Trabalho e Gênero: comparações internacionais*, São Paulo, Editora FGV, 2008.

Hakim, Catherine. *Key Issues in Women's Work. Female Heterogeneity and the Polarisation of Women's Employment*, London & Atlantic Highlands, NJ, Athlon, 1996.

Hirata, H., Kergoat, D. Divisão sexual do trabalho profissional e doméstico: Brasil, França e Japão, *in* Costa, Albertina, Sorj, B., Bruschini, C.; Hirata, H.: *Mercado de Trabalho e Gênero: comparações internacionais*, São Paulo, Editora FGV, 2008.

Isambert-Jamati, V. La répartition par sexe, *In* G. Friedman, P. Naville (Ed) *Traité de sociologie du travail*, vol. II, Paris, Armand Colin, 1962.

Kergoat, Danièle. Dynamique et consubstantialité des rapports sociaux, *in* Dorlin, Elsa (dir), *Sexe, classe, race, pour une épistémologie de la domination*. Paris, PUF, 2009, Actuel Marx Confrontation (trad. portug. *Novos Estudos CEBRAP*, n° 86, 2010).

Lavinas, L., Sorj, B. O trabalho a domicílio em questão: perspectivas brasileiras, *in* ROCHA, Maria Isabel Baltar(org.): *Trabalho e Gênero: mudanças, permanências e desafios*. Campinas, Ed. 34, 2000.

Lauretis, T. *Théories queer et cultures populaires:* de Foucault à Cronemberg. Paris, La Dispute, 2007.

Leite, M. de Paula. O trabalho e suas reconfigurações: conceitos e realidades. Projeto "A crise do trabalho e as experiências de geração de emprego e renda: as distintas faces do trabalho associado e a questão de gênero". Projeto FAPESP, 2008.

Milkman, Ruth, *L.A. Story:* Immigrant Workers and the Future of the U.S. Labor Movement. New York, 2006.

Neves, Magda A. Reestruturação produtiva, qualificação e relações de gênero. *In* Rocha, Maria Isabel M. (org.): *Trabalho e Gênero:* mudanças, permanências e desafios. Campinas, Ed. 34, 2000.

Nogueira, Claudia M. *O trabalho duplicado:* a divisão sexual no trabalho e na reprodução. Um estudo das trabalhadoras do telemarketing. São Paulo: Expressão Popular, 2006.

Rosenfield, Cinira L., Informational Worker Autonomy. Freedom or Control?, *in* Azais, Christian (ed), *Labour and Employment in a Globalising World. Autonomy, Collectives and Political Dilemmas.* Bruxelles, Berlin, P.I.E. Peter Lang, 2010.

Saffioti, Heleieth. *A Mulher na sociedade de classes:* mito e realidade. Petrópolis, Vozes, 1970.

Santos, Tania S. Divisão sexual do trabalho na indústria calçadista do Vale dos Sinos, Rio Grande do Sul. *Mulher e Trabalho*, 6:59-74, 2006.

Segnini, Liliana Rolfsen P. *in Mulheres no trabalho bancário:* difusão tecnológica, qualificação e relações de gênero. São Paulo: Edusp, 1998.

Silveira, M. L., Tito, N. (org.) (2008) *Trabalho doméstico e de cuidados.* Por outro paradigma de sustentabilidade da vida humana, São Paulo : SOF, 130p.

Sindicato dos Metalúrgicos do ABC, Brochura para o 2° Congresso das Mulheres Metalúrgicas do ABC, março 2010.

Soares, A. Le sexe et l'âge du harcèlement psychologique au travail, The International Conference on Violence Against Women: Diversifying Social Responses, Interdisciplinary Research Centre on Family Violence and Violence Against Women (CRI-VIFF), Montréal, 23 octobre 2006.

Soares, Vera. *Beth Lobo – a feminista, a intelectual, a militante.* Cadernos de Critica Feminista, Ano III, n° 2, SOS Corpo, Recife, dez. 2009.

Venco, S. B. *Telemarketing nos bancos:* o emprego que desemprega. Campinas: Editora da Unicamp, 2003.

_____. *As engrenagens do telemarketing:* vida e trabalho na contemporaneidade. Campinas: Arte Escrita, 2009.

Apresentação

A Classe Operária tem Dois Sexos reúne os principais escritos teóricos de Elisabeth Souza-Lobo. Organizados em três partes, eles revelam suas linhas principais de pesquisa.

A primeira parte, "Práticas e discursos das operárias, processos de trabalho e lutas sindicais no Brasil: os anos 1970 e 1980", é constituída de textos resultantes de pesquisas na área de *sociologia do trabalho*. Pela leitura do universo da produção e do trabalho a partir das *relações de gênero*, Elisabeth renova radicalmente essa subdisciplina da sociologia. Das "Lutas operárias e lutas das operárias em São Bernardo do Campo" (1982), em colaboração com J. Humphrey, L. Gitahy e R. Moysés, ao "Modelo japonês e práticas brasileiras", esses textos refletem a preocupação, sempre presente em Elisabeth, de responder à atualidade social, interpretando-a.

Em sintonia com as correntes inovadoras da sociologia do trabalho, ela não analisou apenas o *visível* no processo de trabalho e nos conflitos operários (greves, ocupações, experiências de luta), mas também a resistência *invisível*, as experiências cotidianas, "o dia a dia das representações". As relações sociais são pensadas sempre a partir dos pontos de vista da classe e do gênero, articulados num ângulo único, "coextensivos", como diria a socióloga Danièle Kergoat. Em "Experiências de mulheres, destinos de gênero", Elisabeth torna visíveis a invisibilidade do trabalho doméstico e a experiência da dominação nas vidas das operárias Luzia, Nair e Belisa, que se tornam nossas conhecidas.

O não reconhecimento pela sociologia dominante da divisão sexual do trabalho é contestado em "Masculino e feminino na linha de montagem", escrito em colaboração com sua amiga Vera Soares. Nele, Elisabeth torna visível, através de uma análise rigorosa e minuciosa, a sexualização das tarefas, das ocupações e das relações hierárquicas de dominação e opressão existentes também na esfera sindical ("Masculino e feminino na prática e nos discursos sindicais no Brasil").

Até que ponto o *controle social* na fábrica é mediado pela divisão entre homens e mulheres? Até que ponto há contradição entre a interiorização dessa divisão pelos sindicatos e o objetivo de defender os interesses da classe trabalhadora? Quais as consequências, no plano da teoria e nos da ação política e sindical, da visão de que a classe trabalhadora teria um sexo apenas? Essas são questões das quais Elisabeth se ocupa nesta primeira parte do livro. As respostas constituem teses provisórias, que se completam nos escritos das outras duas partes, num processo marcado pelas mudanças da conjuntura e pela evolução do seu modo de pensar.

A segunda parte, "O gênero no trabalho: perspectivas teóricas e metodológicas" mostra como as relações entre *gênero* e *trabalho* foram teorizadas, no tempo, por Elisabeth. A *questão da linguagem* permeia suas análises do primeiro texto redigido em colaboração com Elizabeth Higgs ("As operárias, o sindicato e o *discurso* sociológico", 1983) ao último ("O trabalho como *linguagem:* o gênero no trabalho", 1990). Cultura e linguagem talvez fossem as duas categorias que mais interpelassem a Elisabeth dos últimos tempos, a quem fascinava a maneira como a socióloga britânica Cynthia Cockburn trabalhava a questão da tecnologia e do gênero a partir do conceito de cultura.

Os textos reunidos nessa segunda parte demonstram cabalmente o quanto, no intento de fazer avançar a sociologia do trabalho brasileiro – tão míope, senão cega, às questões de gênero –, Elisabeth levou às últimas consequências sua análise, situando claramente o lugar do trabalho na construção da identidade e no acesso, diferenciado segundo o gênero, à cidadania. Ela mostrou, como a questão "O trabalho: categoria-chave da Sociologia?" não se pode responder com um sim ou não, pois a modo de vida, o "privado", o pessoal, infiltram-se no espaço considerado "público", profissional, fabril. Do mesmo modo, o "dia a dia das representações" dá sentido às práticas de trabalho profissional e doméstico de homens e mulheres.

Pensar o trabalho e suas metamorfoses a partir de uma perspectiva de gênero significou – como se vê claramente pelos textos que compõem essa parte – abordar uma grande diversidade de temas e de campos de pesquisa, tudo sendo matéria, ao mesmo tempo heteróclita e necessária, para pensar teórica e metodologicamente a questão do *gênero no trabalho*.

Para Elisabeth, tal questão não era dissociável da *divisão internacional do trabalho*. A propósito, cabe lembrar que ela própria veio da Sociologia do Desenvolvimento e da Sociologia Política (seu doutoramento, defendido na Universidade de Paris VIII em 1979, teve como objeto a "Crise de dominação e a ditadura militar no Brasil"). O artigo "Do desenvolvimento à divisão sexual do trabalho – estudos sobre os trabalhos das mulheres", de 1985, teoriza a relação entre gênero e trabalho no interior do mesmo quadro problemático de pesquisadoras como Ruth Milkman e Danièle Kergoat, mas a partir de uma crítica das *problemáticas dualistas*, sempre em voga na América Latina: "mulher e desenvolvimento", "mulher e dependência", "modernização e marginalização". O resultado é uma reflexão original, à qual a autora incorporou sua experiência de pesquisadora latino-americana, colaboradora de centros de pesquisa feministas no Uruguai (GRECMU) e no Peru (Centro Flora Tristan), e também sua experiência militante no Brasil, que forneceu cotidianamente matéria a suas teorizações sobre divisão social e internacional do trabalho.

A terceira e última parte, "Movimentos sociais de mulheres. Igualdade e diferença", contém, paradoxalmente, o campo temático mais antigos e mais novo de Elisabeth.

O mais antigo, pois seus primeiros escritos no Brasil sobre mulheres e trabalho e sobre o feminismo e as lutas sociais foram produzidos *no interior* do movimento social das mulheres. Alguns de circunstância, outros de alcance menos imediato, eles constituem material numeroso o suficiente para um outro livro. Se o trabalho biográfico sobre Emma Goldman pode ser visto como uma segunda vertente da obra de Elisabeth, os escritos resultantes de sua militância política, sindical, feminista conformam uma terceira vertente, aquela em que mais estreitamente se combinam teoria e ação.

O mais novo, porque o enriquecimento decisivo de sua reflexão sobre trabalho e relações de gênero derivou da *abordagem teórica* da questão da diferença e da igualdade. Reflexão inacabada – Elisabeth pretendia desenvolvê-la em sua tese de livre-docência –, mas da qual já se pode entrever as linhas centrais em alguns escritos dessa última parte, como "A igualdade imaginada", 1991, e "Movimentos de mulheres e representação política no Brasil (1980-1990): o gênero da representação". Reflexão original, que combina referências ao debate teórico europeu, sobretudo italiano, acerca da questão da igualdade e da diferença com questões colocadas pela nova Constituição brasileira, em particular as que dizem respeito ao trabalho feminino (legislação sobre o trabalho noturno das mulheres, licença maternidade etc).

As duas fontes principais de inspiração dessa reflexão, a realidade brasileira e as polêmicas teóricas no plano nacional e internacional, orientaram Elisabeth no debate acadêmico e militante, no Brasil e no exterior. Assim, ela alimentou o meio sindical e feminista com os resultados de pesquisas acadêmicas e, simultaneamente, a pesquisa universitária com as reflexões e práticas do movimento feminista e sindical, socializando seu amplo domínio da literatura e do debate sobre classe operária, processos de trabalho, movimento operário, movimento sindical, cultura e identidade operárias, divisão sexual do trabalho e relações de gênero.

Os ângulos e campos temáticos em que se situava a reflexão de Elisabeth foram por ela mesma claramente resumidos num pequeno texto de apresentação de seu programa de ensino para 1991:

> (...) fazer uma reconstrução de temas clássicos e novos nos *estudos sobre classes trabalhadoras* e localizar esta releitura na produção brasileira sobre *trabalhadores e trabalhadoras,* movimento e lutas operárias na década de 1980 em São Paulo.

O fio condutor dessa reflexão é a construção da problemática operária, em suas configurações e metamorfoses, a partir de questões que interpelam a *história operária, em particular sua história recente.* Para Elisabeth o argumento de que se produziu uma *experiência* particular de trabalhadores e trabalhadoras em São Paulo a partir da década de 1970 obriga a refazer o percurso das problemáticas que balizaram a análise das *práticas* e *representações,* das continuidades e rupturas, dos discursos e personagens através dos quais se construiu o *objeto movimento operário,* no período.

Um dos recursos metodológicos de que Elisabeth lançava mão, nessa complexa construção do objeto movimento operário era o de recuperar a memória de trabalhadoras – fossem elas líderes operárias ou dirigentes rurais, em Alagoa Grande, na Paraíba, ou em São Bernardo do Campo, em São Paulo. A seu ver a compreensão dos mecanismos de dominação de gênero, de desigualdade e inferiorização implicava conhecer a dinâmica de resposta, de ação, de resistência. Nessa ótica, essas líderes (como aliás Emma Goldman, cuja memória estava coletando) constituíam figuras emblemáticas.

Para Elisabeth, dominação não implica exclusivamente passividade, mas também violência, ação, relações antagônicas, conflito. Interessada em captar a dinâmica das respostas dos dominados, ela construiu uma reflexão original, capaz de vislumbrar nas práticas cotidianas de operários e operárias elementos de ampla transformação social.

Helena Hirata, 1991

I

PRÁTICAS E DISCURSOS DAS OPERÁRIAS, PROCESSOS DE TRABALHO E LUTAS SINDICAIS NO BRASIL: OS ANOS 1970 E 1980

Lutas operárias e lutas das operárias em São Bernardo do Campo*

Entre 1970 e 1980, a participação das mulheres na força de trabalho do setor industrial no Brasil passou por mudanças, tanto quantitativas quanto qualitativas, que se traduziram no aumento global da porcentagem de operárias e na modificação de sua distribuição entre os diferentes ramos industriais. Concentradas anteriormente em setores tradicionalmente femininos, como o têxtil, o de vestuário e o de calçados, as mulheres passaram a participar de outros ramos industriais, principalmente determinados segmentos da indústria metalúrgica[1].

Durante o mesmo período, levadas pela retomada das lutas operárias que se seguiram à onda de greves de 1978, maior número de mulheres filiou-se aos sindicatos. Foi nessa época que a taxa de sindicalização entre os trabalhadores dos dois sexos deu um grande salto, mais notável, porém, entre as operárias, em especial após 1976[2]. O 1º Congresso das operárias metalúrgicas do sindicato de São Bernardo do Campo e Diadema[3] reuniu-se em 1978. Nos anos seguintes, outros congressos reuniram em São Paulo operárias dos setores metalúrgico, químico e têxtil, apresentando reivindicações quanto à opressão das mulheres nas fábricas, a desigualdade de salários e a falta de creches[4] ou denunciando as formas de repressão que atingem as mulheres de maneira específica.

Nesse contexto, a emergência das reivindicações das operárias e o aumento das taxas de sindicalização das mulheres parecem explicar-

---

* Escrito em colaboração com Leda Gitahy, John Humphrey e Rosa Lúcia Moysés. Publicado originalmente no *Cahiers des Amériques Latines*, n° 26, jul-dez, 1982.

se tanto pela radicalização das lutas na época – principalmente no setor metalúrgico – quanto pela existência de um movimento social de mulheres desde 1975. Entretanto, é preciso assinalar que as práticas reivindicatórias das operárias não se inscreviam num movimento contínuo ou articulado ao conjunto, mas encerravam-se ainda no espaço dos congressos de trabalhadoras.

Esses elementos parecem indicar uma aproximação entre as mulheres e o sindicato durante os anos 1970. Este artigo tenta analisar, a partir das características do trabalho das mulheres na indústria de São Paulo, a relação existente entre as mulheres operárias e um sindicato da região em particular, o dos metalúrgicos de São Bernardo do Campo, que conheceu a radicalização das lutas e a prática do novo sindicalismo, propondo-se a integrar setores até então menos mobilizados[5].

Emprego industrial das mulheres

Evolução do trabalho feminino na indústria brasileira, de 1970 a 1980.

A comparação dos dados dos recenseamentos demográficos de 1970 e 1980[6] confirma o crescimento do emprego das mulheres na indústria de transformação no Brasil: com efeito, durante esse período, o número de homens é duas vezes mais elevado, enquanto o das mulheres quase triplica[7].

Não deixa de ser interessante chamar a atenção para a importância do trabalho das mulheres na indústria de São Paulo: em 1976, na Grande São Paulo,[8] as mulheres constituíam 25% da mão de obra das indústrias de transformação e 29% das mulheres empregadas no setor industrial concentravam-se na metalurgia (cf. tabela 1). Todos esses dados remetem em princípio à tese de certos autores latino-americanos segundo a qual o crescimento econômico e a modernização da indústria têm, nos países subdesenvolvidos, um impacto negativo sobre a participação das mulheres na força de trabalho industrial[9].

	1970		1980	
	Homens	Mulheres	Homens	Mulheres
Indústria (total)	4.782.248 88,2%	642.114 11,8%	8.885.592 83,2%	1.789.025 16,8%
Indústria de transformação	2.633.050 81,2%	608.811 18,8%	5.180.545 75,6%	1.678.053 24,5%

TABELA 1
Emprego feminino e sua relação com o emprego total em certas regiões – 1976

Grupos de indústrias	São Paulo, Capital Emprego*	%**	%**	Interior do Estado de São Paulo Emprego*	%**	%***	Brasil, menos o Estado de São Paulo Emprego*	%**	%***
Indústrias metalúrgicas***	112.860	15,7	29,9	20.749	9,8	14,9	54.840	11,2	12,4
Indústrias químico-farmacêuticas – perfumes	28.054	27,2	7,4	5.034	16,8	3,7	21.007	20,7	4,7
Indústrias de plásticos	20.203	33,8	5,3	2.260	30,0	1,6	11.509	28,4	2,6
Vestuário-têxtil Indústria alimentar	148.340	52,1	39,2	84.692	38,3	61,0	255.582	38,7	57,4
Indústria de transformação	**** 378.130	25,6	**** 100	**** 141.812	19,5	**** 100	**** 445.099	22,1	**** 100
Emprego total*	759.836	25,7	–	338.407	23,1	–	1.622.994	23,6	–

* Emprego feminino total.
** Emprego feminino em relação ao emprego total no grupo.
*** Emprego feminino em relação ao emprego feminino total.
**** Indústrias metalúrgicas, mecânicas, de material elétrico e de transporte.
**** Soma dos quatro grupos anteriores acrescida de outros segmentos da indústria de transformação que não figuram na tabela.

Essa entrada de novos grupos de mulheres no mercado de trabalho e especificamente como assalariadas do setor industrial, explica-se pela articulação de quatro fatores principais:[10]
– a obrigação de contribuir no orçamento familiar, causada pela queda do salário real, a partir de 1964;[11]
– a natureza e a dinâmica do crescimento no Brasil, que ocasionou, principalmente em certos segmentos da indústria metalúrgica, a criação de grande número de novos empregos que exigiam habilidade, destreza e comportamento minucioso, qualidades "próprias" da mão de obra feminina;
– as modificações na organização do processo de trabalho, que se traduziram, nas grandes empresas, por uma decomposição mais acentuada das tarefas e portanto, por um trabalho mais simples, mais rotineiro, menos qualificado, o que permite a utilização de mão de obra nova, não qualificada ou semiqualificada;[12]
– as mudanças no processo de trabalho, que provocaram a transferência, em nível burocrático, das funções de planificação e de organização da indústria e, por isso, a criação de cargos de execução simplificados, ocupados de preferência por mulheres[13].

– É necessário que se acrescente a esses quatro fatores a política de gestão da mão de obra adotada pelo patronato brasileiro: para enfrentar a situação de crise instalada a partir de 1973, ele demonstrou uma tendência cada vez mais acentuada ao aliciamento das mulheres e dos menores de ambos os sexos, cujo custo é menor e que passam por menos agressivos na hora das negociações.

Características do trabalho feminino na indústria de São Paulo

Em São Paulo, o trabalho industrial das mulheres apresenta quatro características fundamentais, ligadas entre si:
– os salários femininos são mais baixos que os masculinos, e essa diferença se acentua com a idade;
– na produção, as mulheres se concentram em empregos classificados como não qualificados ou semiqualificados;
– as tarefas realizadas são monótonas, repetitivas, de ciclo curto (alguns segundos) e requerem destreza e habilidade manual;
– as formas de controle (e os critérios de seleção) da mão de obra feminina diferem das formas de controle exercidas sobre a mão de obra masculina.

Vejamos primeiro a discriminação salarial: no Estado de São Paulo, segundo os dados da RAIS para 1973,[14] o salário médio feminino é igual ou inferior a 60% do salário masculino, em todos os ramos industriais. Além disso, se forem comparados os salários médios femininos e masculinos por setor industrial e segundo a idade, percebem-se que, se os trabalhadores de ambos os sexos com menos de 18 anos recebem o mesmo salário, a diferença aparece e se acentua com a idade; ou melhor, enquanto o salário médio masculino aumenta com a idade em todos os ramos industriais, o das mulheres permanece estável (cf. tabela 2).

Os empresários justificam essa diferença salarial com argumentos bem tradicionais: nível mais baixo de educação, menor qualificação e maior instabilidade da mão de obra feminina. Ora, vamos demonstrar que tais argumentos não podem explicar essa discriminação.

Os dados da RAIS de 1979 para o Estado de São Paulo demonstram que não existe nenhuma diferença significativa entre homens e mulheres quanto ao nível de educação. Pesquisa dirigida pelo DIEESE com base em dados colhidos junto ao Ministério do Trabalho e concernentes aos trabalhadores metalúrgicos do Estado de São Paulo em 1970 e 1975[15] revela que para um mesmo nível salarial exige-se das mulheres um nível de educação superior. Entre os trabalhadores que ganham até dois salários mínimos[16] em 1975, encontram-se 75% de homens analfabetos e 5,9% que completaram estudos superiores, contra 91,8% de mulheres no primeiro caso e 20,2% no segundo (cf. tabela 3).

TABELA 2
Relação entre o salário médio feminino e masculino por idade em certos ramos industriais Estado de São Paulo – 1979 (em %)

Indústrias	Total	-18 anos	19-30 anos	+ 18 anos	Salário médio feminino em Cr$
Indústrias metalúrgicas	50	110	61	49	6.328
Metalurgia	58	112	72	58	6.247
Mecânica	61	118	73	60	7.645
Material elétrico	42	109	53	41	5.710
Material de transporte	50	113	64	51	6.747
Ind. de plástico	46	99	59	46	4.177
Têxtil, alimentação, de vestuário, calçados	49	98	63	51	4.242
Vestuário, calçados	58	98	64	54	3.761
Têxtil	49	99	63	50	4.661
Ind. alimentar	50	95	63	51	4.387
Ind. químicas	50	111	66	41	8.277
Ind. farmacêutica	35	99	47	37	7.162
Ind. de perfumes	50	116	64	53	8.194

Fonte: RAIS 1979 (Relação Anual de Informações Sociais).

TABELA 3
Porcentagem de homens e mulheres ganhando até dois salários mínimos em 1975, conforme o nível educacional

Nível educacional	Homens	Mulheres
Analfabetos	75	91,8
Primário incompleto	60,1	91,4
Primário completo	50,8	84,2
Secundário 1º ciclo completo	30,4	52,0
Secundário 2º ciclo completo	9,5	27,1
Superior completo	5,9	20,2

Fonte: Dieese (Departamento Intersindical de Estudos Estatísticos e Socioeconômicos).

Uma pesquisa realizada pelo SENAI[17] entre 1976 e 1980 em todos os estabelecimentos industriais do município de São Paulo demonstra que, naqueles que empregam mais de 50 pessoas, 70% das operárias estão concentradas na produção (cf. tabela 4), principalmente nas indústrias de vestuário, plásticos e material elétrico (cf. tabela 5) e que, entre elas, 93,2% ocupam cargos não qualificados ou semiqualificados (essa porcentagem passa a 99,2% se for considerado apenas o setor metalúrgico, pois as raras operárias qualificadas encontram-se no têxtil e no de vestuário). Será que essa concentração das operárias em cargos classificados como não qualificados ou semiqualificados explica seus baixos salários?

Segundo pesquisas realizadas em fábricas, no quadro de algumas grandes empresas da Grande São Paulo, a escala dos salários, principalmente para os operários não qualificados ou semiqualificados, não está diretamente ligada à natureza das tarefas executadas, seja em termos de formação profissional ou de eficiência – produtividade. É, na verdade, o salário que determina a classificação do cargo, e não a eficiência, a produtividade ou mesmo o nível de formação necessário[18]. As grandes empresas brasileiras têm por característica definir um grande número de cargos com seu salário correspondente. Assim, a filial de uma grande firma automobilística estabelece noventa níveis salariais, enquanto a filial inglesa determina apenas três (entre os operários com salários--hora). A promoção, de fato, traduz-se pelo aumento do salário e não pela mudança significativa da natureza do trabalho efetuado. É difícil comparar as diferentes escalas de uma empresa para outra: as descrições não concordam, as denominações não são as mesmas, ou trata-se da mesma função classificada, segundo alguns, de não qualificada, enquanto outros a consideram semiqualificada, o que implica diferenças significativas de salários.

TABELA 4
Distribuição do emprego feminino nos estabelecimentos com mais de 50 empregados por setor e categoria profissional. Município de São Paulo

Categorias profissionais	Empregados de escritório	Não qualificados	Semiqualificados	Qualificados	Técnicos	Quadros superiores	Total
Administração	41.402	3.758	1.181	0	8	13	46.002
Almoxarifado	1.804	98	221	0	0	2	2.125
Programação	691	0	18	155	215	126	1.205
Oficinas de reparos	15	0	28	9	1	0	53
Produção	2.189	12.275	136.649	11.025	573	280	162.985
Manutenção	106	1.921	676	1	1	1	2.706
Assistência Técnica	129	11	6	0	2	1	149
Marketing	8.273	361	1.894	0	14	9	10.551
Total	54.249	18.424	140.667	11.190	814	432	225.776

Fonte: SENAI, São Paulo (Divisão de Pesquisas, Estudos e Avaliação).
Nota: Pesquisa realizada entre 1976 e 1980 nas indústrias de transformação, serviços públicos, indústrias de construção e serviços industriais do Município de São Paulo, junto a estabelecimentos com mais de cinco empregados (esta tabela refere-se apenas aos estabelecimentos com mais de 50 empregados).

TABELA 5
Empregadas não qualificadas, semiqualificadas e qualificadas nos serviços de reparo, produção e manutenção de diversos ramos industriais. Estabelecimentos com mais de 50 empregados. Município de São Paulo

Ramos industriais	Em números absolutos	Em relação ao emprego feminino – total %*
Metalurgia	11.271	64.0
Mecânica	3.040	39.5
Material elétrico	26.168	81.8
Material de transporte	6.595	68.7
Papel	3.519	75.1
Indústria química	1.296	32.6
Indústria farmacêutica	4.891	61.8
Indústria de perfumes	2.666	54.2
Plásticos	10.470	80.9
Têxtil	29.543	86.8
Indústria do vestuário	31.271	88.6
Indústria alimentar	8.593	68.5

* Essa porcentagem representa a proporção das operárias dentro do quadro delimitado na tabela 4 em relação ao total de operárias em cada setor.

Esse mecanismo aparece ainda mais claramente se forem comparados os cargos ocupados pelos homens e pelas mulheres: os menores salários são legitimados pelo tipo de classificação que define as funções das mulheres. Pode-se distinguir duas formas de discriminação:

1) no primeiro caso, pela mesma tarefa, as mulheres são classificadas no nível salarial mais baixo definido para essa função. Assim, enquanto os homens elevam-se à categoria de operário de prensa qualificado, as mulheres são "auxiliares de prensa", independente de seu rendimento/produtividade.

Eis o testemunho de uma operária durante o 1º Congresso das Mulheres da Metalurgia de São Bernardo do Campo,[19] operária que trabalhou oito anos e meio numa empresa, sendo os últimos quatro anos em oficina de solda:

> Além de mim, só havia homens na oficina. Eu produzia 100, 110 peças (depois, baixei para 88), enquanto os homens só produziam 68, 70.[20]
>
> Enquanto eles ganhavam Cr$ 10,50 por hora, eu ganhava Cr$ 6,00; depois, eles passaram para Cr$ 11,50 e eu, para Cr$ 6,50. Sabe por quê? Porque depois de trabalharem 6 meses eles têm a classificação de "oficial". Sem nem precisar pedir ao chefe. Com a classificação, eles recebem uma promoção enquanto profissionais. E eu, em quatro anos, não fui classificada.

Essa operária atacava a empresa, mesmo sabendo que seria despedida por isso. Apresentou o testemunho de dois operários, um dos quais produzia, a seu lado, peças idênticas; a empresa contrapôs o testemunho do chefe da oficina.

> Meu chefe disse que eu fazia um trabalho diferente. Era mentira. Era a palavra do chefe contra a minha e a das minhas testemunhas. Adivinha o que aconteceu... A justiça deveria procurar provas, fazer-me trabalhar diante deles, mas não fizeram isso. Não é justo ser subclassificada quando se trabalha o mesmo tanto ou até mais.

2) o segundo tipo de discriminação toma forma de uma valorização das qualidades "masculinas", como a força, em detrimento das qualidades "femininas" (destreza, precisão, habilidade, rapidez), ainda que estas sejam manifestações ligadas à produtividade e impostas pelas características do processo de trabalho nas indústrias modernas, fenômeno que foi observado por Madeleine Guilbert em seu estudo sobre as indústrias metalúrgicas francesas[21].

Durante um estudo comparativo de cargos femininos e masculinos numa grande indústria mecânica de São Paulo, J. Humphrey encontrou o seguinte exemplo:

> "As operações de calibragem" são executadas por mulheres, pois exigem destreza, concentração, rapidez de julgamento, precisão, delicadeza: trata-se, com efeito, de calibrar contadores, tendo por base as informações que aparecem numa tela de vídeo, para ajustá-los. São selecionadas para essa tarefa as mulheres particularmente hábeis nas linhas de montagem ou, segundo a direção da empresa, são necessários seis meses nesse setor para entrar no ritmo. No momento da pesquisa, a empresa estava oferecendo uma série de vantagens às operárias que aceitassem ser transferidas para uma fábrica situada fora de São Paulo. Nesse cargo, o salário mais elevado atingia Cr$ 53,00 por hora, em julho de 1980. Nessa fábrica o trabalho na prensa é executado geralmente por homens: é um trabalho simples, barulhento e não exige praticamente nenhuma experiência. Entretanto, o salário era de Cr$ 53,00 por hora. A fundição representa um trabalho penoso, insalubre e por vezes perigoso (em geral, os operários não procuram ser transferidos para outro tipo de trabalho) e realizado quase sempre por nordestinos de migração recente, isto é, uma categoria de tra-

balhadores que têm um leque de escolhas muito reduzido. É claro que não possuem nenhuma qualificação. Seu salário era de Cr$ 60,00 por hora.[22]

Esses exemplos comprovam que a classificação sob a rubrica "semiqualificado" dessas últimas ocupações não é a expressão de uma formação real ou "qualificação profissional"; ao contrário, traduz um nível salarial capaz de atrair o tipo de trabalhador, exigido, seja homem ou mulher. Demonstram também de que maneira a combinação entre diversos elementos como as tarefas, a definição do cargo, a determinação do salário e o tipo de contrato individual é utilizada na indústria brasileira para reduzir os custos salariais e controlar a mão de obra. E são essas diferenças na qualificação dos cargos que justificam a desigualdade salarial – "para cargo igual, salário igual"[23].

No que se refere às qualidades atribuídas à mão de obra feminina, convém lembrar a demonstração de Daniele Kergoat,[24] segundo a qual aquilo que é definido como qualidade natural, intrínseca à natureza das mulheres é, em realidade, o produto da educação e da formação das meninas no trabalho doméstico: o que quer dizer que elas são formadas para efetuar tarefas monótonas, repetir dia após dia os mesmos gestos, dar provas de minúcia, de rapidez, de destreza e de habilidade manual na execução de tarefas não remuneradas e não valorizadas, sempre submissas aos homens no seio da família (daí, sua "docilidade").

Além disso, os dados da RAIS de 1979 para o Estado de São Paulo invalidam o argumento da instabilidade das mulheres por razões familiares: a comparação por sexo do número dos empregos com relação ao número das pessoas empregadas em um ano[25] permite concluir por uma estabilidade de fato maior das mulheres, se for levada em conta sua concentração em funções mal remuneradas, sem perspectiva de promoção[26] e as pressões às quais estão submetidas e das quais falaremos adiante. Não é fácil avaliar o grau de estabilidade das mulheres casadas e com filhos, devido às medidas discriminatórias postas em ação pela política patronal em relação a elas. Como a entrada em número significativo de mulheres na indústria é um fenômeno relativamente recente, parece-nos que essa política é mais o fruto de preconceitos sociais do que o resultado de experiências concretas.[27] Os empregadores têm também o hábito de evocar a menor agressividade das mulheres ou sua docilidade natural. No entanto, o estudo das condições de trabalho no interior da fábrica, os próprios comentários das operárias entrevistadas às portas da empresa[28] ou a análise de suas reivindicações e de suas queixas revelam que as formas de controle aplicadas à mão de obra feminina contêm uma violência maior que aquela da qual se servem para administrar a mão de obra masculina. Trata-se de um controle que se apoia sobre o estado de subordinação das mulheres no conjunto da sociedade. É essa situação e não a menor agressividade "natural", que explicaria a aceitação pelas mulheres da desigualdade salarial, da não promoção e de sua desqualificação. Além disso, as empresas, através de sua política de gestão, não se limitam a utilizar a subordinação das mulheres, mas a reforçam.

Primeira constatação: a chefia é masculina. A não ser o recenseamento industrial de 1960, feito em todo o Brasil, não existem infelizmente dados que discriminem os cargos de chefia segundo os sexos. Assim, nessa data, enquanto as mulheres representavam 22% do operariado, apenas 8% delas tinham acesso a essas funções (ou seja, um contramestre para doze operários e uma contramestre para 43 operários). Em segundo lugar, a vida cotidiana das operárias está submetida a constantes implicâncias referentes às idas aos banheiros, ao consumo de cigarros e às movimentações no interior da fábrica, que se traduzem concretamente, por parte dos chefes, em punições frequentes, recriminações repetidas, ameaças ou palavras ofensivas. Quanto aos constrangimentos sexuais exercidos sob a ameaça de perda de emprego, esta é uma queixa constante das operárias. Já mencionamos que os critérios de seleção, exigindo testes de gravidez, discriminavam as mulheres casadas. Enquanto isso, após o período de experiência, eram admitidas as "mais bonitas" e as "mais dóceis", situação esta também denunciada pelas operárias. Os próprios operários, entrevistados à saída da fábrica, reconhecem que os constrangimentos e humilhações reservados às mulheres são maiores.

Dessa forma, para manter as desigualdades de salário e um comportamento dócil entre as operárias, é necessário utilizar formas de controle e de disciplina que articulem a subordinação operária ao capital com a subordinação sexista da mulher. Isso permite concluir que a produção se estrutura sobre a base de uma divisão sexual e social do trabalho que atinge os salários, as promoções, a qualificação, a escala de funções e as formas de controle da mão de obra. Porém, a discussão sobre as origens dessa discriminação deve incluir a análise da esfera da reprodução (as estruturas familiares) e as formas de discriminação social (em nível ideológico). O capital não cria subordinação das mulheres, porém a integra e reforça. Na verdade, as raízes da divisão sexual do trabalho devem ser procuradas na sociedade e na família, e para apreendê-las é necessário sair da fábrica e articular a análise das condições de trabalho com aquelas que prevalecem no mundo exterior à empresa.

As operárias e o sindicato

A proposta do nosso trabalho consistiu, inicialmente e a partir do grande aumento do emprego industrial feminino[29], em avaliar seu impacto sobre a taxa de sindicalização das mulheres e sobre a sua participação nas lutas recentes.

A hipótese formulada como ponto de partida foi a de que a taxa de sindicalização das mulheres deveria ter apresentado um aumento pelo menos proporcional ao do emprego feminino, sobretudo nas indústrias metalúrgicas, pois foram os sindicatos desse ramo que se mostraram mais dinâmicos nas campanhas de sindicalização, nas eleições sindicais, nas greves e nas lutas conduzidas pelo jovem movimento operário. Pensamos também que o nível mais elevado de combatividade e de consciência atingido pelo conjunto do movimento operário na época, tivesse podido acelerar o processo de sindicalização dos trabalhadores dos dois sexos. Esse processo foi, sem dúvida, acentuado pela série de iniciativas tomadas pelo lado das mulheres, como o Congresso das operárias da metalurgia de São Bernardo em 1978, das indústrias químicas de São Paulo em 1978 e 1979, das operárias têxteis em São Paulo em 1979 e a criação de seções femininas nos sindicatos, como o do setor bancário de São Paulo.

Outro fator que teve influência sobre a sindicalização das trabalhadoras foi o surgimento, em meados da década de 1970[30], de um movimento social de mulheres. Para nós, o termo "movimento social de mulheres" cobre um enorme leque de movimentos sociais, desde os primeiros grupos de mulheres organizadas com base em reivindicações democráticas, como o "movimento das mulheres pela anistia"[31] passando por lutas pela melhoria das condições de vida como o "movimento contra a carestia da vida", o movimento de lutas pela obtenção de berçários e de creches, os grupos de mães, os movimentos de bairros que se desenvolvem na periferia das grandes cidades[32] e os grupos de mulheres organizados nas CEBs (Comunidades de base implantadas pela Igreja Católica), até os grupos que, a partir de 1975, colocaram o problema da igualdade de direitos entre homens e mulheres (Grupo Nós-mulheres, o Centro da Mulher Brasileira, SOS Mulheres etc.) e dos quais alguns evoluíram para tomadas de posição feministas.

Foi levando em consideração todos esses elementos que procedemos à comparação entre a evolução da população economicamente ativa no Brasil e a evolução da sindicalização nas cidades: entre 1970 e 1978, o crescimento das taxas de sindicalização foi mais elevado do que o da população economicamente ativa. A análise das taxas de crescimento ano a ano demonstra que o movimento de sindicalização acompanha o da força de trabalho até 1977, mas que, em 1978, o número de sindicatos dá um salto, o que modifica a tendência para todo o período. É necessário, todavia, deixar claro que esse movimento é mais acelerado entre as mulheres do que entre os homens e que começa a manifestar-se, nesse caso, a partir de 1976.[33]

O fato de que o aumento proporcional do número de sindicalizadas seja superior ao da força de trabalho a partir de 1976 é o indício de uma tendência para a mudança nas relações entre as mulheres e o sindicato, a partir dessa época.

Muitas hipóteses podem explicar esse processo de mudança. A progressão da sindicalização feminina, anterior ao processo de radicalização do movimento sindical em seu conjunto e da explosão de 1978 nos parece estar ligada ao surgimento do movimento das mulheres e a seu impacto sobre o conjunto da sociedade. Entretanto, pode também traduzir a entrada de maior número de mulheres no mercado de trabalho. Além disso, os serviços de assistência social, próprios do sindicalismo brasileiro, podem também ter igualmente funcionado como fator de atração das mulheres.

Foi com o objetivo de definir melhor essa modificação na relação entre as mulheres e o sindicato que empreendemos um estudo do caso: a sindicalização e as práticas reivindicatórias das operárias filiadas ao sindicato dos metalúrgicos de São Bernardo do Campo.

Primeiro, é preciso observar que os trabalhadores da metalurgia desempenham importante papel no movimento sindical, pois, em 1979, representam 47,2% dos operários sindicalizados e apenas 38,5% da força de trabalho industrial[34] (as operárias desse ramo constituem 25,1% do conjunto das mulheres que trabalham na indústria e 25,7% do emprego industrial do Estado de São Paulo)[35]. Nesse mesmo Estado,[36] o crescimento da taxa de sindicalização entre 1978 e 1979 é maior entre os metalúrgicos do que na indústria em geral ou entre os assalariados urbanos (cf. tabela 6).

No que diz respeito às operárias da metalurgia, esses dados demonstram, como vemos, que foram elas que se sindicalizaram em maior número durante esse período (sua taxa de sindicalização entre 1976 e 1979 é bem superior à de emprego).

TABELA 6
Crescimento do número de sindicalizados entre 1978 e 1979 (%)

Sindicalização	Homens	Mulheres	Total
Urbana	6,2	9,6	6,9
Indústria (total)	5,3	4,9	5,2
Metalurgia	7,1	12,8	7,7

Fonte: Ministério do Trabalho — Inquérito sindical 1978 e 1979.

As operárias da metalurgia de São Bernardo do Campo

A industrialização acelerada e as transformações profundas do capitalismo brasileiro permitiram a emergência, a partir da década de 1970, de novas práticas operárias, principalmente em São Bernardo, na Grande São Paulo: polo dinâmico do crescimento industrial recente do Brasil, é também um lugar de forte concentração de indústrias metalúrgicas, principalmente da indústria automobilística. Nesse setor de ponto da produção, os trabalhadores e, sobretudo, o sindicato dos metalúrgicos, estiveram à frente do movimento de renovação[37] do sindicalismo brasileiro.

É a partir das lutas conduzidas em 1977 para a obtenção de aumento de salários que os metalúrgicos de São Paulo apresentam novas reivindicações, discutindo a intensidade e a natureza das formas de dominação e exploração às quais são submetidos, bem como o caráter de dependência da estrutura sindical em face do Estado.[38] De fato, é em torno das questões ligadas à organização e às condições de trabalho que o movimento vai se estruturar.

Situa-se aí o ponto de ruptura com a tradição do sindicalismo populista, por um lado,[39] baseado no controle do sindicato pelo Ministério do Trabalho desde 1930, controle que tomava a forma de uma "instrumentalização" do movimento sindical pelo governo (o movimento organizava-se, então, não a partir das fábricas, mas com base em palavras de ordem gerais, decididas pela cúpula da hierarquia sindical) e, por outro lado, com o sindicalismo "amarelo". Depois do golpe de Estado de 1964, a nomeação dos dirigentes sindicais deu ao Estado um controle direto sobre a maioria dos sindicatos.

No fim da década de 1970, marcada por um grande vazio em termos de representação política, para o conjunto da sociedade, o movimento operário reaparece e se reorganiza a partir das fábricas, reivindicando sua autonomia em relação ao Estado e às organizações políticas. Certos sindicatos, como é o caso do dos metalúrgicos de São Bernardo, se reestruturam sob o impulso das bases. Fato único na história recente do sindicalismo brasileiro, o sindicato de São Bernardo convoca o primeiro Congresso das Trabalhadoras.

Nesse quadro de um movimento operário emergente e de um sindicalismo em vias de reestruturação em São Bernardo,[40] podem-se colocar duas questões:
– que nível de desenvolvimento atingiram as práticas reivindicatórias das operárias da metalurgia?
– em que medida o movimento operário sindical de São Bernardo se redefiniu em face das práticas das operárias?

As características das mulheres metalúrgicas sindicalizadas em São Bernardo oferecem elementos para a análise da taxa de sindicalização feminina. A porcentagem das mulheres metalúrgicas é relativamente pequena em São Bernardo (9% em 1977 contra 15,7% para a Grande São Paulo em 1976)[41] e isso se explica pelo fato de que as grandes linhas de montagem de automóveis, concentradas naquele local, empregam poucas mulheres[42]. Além disso, sobre o número de sindicalizados inscritos entre março e abril de 1982 no registro do sindicato, 5,3% eram mulheres. Elas são 12% se for excluída a seção de montagem, mas é importante chamar a atenção para o papel determinante desempenhado pelas montadoras na reestruturação do movimento sindical: representando 50% dos metalúrgicos, elas constituem dois terços dos sindicalizados.

A análise dos dados relativos às operárias sindicalizadas de São Bernardo revela:
– que a média de idade, 30 anos, é superior à das operárias da metalurgia da Grande São Paulo, das quais 58,4% têm 25 anos ou menos;[43]
– que a filiação ao sindicato surge após dois anos de antiguidade. Ora, a rotatividade é elevada no setor da metalurgia, principalmente nos setores que possuem maioria feminina;
– que 74,2% das operárias sindicalizadas da metalurgia trabalham na produção: 70,4% delas ocupam cargo não qualificado ou semiqualificado; 3,4%, cargo qualificado e 0,4% exercem função de chefia.

Concluindo, em relação ao conjunto das operárias da metalurgia da Grande São Paulo, as sindicalizadas de São Bernardo são mais velhas, possuem maior antiguidade em emprego e são mais qualificadas; todos esses elementos entram na interpretação da sindicalização das mulheres em geral e das de São Bernardo, em particular. A legislação que rege o funcionamento dos sindicatos brasileiros impõe ao trabalhador que se sindicalize no sindicato único da categoria à qual pertence, ou seja, o do ramo industrial, na "base territorial" onde se situa a empresa, isto é, o município. Em cada município, pode existir apenas um sindicato para cada categoria e em caso de demissão, um operário não pode permanecer filiado ao sindicato além de 6 meses depois desta; sua manutenção no sindicato ou sua mudança dependerão do local e da categoria de seu novo emprego. É por isso que a rotatividade, muito elevada nas indústrias metalúrgicas, é um obstáculo real à sindicalização, pois, se impõe aos operários demitidos o afastamento do sindicato, freia também o processo de filiação na medida em que os operários só se sindicalizam depois de haver passado um certo tempo em seu emprego.

A rotatividade é utilizada pela empresa, segundo os sindicatos, os estudos do DIEESE e outras pesquisas setoriais,[44] com o objetivo de diminuir os custos salariais, de fazer flutuar o volume da mão de obra em função do volume da produção e, enfim e sobretudo, para impor controle e disciplina no interior da empresa. A rotatividade é essencialmente o destino dos trabalhadores que preenchem funções não qualificadas ou semiqualificadas, isto é, aqueles que são facilmente substituíveis e que pertencem a um mercado de trabalho abundante (aliás, essa prática, na administração da mão de obra, cria uma abundância artificial). Sabemos que esse tipo de trabalhador raramente se sindicaliza, pois seu temor ao sindicato está ligado ao medo de perder o emprego.

Assim, pois, a rotatividade e a fraca qualificação são obstáculos à sindicalização. Dadas as características do emprego industrial das mulheres e sua concentração nos setores onde a rotatividade é elevada,[45] compreende-se seu baixo nível de sindicalização.

*Reivindicações operárias e reivindicações
das operárias de São Bernardo do Campo*

O 1º Congresso das operárias da metalurgia de São Bernardo teve lugar de 21 a 28 de janeiro de 1978:[46] foi organizado pela direção sindical, que não incluía nenhuma mulher. Para os dirigentes sindicais, o Congresso tinha por objetivo estimular a participação das mulheres nas lutas sindicais pois, apesar do aumento de seu número na "categoria", elas permaneciam praticamente ausentes das atividades sindicais, das assembleias e dos últimos congressos (1974, 1976). A ideia de um outro congresso havia surgido em 1976, mas são as discussões em torno de uma eventual modificação da legislação trabalhista que explicam sua convocação:

tratava-se de tornar legal o trabalho noturno das mulheres[47]. A direção já havia tomado posição contra essas modificações, porém considerava que era necessário discutir o problema com as interessadas, esperando que suas sugestões pudessem reforçar as posições do sindicato.

É importante acentuar aqui que a consulta às bases é uma característica do sindicalismo praticado em São Bernardo. Os dirigentes tinham, na verdade, o hábito de consultar os operários interessados por ocasião de uma discussão ou de uma negociação, pois era sobre sua capacidade de mobilização que o sindicato se apoiava para enfrentar a empresa.

Assim, diante da medida que atingia as operárias, era muito natural consultá-las, sobretudo numa situação conjuntural marcada por forte mobilização que iria desembocar no ciclo das greves de 1978-1979-1980 (iniciou-se exatamente a 12 de maio de 1978).

Todavia, a análise do conteúdo do discurso sindical, põe em evidência as posições ambíguas em face do trabalho das mulheres nas fábricas, em consequência da contaminação das práticas reivindicatórias pelas práticas ideológicas.

Para introduzir o debate sobre o trabalho noturno das mulheres, o jornal sindical afirma: "A modificação da lei tem por objetivo intensificar a exploração da mulher aumentando sua jornada de trabalho, impondo-lhe tarefas prejudiciais a seu organismo, no exato momento em que os homens lutam pela melhoria das condições de trabalho e dos salários. Significa enviar as mulheres à fábrica e os homens ao lar, numa incrível inversão de papéis"[48]. Além disso, referindo-se aos objetivos do Congresso, esse mesmo jornal evoca a necessidade "de integrar as mulheres às lutas sindicais de toda a categoria a fim de reforçar a luta dos homens"[49]. Enfim, a direção sindical exprime seu temor de que esse Congresso seja confundido com um Congresso feminista.

É preciso assinalar a ambiguidade de tais afirmações: por um lado, revelam a existência de um pensamento conservador dentro da classe operária, que integra os papéis tradicionais do homem na esfera de produção e os da mulher na reprodução; por outro lado, referem-se à exploração mais intensiva das mulheres pelos patrões, que utilizam sua subordinação específica para minar o movimento operário. O que os leva a afirmar a necessidade de integrar as mulheres às lutas sindicais como sendo a única forma possível de resistência, porém essa luta é a "luta dos homens" (o que talvez refletisse a realidade de então).

A vontade de que o Congresso não fosse confundido com manifestação feminista é reveladora do debate que então percorria o conjunto da sociedade e confirma a hipótese da influência do nascimento do movimento das mulheres sobre o movimento sindical.

Em 1978, os diversos grupos que constituem o que chamamos movimento social das mulheres marcam certa convergência em torno de discussões sobre a opressão das mulheres, que entra em contradição, inclusive no interior do movimento, com as correntes conservadoras e com a própria esquerda. É então que se estimula um debate sobre a oposição entre lutas gerais e lutas específicas e sobre a necessidade de se estabelecer uma prioridade (para não falar de etapas) nas reivindicações. Esse debate ultrapassou os limites do movimento e atingiu os dirigentes sindicais.

Todavia, essa tomada de posição é coerente com a defesa da autonomia da classe operária diante dos outros setores da sociedade: não será um Congresso "feminista", de mulheres em geral, porém de "mulheres da metalurgia", que discutirão seus problemas entre si.

Se falamos até aqui da ambiguidade do comportamento dos dirigentes sindicais, não podemos deixar de mencionar a reação imediata das empresas, que foi a de boicotar o Congresso. Das oitocentas operárias que haviam se inscrito, trezentas puderam assisti-lo. Várias indústrias (Volkswagen, Mercedes Benz, Termo Elétrica, Polimatic, Carfriz, Arteb e Metagal) decidiram, com total conhecimento de causa, compensar durante a realização do Congresso o feriado que fora concedido no Carnaval. Essa atitude de boicote prosseguiu, após o Congresso, através de represálias contra as mulheres que dele participaram: muitas foram despedidas, particularmente, segundo uma de nossas informantes, todas as que apareceram na imprensa.

Três conferências foram organizadas na pauta do Congresso: "As mulheres e a legislação do trabalho", "As mulheres e as condições de trabalho" e "As mulheres e o sindicato", porém foi principalmente durante as discussões que se denunciaram, de forma explícita, as medidas discriminatórias e os problemas que atingiam particularmente as mulheres:

 a) a desigualdade entre os salários dos homens e das mulheres para um mesmo trabalho (a operária da metalurgia, em São Bernardo, recebia 60% a menos que seu homólogo masculino);
 b) as más condições de trabalho e de higiene;
 c) as punições frequentes;
 d) o controle dos chefes sobre o uso dos banheiros;
 e) a insuficiência dos meios de transporte;
 f) as horas-extras obrigatórias e as ameaças de demissão para as que se recusavam a executá-las;
 g) o constante aumento dos ritmos para aumentar a produção;

h) a falta de estabilidade no emprego (gravidez e casamento denunciados como os motivos mais frequentes para demissão);
i) a existência de "médicos da produção", que receitam o mesmo remédio para todas as doenças;
j) os preconceitos raciais;
k) enfim, as famosas "cantadas" dos chefes, isto é, as provocações sexuais cotidianas.

Todos os grupos se pronunciaram contra o trabalho noturno. Eis o que disse uma operária da Volkswagen:

> Trabalhar à noite, para as mulheres, é ainda pior. Não se pode descansar durante o dia. O homem chega em casa e pode ir para a cama na mesma hora, sem problema. Nós, não; quando a gente chega em casa, encontra todos os problemas e todo o trabalho da casa esperando.

As participantes do Congresso acentuaram também a necessidade de creches para as crianças, o que permitiria reduzir o tempo gasto nas tarefas domésticas[50].

A resolução final do Congresso inclui todas essas reivindicações, reafirma as resoluções tomadas durante os congressos anteriores da categoria e afirma a necessidade de ver retomadas pelo conjunto as reivindicações básicas das trabalhadoras; defende uma posição contrária ao trabalho noturno nas condições de então e se pronuncia enfim pela "Criação de uma comissão que, sediada junto à direção sindical, teria por missão analisar a melhor maneira de integrar as mulheres às atividades sindicais".

É chegado o momento de voltarmos à ambiguidade existente entre as práticas reivindicatórias e as práticas ideológicas e que impregna a relação das mulheres com o sindicato: num primeiro momento a afirmação da diferença, da discriminação quanto às mulheres, provocou reações defensivas, tentativas de integração das lutas para neutralizar as diferenças. Porém a dinâmica foi bem outra: essa consulta às bases sobre o trabalho noturno trouxe, ao contrário, uma tomada de consciência sobre as dimensões da discriminação-diferença.

Depois do Congresso, o jornal sindical reconhece que o "tema da discussão (o trabalho noturno) foi relegado a segundo plano devido às graves denúncias feitas pelas operárias", porém reafirma novamente a unidade-identidade do movimento: "As participantes, com seu jeito simples e ingênuo de ver as coisas, demonstraram seu desejo de se integrar à luta dos homens"[51]. Dessa forma, a prática do movimento contradiz novamente as posições ideológicas. A ideia de *unidade,* no conceito de "unidade da classe operária", confunde-se com a ideia de *identidade,* que exclui a noção de *diferença.* É por isso que a constatação da discriminação-diferença parece ameaçar a unidade da classe operária, daí a necessidade de integração das lutas. Além disso, o sindicato é apresentado como um espaço masculino do qual as mulheres são excluídas; a luta, é a luta dos homens.

Isso nos leva ao seguinte comentário: a ideia da unidade de classe, que modela a visão da classe operária associada a um modelo geral que, de fato, refere-se a práticas exclusivamente masculinas,[52] impregna não apenas o discurso sindical e o movimento operário, mas também o discurso político e científico. Tal concepção impede que sejam colocadas as questões relativas à segmentação e heterogeneidade da classe operária. No entanto, a dinâmica das lutas recentes no Brasil trouxe esses problemas para a ordem do dia, seja no próprio movimento operário ou entre os pesquisadores.

O Congresso das operárias metalúrgicas de São Bernardo foi o ponto de partida para um ciclo de congressos de mulheres de outros sindicatos de São Paulo, das indústrias metalúrgicas, químicas e têxteis: todos retomam as mesmas denúncias, fazem as mesmas reivindicações.

Porém, em que medida essas reivindicações específicas estão integradas nas reivindicações gerais dos metalúrgicos de São Bernardo? Se forem retomadas as resoluções dos congressos posteriores realizados pelos metalúrgicos vê-se, por exemplo, que o 3º Congresso dos Metalúrgicos de São Bernardo, convocado em outubro de 1978, exclui a voz das operárias: trata-se efetivamente, de solicitar maior força para o sindicato dentro da fábrica, de exigir o direito de intervenção do sindicato contra a arbitrariedade dos chefes, ou seja, de apresentar reivindicações que com certeza colocam o problema da vida cotidiana na fábrica e assim, indiretamente o das operárias, porém nada que explicite a discriminação específica sofrida pelas mulheres[53].

O 10º Congresso Nacional dos Metalúrgicos realizado em 1979 retoma a palavra de ordem "para trabalho igual, salário igual", sem fazer referências às formas da discriminação salarial e "licença maternidade de seis meses e/ou creches nas empresas, num raio de menos de 500m". Finalmente na lista das reivindicações formuladas pelo sindicato dos

Metalúrgicos de São Bernardo na campanha salarial de 1981, reencontra-se a solicitação da "estabilidade de emprego durante o período de gravidez e até 90 dias após a licença obrigatória".

É preciso esclarecer bem que a palavra de ordem "Para trabalho igual, salário igual" não cobre apenas as reivindicações formuladas pelas mulheres, mas são reivindicações gerais em consequência das características das escalas de cargos aplicadas pelas empresas e já mencionadas anteriormente. Dessa forma, as reivindicações que põem em evidência o caráter sexista da dominação exercida sobre as mulheres na fábrica, são completamente ocultadas sob a generalidade das reivindicações "unificadas".

A participação das mulheres no movimento durante o período que se seguiu ao Congresso foi importante, porém diferenciada. O número de grevistas mulheres era significativo e em certas fábricas, onde a porcentagem de mulheres é alta, foram elas que desencadearam o movimento (convém assinalar que as greves ultrapassaram o quadro sindical, pois as assembleias reuniam, durante a greve, cerca de 80 mil trabalhadores, enquanto que os sindicatos não atingiam mais de 30 mil). Nessas circunstâncias, a combatividade das mulheres impressionou seus companheiros masculinos e segundo o testemunho de algumas operárias, travar essa luta juntos começou a modificar o esquema da relação homem-mulher[54].

Todavia, a participação das mulheres nas assembleias e reuniões do sindicato, isto é, nas *atividades puramente sindicais,* permanece insignificante. As forças de repressão utilizadas pelo patronato e pelo Estado contra os grevistas não foram, sem dúvida, estranhas a esse fato. Em 1978, a repressão atingia apenas a direção da fábrica; em 1979 e 1980, ao contrário, o Estado interveio diretamente contra o sindicato, inclusive recorrendo à força policial. Segundo um antigo dirigente sindical, que foi um dos organizadores do Congresso das mulheres da metalurgia de São Paulo, foi em consequência do ciclo greve-intervenção que o sindicato não conseguiu realizar um trabalho contínuo junto às operárias.

Essa participação diferenciada das mulheres parece explicar-se pelo fato de que a greve acontece durante o horário de trabalho, ou seja, num tempo disponível para quem precisa cumprir uma dupla jornada de trabalho (em certo sentido, o trabalho transformou-se num "espaço feminino"), enquanto a participação nas reuniões sindicais vai de encontro não apenas às suas responsabilidades familiares, mas também às proibições impostas pelos maridos ou companheiros. A noção de sindicato, na consciência dos trabalhadores de ambos os sexos, identifica-se com a de "espaço masculino", de um lugar para homens. "Eu vim porque era uma reunião para mulheres", disse uma das participantes do Congresso.

Não nos foi possível reconstituir a participação das mulheres em todas essas lutas, através das entrevistas das operárias. É certo que, durante todo o período de 1978 a 1982, a imprensa sindical divulgou textos denunciando constantemente a situação das mulheres nas fábricas. Da mesma forma, pouco depois do Congresso das operárias, uma fábrica que empregava relativamente muitas mulheres, foi paralisada por um movimento que reclamava igualdade de salários. Porém, foi extremamente difícil encontrar operárias que tenham participado do Congresso e/ou das lutas nesse terreno: a memória dos participantes reteve apenas as lutas gerais, as grandes greves.

A comissão constituída a partir do Congresso reuniu-se algumas vezes e depois desapareceu. Por quê? As explicações são obscuras e polêmicas: desentendimento entre os membros da comissão, intransigência, fraca participação das mulheres? Entre 1979 e 1980, o sindicato permaneceu por longos períodos sob o controle do Estado. É preciso observar, no entanto, que a diretoria sindical eleita em 1981 possui agora, entre os 24 membros que a compõem, uma mulher, uma "diretora de base", que deve exercer essa função sem abandonar seu trabalho na fábrica. Ela nos fala do desejo das operárias de vê-la nas portas da fábrica: "Por que você nunca aparece por aqui? A gente só vê barbudos de cabelos compridos, só homens".

Para as operárias das fábricas, o sindicato lhes serve como ponto de apoio, como instrumento para registrar suas queixas e dar-lhes sequência. Apenas duas mulheres vão ao sindicato com regularidade. Assim, a relação entre as mulheres e o sindicato ainda se exprime apenas como um depósito de reclamações, de modo individualizado, portanto; as formas de resistência no interior da fábrica permanecem anônimas, invisíveis. As reivindicações das mulheres continuam sendo ocultadas sob as reivindicações gerais, perdidas no meio de outras solicitações, diluídas num discurso unificador.

Entretanto, a campanha de sindicalização por ocasião das eleições de 1981 suscitou 664 adesões entre as operárias, o que representa 36,7% das sindicalizadas. Entre janeiro e abril de 1982, 158 mulheres solicitaram sua filiação ao sindicato. Tal fato, associado à presença de uma mulher na diretoria, poderá traduzir-se, daqui para a frente, numa participação maior das mulheres nas atividades sindicais.

Visibilidade e invisibilidade das práticas sociais das mulheres

Nesta etapa de nossa pesquisa, embora não tenhamos esgotado a problemática, não nos parece inútil que reformulemos, para concluir, os diferentes pontos de nosso encaminhamento.

Primeira constatação: o emprego industrial das mulheres está aumentando e seu trabalho, dentro da fábrica, se caracteriza por discriminação e opressão específicas.

Segunda constatação: a taxa de sindicalização das mulheres cresceu e suas reivindicações puderam ser explicitadas nos congressos de operárias. Tais reivindicações denunciam as medidas discriminatórias, as formas de controle, a violência, a arbitrariedade e revelam, finalmente, o caráter sexista de suas condições de trabalho.

Terceira constatação: as reivindicações gerais dos metalúrgicos não retomam as das operárias: a discriminação sexista desaparece ou permanece oculta num discurso unificador. Todavia, o sindicato é seu ponto de apoio e a imprensa sindical, o meio de tornar públicas suas posições.

A organização das operárias de São Bernardo não é facilitada por sua situação de minoritárias e nem por sua vulnerabilidade diante das represálias, se bem que suas práticas reivindicatórias não tomem uma forma articulada e contínua, mas se restrinjam aos espaços dos congressos das trabalhadoras e se limitem, externamente, a divulgar suas reivindicações na imprensa sindical.

Em São Bernardo, as operárias participaram do movimento geral dos trabalhadores, da "luta dos homens", sem constituírem o elo mais fraco e menos agressivo da corrente, sem portanto oferecer ao patronato a brecha que permitiria enfraquecer as lutas gerais. Os homens, isto é, o conjunto dos trabalhadores, porém, não assumiram as reivindicações das mulheres. Essa articulação entre a combatividade das operárias e a dos operários no momento das lutas talvez signifique uma mudança no esquema das relações homem-mulher entre os operários.

Finalmente, isso nos leva a colocar o problema das origens da descriminação. Essa problemática não pode se limitar à esfera da produção, mas situa-se em sua articulação com a esfera da reprodução. A divisão do trabalho entre os sexos está na base da opressão da mulher na sociedade e na família e, para compreendê-la, é necessário combinar a análise do cotidiano da fábrica e do sindicato com o da família operária. E a paritr desse cotidiano visível e invisível, na fábrica e em casa, que se pode começar a discutir a autonomia das práticas sociais dos homens e das mulheres dentro da classe operária e sua integração nas lutas do movimento operário no Brasil.

Notas

1 Sob o termo "indústria metalúrgica", reunimos quatro ramos industriais: metalurgia; mecânica; material elétrico, eletrônico e de comunicação e material de transporte.
2 Gitahy e outros (1981).
3 "1º Congresso da Mulher Metalúrgica de São Bernardo do Campo e Diadema" organizado pelo Sindicato do Trabalhadores nas Indústrias Metalúrgicas Mecânicas e de Material Elétrico de São Bernardo do Campo e Diadema.
4 A legislação do trabalho (CLT) de 1943 proíbe a discriminação salarial por raça ou sexo e obriga as empresas com mais de 30 empregados a abrir creches. Todavia, a legislação não é respeitada e é até ignorada pela maior parte dos trabalhadores.
5 Este artigo é baseado nos resultados preliminares de uma pesquisa sobre as operárias na indústria paulista e combina elementos da análise do processo de trabalho, da sindicalização e das reivindicações das operárias. Esta pesquisa foi realizada por uma equipe dentro das atividades do Centro de Estudos sobre a Cultura Contemporânea (CEDEC), São Paulo, "As operárias da indústria".
6 IBGE: Censo Demográfico de 1970 e Tabulações Avançadas, do recenseamento demográfico de 1980.
7 Se analisarmos a evolução do crescimento da mão de obra na indústria de transformação brasileira nas últimas três décadas, verificamos que desde 1950 a mão de obra feminina crescia à taxa anual de 2,3% ao ano e, entre 1970 e 1980, passa a crescer 10,6% ao ano, ou seja, o processo de incorporação de mulheres à indústria se acelera bruscamente na década de 1970. A taxa anual de crescimento da mão de obra masculina foi de 2,7% entre 1950 e 1960; de 5,9% entre 1960 e 1970 e finalmente, de 6,9% entre 1970 e 1980. As taxas foram calculadas com dados dos censos demográficos de 1950, 1960, 1970 e 1980. (Gitahy, 1981).
8 RAIS 1976. O Estado de São Paulo concentra 51,2% de toda a mão de obra empregada na indústria de transformação do Brasil e 65% dos metalúrgicos.
9 Os trabalhos mais importantes no Brasil para base desta análise são os de Heleieth Saffioti (1978 e 1981). Para uma crítica dessa argumentação ver Humphrey (1981).
10 Gitahy e outros (1981).
11 DIEESE: Família assalariada: padrão e custo de vida, São Paulo, 1973.

12 Nem o tipo de modificação introduzida no processo de trabalho, nem suas consequências sobre o emprego feminino são homogêneos em todos os ramos industriais. Se nas indústrias metalúrgicas a modernização aumenta a utilização da mão de obra feminina, não é este o caso no setor têxtil, onde a tendência é a diminuição. Para discussão mais detalhada sobre esse fenômeno, ver Humphrey (1981).

13 Em sua análise sobre a distribuição do emprego feminino, Brisolla nota um grande aumento da participação das mulheres nas funções burocráticas: passam de 36,5% em 1970 para 54,3% em 1978. Ver Brisolla (1981).

14 RAIS 1979. Estado de São Paulo. Cálculos provisórios estabelecidos pelo DIEESE.

15 Documento elaborado pelo DIEESE para o 1º Congresso das Mulheres Metalúrgicas em São Paulo, mimeo, 1978.

16 Segundo a RAIS, em 1976, 75% da mão de obra feminina da indústria encontra-se nesse nível salarial.

17 Pesquisa realizada pelo serviço de pesquisa, estudos e avaliação do SENAI (Serviço Nacional de Aprendizagem Industrial), São Paulo.

18 Ver Humphrey (1980), *Labour use and labour control in the Brazilian automobile industry*.

19 "Falam as metalúrgicas", in *Movimento* (135) de 31/08/1978, p. 8.

20 "Se as mulheres produzem mais do que os homens, é porque elas têm mais medo do que os homens. Têm medo do chefe, de suas gritarias, como se tivessem vergonha. Os homens algumas vezes ficam encolerizados ao ponto de dizerem 'Te espero lá fora'... se fosse uma mulher que dissesse isso a seu chefe!..." (Testemunho da mesma operária).

21 Guilbert (1966).

22 Humphrey (1981).

23 Os homens também são vítimas dessa forma de gestão da mão de obra, mas ela se exerce de maneira mais violenta sobre as mulheres.

24 Kergoat (1978).

25 As mulheres são um pouco menos estáveis nas indústrias de material elétrico, material de transporte, papel, borracha, produtos farmacêuticos e perfumaria; nas indústrias de couro e peles, indústria química, de plásticos, do vestuário e do calçado, nas indústrias alimentares, nas do tabaco, nas editoriais e outras, não há diferença; finalmente, as mulheres são mais estáveis nas indústrias de minerais não metálicos, na metalurgia, na mecânica, madeira, na indústria de móveis e na têxtil. RAIS 1979, Estado de São Paulo.

26 Nas cinco empresas estudadas por Humphrey, percebe-se que são apenas as mulheres a preencher tarefas sem nenhum interesse e sem possibilidade de promoção, como a de embaladora, por exemplo. De acordo com os representantes dessas empresas, as mulheres são mais estáveis que os homens nessas funções. Os homens não aceitam ocupar cargos que não lhes ofereçam nenhuma oportunidade de promoção.

27 É surpreendente que essa política seja adotada em filiais de empresas (multinacionais) que, nas matrizes, recrutam de preferência mulheres casadas, por apresentarem maior estabilidade e senso de responsabilidade. Todavia, o fato de que, nas multinacionais, são brasileiros que são empregados nos departamentos de Relações Industriais e/ou nos serviços de pessoal (mesmo nas empresas onde nenhum, cargo importante é confiado aos "locais") reforça a hipótese de que as medidas discriminatórias contra as mulheres casadas explicam-se mais pelos preconceitos sociais do que pelos fatos.

28 Atendendo a sugestões dos dirigentes sindicais, entrevistamos operárias e grupos de operárias nas portas das fábricas. Isso nos permitiu ter uma ideia do "clima" dentro da fábrica e nos ajudou na formulação das entrevistas posteriores.

29 O aumento do emprego feminino verifica-se não apenas na indústria, mas também em outros setores. A participação das mulheres na população economicamente ativa passa de 21% em 1970 para 27,7% em 1980. No entanto, a indústria apresenta mudança de tendência. Para a evolução salarial feminina ver Gitahy e outros (1981).

30 O Ano Internacional da Mulher (1975), organizado pelas Nações Unidas, organismo acima de qualquer suspeita, parece ter desbloqueado a discussão quanto à opressão das mulheres na sociedade brasileira.

31 Esse movimento partiu inicialmente da organização das mães e das famílias de prisioneiros políticos e desaparecidos.

32 A não ser os grupos de mães, esses movimentos não se definem como movimentos de mulheres. Todavia, a participação das mulheres é importante, inclusive nos núcleos de direção.

33 Até 1977 o crescimento da sindicalização é inferior ao da população economicamente ativa urbana (PEA urbana). Entre 1977 e 1978 verifica-se um aumento de 21,7% no número de sindicalizados, enquanto o aumento correspondente da PEA urbana foi de apenas 8%. No período compreendido entre 1970 e 1978 houve aumento de mulheres sindicalizadas da ordem de 176% e no mesmo período o aumento da PEA urbana feminina foi de 123%. O crescimento correspondente do número de homens sindicalizados foi de 87%, enquanto a PEA masculina aumentou em 67%. Se tomamos o período 1977-1978, verifi-

camos que o crescimento do número de mulheres sindicalizadas foi de 33,6%, enquanto a PEA feminina cresceu em 9,2%. Já a sindicalização masculina aumentou em 20% e a PEA masculina em 7,4%. Os dados indicam um processo de sindicalização feminina muito mais acelerado que o masculino no período estudado, Gitahy e outros (1981).

[34] Ministério do Trabalho. Secretaria Geral. Centro de Documentação e Informática. – Inquérito sindical 1979 e RAIS 1979.

[35] Os trabalhadores da metalurgia representam 31,7% de todos os empregados urbanos sindicalizados. As mulheres da metalurgia constituem 14,8% das empregadas do setor urbano sindicalizadas.

[36] Infelizmente só dispomos de dados sobre a evolução da sindicalização no Estado de São Paulo no período 1978 – 1979 (dados do Ministério do Trabalho).

[37] Foi assim que nasceu o "novo sindicalismo" ou o "sindicalismo autêntico". O termo "novo" é empregado para distingui-lo do movimento sindical anterior a 1964, cujas bases sociais estavam concentradas nas empresas estatais (transporte, petróleo, siderurgia) e nas indústrias tradicionais do setor privado (têxtil, alimentação etc.) O termo "autêntico" é utilizado em oposição ao sindicalismo "amarelo".

[38] Leite (1982).

[39] Chama-se "populista" o regime político instaurado no Brasil entre 1930 e 1964 e que, apoiado num pacto social realizado entre segmentos da burguesia e setores da classe média, conduziu em relação à classe operária uma política ambígua, que combinava medidas sociais e práticas políticas manipulatórias.

[40] No início, tínhamos a intenção de analisar a evolução da sindicalização em São Bernardo ano a ano, integrando a essa análise dados qualitativos e quantitativos, ou seja, tentar estabelecer a relação entre fenômeno da sindicalização e as características dos trabalhadores da metalurgia em São Bernardo, bem como a cronologia das lutas e das atividades sindicais. Isso não foi possível devido à insuficiência dos dados sobre o número de metalúrgicos e de sua distribuição por sexo.

[41] RAIS 1976 para a Grande São Paulo e DIEESE 1977 para São Bernardo.

[42] Cinco grandes empresas: Chrysler, Ford, Mercedes-Benz, Volkswagen e Saab-Scania empregavam, em 1981, segundo os "Guias de contribuição sindical", 61.836 pessoas, das quais apenas 3,4% eram mulheres.

[43] Entre os sindicalizados de São Bernardo, apenas 36,3% têm 25 anos ou menos.

[44] Humphrey (1982).

[45] Segundo os dados da RAIS para São Bernardo em 1980, a rotatividade no setor de material de transporte é menor.

46 A informação sobre o Congresso vem de *Movimento*, números 135, 136 e 137; do jornal do sindicato *Tribuna Metalúrgica* de abril de 1977 e fevereiro de 1978, além de entrevistas com dirigentes sindicais.
47 Foi a única tentativa de regulamentar a mão de obra feminina, por parte do Estado. As leis em vigor, sobre o trabalho das mulheres, datam de 1943.
48 *Tribuna Metalúrgica*, abril 1977, p.8.
49 *Idem*, p.8.
50 Resolução do 1º Congresso das Mulheres Metalúrgicas de São Bernardo e Diadema, mimeo, 1978.
51 *Tribuna Metalúrgica*, fevereiro de 1978.
5. Kergoat (1978).
53 Na campanha salarial de 1976 em São Bernardo, aparece a menção "estabilidade de emprego para a mulher em período de gravidez".
54 "As mulheres na greve", Folhetim nº 114 de 25/3/1979 – São Paulo.

Referências bibliográficas

Acero, Liliana (1982), *Impact of technical change on traditional skills: the textile sector in Brasil*. IDRC, TUPERJ, Rio.
Brisolla, Sandra (1981), "Formas de inserção da mulher no mercado do trabalho. O caso do Brasil, versão preliminar de uma tese de doutorado", Unicamp, Depto de Economia.
Gitahy, Leda; Hirata, Helena; Lobo, Elizabeth; Moysés, Rosa Lúcia (1981), Operárias, sindicalização e reivindicações, 1970-1980, *Revista de Cultura e Política* (8) jun. 1982, p. 90-116.
Guilbert, Madeleine (1966), *Les fonctions des femmes dans l'industrie*, La Haye, Mouton.
Hirata, Helena (1981), Firmes multinationales au Brésil: technologie et organisation du travail, trabalho apresentado na conferência. Crisis, Nuevas Tecnologias y el Proceso de Trabajo, México, UNAM, 20-31 jul.
Humphrey, John (1980), A fábrica moderna no Brasil – *Revista de Cultura e Política*, (5/6).
_____ (1980), "Labour use and Labour control in the Brazilian auto industry". *Capital and class* (12) Hiver.
_____ (1981), "Women's employment in the modern manufacturing sector in Brazil". Trabalho apresentado na conferência. Crisis, Nuevas Tecnologias y el Proceso de Trabajo, México, UNAM, 20-31 jul.
_____ (1982), *Capitalist control and workers's struggle in the Brazilian auto industry*, Princeton University Press.

Leite, Mareia (1982), Processo de trabalho e reivindicações sindicais, Trabalho apresentado na 34ª reunião anual da SBPC (Sociedade Brasileira para o Progresso da Ciência) Campinas, 7-14 jul.

Kergoat, Daniele (1978), "Ouvriers = Ouvrières?", *Critiques de l'Economie Politique,* nouvelle série (5) out dez. 1978.

Saffioti, Heleieth B. (1969), *A mulher na sociedade de classe – Mito e Realidade.* São Paulo, Liv. Quatro artes ed., 1969, 404 p.

_____ (1981), *Do artesanal ao industrial: a exploração da Mulher,* São Paulo, Hucitec.

_____ (1981), O impacto da industrialização na estrutura do emprego feminino. Trabalho apresentado no 1º Congresso da ASEP, agosto.

Souza-Lobo, Elisabeth; Humphrey, John; Gitahy, Leda; Moysés, Rosa Lúcia (1982), La pratique invisible des ouvrières. Trabalho apresentado no 10º Congresso Mundial de Sociologia. México, ago. 1982, Groupe ad-hoc: Articulation du système productif et des structures familiales. Méthodologie des approches comparatives.

Masculino e feminino na linha de montagem – divisão sexual do trabalho e controle social*

O objetivo da divisão do trabalho, diz Freyssenet (1977), reside não tanto na divisão das tarefas, mas essencialmente na separação entre concepção e execução, simultânea ao estabelecimento da hierarquia, do controle e da diferenciação das funções. E nesse sentido, acrescenta ainda Freyssenet (1984), a especificidade do taylorismo está em afirmar simultaneamente a possibilidade, dada por sua metodologia e suas técnicas, de determinar científica, e logo imparcialmente, qual o melhor trabalhador, o melhor instrumento e a melhor maneira de produzir qualquer coisa.

Ora, a determinação do "melhor trabalhador" significa também explicitar os critérios que diferenciam trabalhos de homens e trabalhos de mulheres na indústria. Mas a determinação do "sexo do trabalho" não se esgota no conteúdo diferente dos trabalhos realizados, mas em relações assimétricas no nível da hierarquia, da qualificação, da carreira ou do salário (Humphrey, 1984). Várias hipóteses surgem então na construção de uma problemática que dê conta não apenas da divisão do trabalho por sexo (divisão sexual do trabalho), mas das assimetrias contidas nessa divisão.

---

* Redigido em colaboração com Vera Soares, inicialmente apresentado no Grupo de Trabalho (GT) "Processo de trabalho e reivindicações sociais" do IX Encontro Nacional da Associação Nacional de Pós-graduação e Pesquisa em Ciências Sociais (ANPOCS), 1985. Publicado posteriormente em Relações de trabalho e relações de poder – mudanças e permanências, Mestrado de Sociologia, UFCE, FINEP-ANPOCS-CNPq, vol. 2, p. 16-35.

1. As hipóteses centradas na teoria do mercado de trabalho dual distinguem dois níveis de empregos: o dos empregos estáveis, com altos salários e estrutura de carreira bem definida, característicos das grandes empresas, e os empregos instáveis, sem carreira definida, característicos das pequenas empresas, onde se situam as mulheres (Humphrey, 1984).
2. As hipóteses centradas na diferenciação entre produção e reprodução partem da divisão sexual do trabalho instituído no nível da sociedade, que separa esfera produtiva-masculina e reprodutiva-feminina. A divisão das esferas, ao designar prioritariamente as mulheres à esfera reprodutiva, determina a esta papel subordinado à esfera produtiva.
3. Por último situam-se hipóteses que se propõem a pensar a divisão sexual do trabalho como uma construção social e simbólica produzida simultaneamente na esfera da reprodução e da produção.

Assim, a divisão sexual do trabalho seria mais do que uma expressão da estratégia do capital de "dividir para reinar" (Milkman, 1982), ou de maximizar seus lucros. Permanece, no entanto, a questão de por que a sexualização de um setor ou de uma tarefa implica relações de trabalhos assimétricas. Qual a origem dessa assimetria?

Se a pergunta sobre os fundamentos da divisão sexual do trabalho está colocada, as respostas são ainda insuficientes. Por isso mesmo as tentativas de historicizar as formas da divisão sexual do trabalho, de estudá-la, por assim dizer *in loco*, parecem trazer muitas vantagens (Milkman, 1982). Esta é, pois, a proposta desta comunicação.

A fábrica: sons e imagens

A empresa Thomas Edison, de capital multinacional, já foi quase do tamanho de uma pequena cidade de 8 mil funcionários na unidade do município de São Paulo. Dessa população restam hoje aproximadamente 2 mil pessoas. A empresa possui mais duas unidades de produção na Grande São Paulo e está transferindo a maior parte de suas linhas de produção para Manaus. O período de expansão da produção se estende de 1950, quando foi instalada em São Paulo, até 1975, quando inaugurou a fábrica de Manaus.

A fábrica ocupa quase um quarteirão. A construção dos prédios é uniforme, não existe diferença aparente entre os diversos setores da produção e a burocracia. Percorrendo as linhas de montagem e observando as instalações da fábrica, logo se nota a grande desmobilização da produção em São Paulo. Algumas linhas totalmente paralisadas, outras mantendo apenas o esqueleto da antiga linha, espaços vazios etc. É a forte presença de Manaus em São Paulo.

A produção na unidade visitada abarca: televisão em cores e preto e branco, autorrádios, toca-fitas para autos, radiorrelógios, aparelhos de som, condicionadores de ar, bobinas e transformadores. Desde o início de suas instalações, a maior produção da empresa foi de rádios e televisões. Em 1957 ocorreu a primeira modificação tecnológica com a produção de rádios totalmente transistorizados e, dez anos depois, deu-se o lançamento da primeira televisão totalmente transistorizada. Até o momento da pesquisa não obtivemos maiores informações das implicações dessas mudanças na produção e sobre o tipo de mão de obra empregada.

Numa primeira etapa, a pesquisa restringiu-se às seções de preparação de fios e montagem de toca-fitas, autorrádios, seletores eletrônicos em cores e preto e branco, aparelhos de som, gabinetes de televisão em cores e preto e branco. Posteriormente, se houver acordo com a empresa, as outras seções serão também percorridas. Das linhas observadas, só os autorrádios, toca-fitas e radiorrelógios são totalmente montados em São Paulo. Os outros aparelhos são parcialmente montados em São Paulo e depois enviados para Manaus.

As linhas de montagem

As linhas de montagem de auto-rádios, toca-fitas, seletores eletrônicos e rádios-relógios são divididas em três etapas de produção: as áreas de inserção, acabamento e montagem final. O número de pessoas que trabalham na linha varia conforme a produção prevista. Os operários são remanejados de outras seções. Isto é facilitado pelo fato de que a maior parte das pessoas que trabalham nas linhas ocupa funções classificadas como não qualificadas. Quando a linha tem maior produção ou maior subdivisão de tarefas, existe um contramestre, em cada área, como é o caso das de autorrádios e toca-fitas. O supervisor fiscaliza duas ou mais linhas.

Cada área dá linha de montagem tem as seguintes funções respectivamente:
– inserção: montador, reserva, contramestre;
– acabamento: montador, reserva, operador de máquina, controle de qualidade, contramestre;

– montagem final: montador, reserva, teste eletrônico, calibrador, consertador, controle de qualidade, embalador, contramestre.

Na área de inserção, os componentes são inseridos nas placas sem soldar. Alguns componentes são preparados antes: os suportes dos componentes são dobrados ou cortados de acordo com a placa em que serão inseridos. Existem diversos tamanhos de placas. As maiores atingem as dimensões de 25 cm por 15 cm, as menores não ultrapassam 5 cm por 5 cm, parecendo pequenas caixas de fósforos. Para cada linha, um tipo de placa. As maiores pertencem aos aparelhos de som, as menores, aos seletores eletrônicos; e neste caso são montadas quatro pequenas placas por vez. Cada montador pode inserir até 120 componentes, dependendo da produção. O primeiro da linha dá início ao processo, inserindo alguns componentes na placa. As primeiras peças são as menores, para não atrapalhar a inserção das seguintes. Sentados numa cadeira alta com rodas, eles inserem os componentes, enquanto as placas vão passando em sua frente, nas esteiras automáticas, ou então empurram com a mão as placas, sempre que a luz e a campainha assinalam o *timing*. Na altura de sua cabeça há um guichê com pequenas caixas onde estão os componentes e um modelo. O montador-insersor levanta alternadamente um braço, pega alguns componentes, enquanto insere os outros que estão na outra mão. O ritmo é alternado e suave, não é necessário levantar os olhos para as caixas de peças. Ele tateia, olhando sempre para baixo, onde coloca os componentes, segundo posições e cores, depois passa e a próxima placa já está a sua frente. Em algumas linhas, o montador tem que se deslocar na cadeira para três posições diferentes, ou seja, faz o trabalho que três pessoas fariam se o ritmo da produção estivesse mais intenso. Tudo já foi cronometrado pelo setor de engenharia industrial, que determina o número de pessoas em cada área e em cada função, dependendo da produção. O trabalho da área termina quando os elementos básicos foram inseridos.

A placa, colocada numa esteira automática, passa por uma máquina de solda. Apenas um operário fiscaliza a máquina. Há pouca coisa a controlar. Do outro lado, começa a área de acabamento. Os componentes já soldados são aparados com um alicate que percorre rapidamente toda a placa, dando um acabamento mais uniforme à solda. A placa segue na esteira automática, e cada uma passa por uma inspeção visual, para localizar peças que foram inseridas em lugar errado, ou que não foram bem soldadas, passando então para um montador-troca peça, ou um montador-soldador. Aqui também todos trabalham sentados, com exceção do contramestre.

Na montagem final, os componentes que não podem passar pela máquina de solda são inseridos. Se o que está sendo montado é só uma parte, porque será enviado para Manaus, então depois da inserção destes novos componentes, é feita a calibração, as peças com defeitos são consertadas pelo consertador, e, por último, o produto chega ao controle de qualidade. Quando a peça é totalmente montada em São Paulo, antes da calibração inserem-se o painel e os fios, adaptam-se botões e parte da carcaça. Ela segue para a calibração, teste e, quando se termina de montar a carcaça, para o controle de qualidade. No final da linha ficam os embaladores.

Nessas linhas, os operários quase não se utilizam de máquinas ou ferramentas. O principal instrumento de trabalho é a própria mão, às vezes com auxílio de solda.

A preparação de fios apresenta algumas peculiaridades no que diz respeito às funções e tarefas. É um setor que abastece todos os outros: prepara fios pequenos, chicotes e terminais.

As funções nesse setor são: montador, operador de máquina, rebitador, controle de qualidade, reserva, contramestre. Não é propriamente uma linha, cada trabalhador fica diante de uma máquina.

As linhas são quase silenciosas. Apenas o ruído das máquinas, das soldas e o fundo musical solicitado pelas montadoras, que aumenta a produção.

As tarefas executadas não obedecem a uma lógica semelhante à montagem de um aparelho. Alguns cortam fios um a um. Outros operam máquinas que cortam fios que aparecem automaticamente. Outros mantêm um maço de fios na mão e vão separando um por um, para colocação de terminais por uma máquina acionada com o pé. A operação que ocupa muitos operários é a de enrolar as pontas desencapadas dos fios, passando por uma máquina.

O setor de montagem de gabinetes de televisão tem um aspecto diferente dos demais. O ambiente é mais movimentado, ouvem-se vozes das pessoas conversando, pois o próprio trabalho obriga a uma movimentação maior. O setor tem duas áreas: preparação geral e montagem final. Na preparação, as funções são: montador, reserva e contramestre. Nessa área prepara-se a parte frontal dos gabinetes. Colocam-se alto-falantes, fios de antena interna, botões etc. Na montagem dos gabinetes as funções são: montador, reserva, embalador, controle de qualidade, contramestre. Nessa área estavam funcionando três linhas de montagem: uma de televisão em preto e branco e duas de televisão colorida. As diferenças entre as duas é que uma delas, a de TV em preto e branco, estava organizada com esteira automática. Segundo explicaram, em função da necessidade de um maior volume de produção, foi aumentada a fragmentação das tarefas. Nessa área, os tubos cinescópios são preparados e montados nos gabinetes, passam por um controle de qualidade, e são embalados depois. O produto segue para Manaus, para montagem final. A cada três segundos uma televisão está pronta para ir a Manaus.

Depois de percorrer essas linhas de montagem e antes de enveredar por outros rumos na análise da divisão do trabalho, preparamos um questionário para o Departamento de Relações Industriais a fim de obtermos informações sobre a estrutura de cargos, política de salário, formas de treinamento, exigências de qualificação etc. Procuramos saber quais tarefas ou cargos são destinados para homens e mulheres, e quem ocupa os cargos na hierarquia de poder da fábrica. A resposta que obtivemos foi de que não existem tarefas consideradas masculinas ou femininas, de que não existem cargos designados para homens e mulheres.

As funções classificadas como não qualificadas são: montador, reserva, controle de qualidade, calibrador, teste eletrônico. As funções semiqualificadas: operador de máquina, embalador. As funções qualificadas: consertador, contramestre.

Quem são os operários que realizam cada uma das tarefas e quem ocupa as funções?

Nas linhas de montagem dos autorrádios, toca-fitas, seletores eletrônicos e radiorrelógios, na preparação e inserção dos componentes só trabalham mulheres supervisionadas por um contramestre homem, são todas montadoras. Fiscalizando a máquina automática de solda está um homem. Do outro lado, dando início ao acabamento, estão mulheres soldando, revisando, trocando peças, inserindo novos componentes. São todas montadoras, supervisionadas por um contramestre homem. Na montagem final, onde o produto é calibrado, testado e, dependendo se seu destino é Manaus ou não, recebe uma carcaça com todo o acabamento, estão as mulheres realizando todas essas tarefas, com exceção das que exigem algum saber técnico, pois os consertadores são todos homens. No final da linha, ficam os embaladores – se o produto for leve, embaladora; se for pesado, embalador. E como em quase toda regra, também encontramos exceção. Mas, todos os contramestres são homens e todos os consertadores são homens.

Nessa linha a equação mulheres – trabalhos não qualificados, homens – tarefas semiqualificadas ou qualificadas se ajusta perfeitamente.

A distinção básica entre os trabalhos femininos e os trabalhos masculinos é a diferença entre "saber" e "fazer". As duas funções masculinas, contramestre e consertador, conhecem o ofício, têm curso técnico feito na própria empresa ou curso técnico de 2º grau.

Os contramestres são todos ex-consertadores, como os supervisores e mesmo os chefes dos supervisores. Os homens têm acesso, assim, a carreira dentro da empresa. Às mulheres é dado começar como montadoras e terminar como reservas ou calibradoras; esse é o ponto máximo possível na sua carreira. São funções consideradas não qualificadas.

Na preparação de fios, a distribuição dos cargos e funções se repete: mulheres, montadoras; chefia, masculina. Aqui há uma particularidade: homens e mulheres operam máquinas. As que exigem minúcia e não implicam trabalho pesado são atribuídas às mulheres. Mas só as mulheres montam e fazem acabamento dos fios. Operadores ou operadoras não têm qualquer curso profissional, a aprendizagem é feita exclusivamente no local de trabalho. Aparentemente, a qualificação é igual para ambos. Não sabemos ainda se ambos são registrados com a mesma função.

A distinção fundamental aqui são atenção, destreza e minúcia, exigidas nas máquinas operadas por mulheres. A percepção visual é fator básico. Nesse setor muitas das funções realizadas pelas montadoras são bastante semelhantes a trabalhos femininos, como o crochê.

Nas linhas de montagem dos gabinetes de televisão, a divisão entre as funções masculinas e femininas também está bem demarcada, embora as linhas sejam mistas. Na preparação, a divisão é a mesma das outras linhas: as montadoras são mulheres, e a chefia, o contramestre, é homem. Já a montagem apresenta algumas diferenças, as linhas são mistas. Tarefas pesadas, como colocar o tubo cinescópio na linha, são invariavelmente feitas por homens. A embalagem também. Aqui a força física é recompensada. Os embaladores ganham um pouco mais do que as montadoras, ainda que sua tarefa consista exclusivamente em colocar os televisores nas caixas de papelão. A explicação para essa característica é em termos de estímulos para uma tarefa considerada "suja" e pesada, assim definida quando se usava embalagem de madeira para os televisores. Hoje, devido a essa tradição, o benefício se estende mesmo para embaladores de pequenos seletores eletrônicos.

Nas linhas mistas, os inspetores de qualidade e os reservas são homens, pois, como reservas, terão que substituir tarefas masculinas e femininas: Aqui existem homens montadores. Os inspetores de qualidade são homens. Mais uma vez parece ser o confronto de saberes. Nessa linha é a função que contém e exige mais conhecimento, posto que não há consertadores. A hipótese do controle masculino do saber parece ser reforçada. E observa-se que sua definição é localizada: aqui essa tarefa é mais importante do que na montagem das placas; lá é feminina, aqui é masculina.

Por outro lado, na linha de montagem de gabinetes, há tarefas que são igualmente feitas por montadora ou montador. Não sabemos se existe diferença de salário e diferença no registro de função. Mesmo quando as tarefas são iguais, as práticas masculinas e femininas são assimétricas. Na linha de montagem dos gabinetes, menos mecanizadas, trabalham só homens e não existe esteira nem controle de tempo. Nas linhas mais automatizadas estão as mulheres e há controle de tempo.

A seção tem também um pequeno lugar para fumar. As mulheres não o frequentam, preferem ir ao banheiro. As mulheres trabalham sentadas, os homens de pé. Segundo o contramestre, muitas mulheres se recusam a trabalhar em pé "por causa das varizes"; muitas não gostam dessa seção por ser mais agitada, preferem as linhas mais tranquilas.

A pesquisa: assimetrias e teorias

Ao escolher uma empresa de material elétrico para estudar a divisão sexual do trabalho, retomávamos a mesma linha de pesquisa de Ruth Milkman (1982): a reconstituição histórica da divisão sexual do trabalho em diferentes ramos de indústrias. Essa abordagem apresenta, de um lado, a vantagem de permitir a comparação entre modalidades distintas da divisão sexual do trabalho (Milkman compara a indústria automobilística e a de material elétrico), tratando de identificar os fatores que incidiram na cristalização dessas formas. É importante afirmar a hipótese de que os critérios científicos que determinam a divisão sexual do trabalho traz embutido o discurso de adequação de "masculino" e "feminino", ou seja, conteúdos que a partir do sexo biológico constroem representações de gênero (Stolcke, 1983). E aqui a abordagem histórica permite revisar a relação entre o discurso sobre a divisão sexual do trabalho e as formas dessa divisão nas diferentes conjunturas.

A indústria de material elétrico, nos Estados Unidos, empregava, em 1880, apenas 5% de mulheres. Já em 1910, as mulheres constituíam mais de um terço da força de trabalho empregada no setor (Milkman, 1982). A tendência de aumento da força de trabalho feminina permanece, desde então, processando-se gradualmente a substituição da força de trabalho masculina no setor. Milkman cita as observações de uma trabalhadora da GE na época sobre a fragmentação e desqualificação das operações na produção que se processa de maneira acelerada e se beneficia da ausência de uma verdadeira tradição de qualificação numa indústria recente e tecnologicamente revolucionária, onde, por conseguinte, a resistência à fragmentação das tarefas era mínima. No entanto, na indústria automobilística, o processo de fragmentação do processo de trabalho não coincide com a substituição da força de trabalho masculina pela feminina, ainda que seja também uma indústria nova e sem forte tradição de *métier*.

Assim, a cristalização do sexo das tarefas nos dois setores, vista de uma perspectiva histórica, acrescenta novas variáveis para as tentativas de compreender os critérios que organizam a divisão sexual do trabalho. Nesses dois novos ramos industriais o trabalho feminino já não pode ser identificado como prolongamento de um "trabalho de mulher", como na indústria têxtil, de vestuário ou de alimentos. Surge, então, a qualificação de "trabalho leve" = "trabalho de mulher", ou ainda, "trabalho delicado", "que exige dedos finos" (Milkman, 1983).

O mesmo discurso reaparece entre os contramestres da fábrica brasileira da Thomas Edison: "Trabalhar com mulher na linha é muito mais fácil e, além disso, serviço de insersora, soldadora, requer mãos muito delicadas". Aqui, delicadeza e destreza parecem ser os critérios que especificam as tarefas das mulheres, em oposição ao trabalho pesado da embalagem, realizado por homens. Mas se ambas as tarefas são não qualificadas, o embalador recebe um salário superior ao da montadora. A justificativa, no discurso do contramestre, vem do fato de que, por fazer um trabalho pesado e monótono, sem perspectivas de carreira, o embalador necessita de "um estímulo", e de que, se hoje a embalagem é menos pesada, antes, quando se usavam caixotes de madeira, era efetivamente um esforço grande.

De imediato, colocam-se dois planos de análise: no primeiro, as características das tarefas, e aí se pode aceitar provisoriamente o argumento de que o trabalho de inserção e soldagem é delicado e minucioso e que por isso é feito por mulheres, enquanto o trabalho pesado é trabalho de homem. Mas de imediato, num segundo plano, se comparamos o critério de definição das duas tarefas, vemos que ambos remetem a capacidades. De um lado, uma capacidade totalmente natural – a força – de outro, uma capacidade, que pode também ser considerada adquirida; um saber prático: a destreza, a rapidez, a delicadeza. Ambas são qualidades que podem ser cultivadas, mas não adquiridas formalmente. Mas se suas definições se aproximam, sua valorização é distinta. A destreza não merece um estímulo, a força sim.

Introduz-se aqui um novo critério, a relação entre *tarefa* e *quem faz a tarefa*. Nesse sentido, a lógica da divisão sexual do trabalho e de suas implicações não reside exclusivamente *no que se faz,* mas em *quem faz.* E então é a identidade da força de trabalho que define a função, o salário, a qualificação (Kergoat, 1982). E nessa medida, a identidade do trabalhador homem supõe a possibilidade de uma carreira, enquanto a identidade da trabalhadora mulher não supõe carreira profissional. A gestão da mão de obra dá conta dessa diferença ao definir a política de salários.

Assim, mesmo trabalhando com os critérios naturais que definem "masculino" e "feminino", as implicações remetem a uma hierarquia que não está contida na diferença dos dois conceitos, mas na relação social neles embutida.

Observada sob outro ângulo, a linha de montagem contém outras modalidades de diferenciação entre masculino e feminino, expressas nas funções de testadora (ou inspetora de qualidade) e de consertador. A testadora ou a inspetora de qualidade revisam toda a montagem, detectam os defeitos eventuais e passam para o consertador que, como diz a palavra, conserta. As duas primeiras funções são femininas, a segunda é masculina. O que distingue os dois trabalhos?

a testadora ou inspetora de qualidade
 • possui um conhecimento não formalizado adquirido com a prática.
 • domínio visual: aponta o erro.

o consertador
 • conhecimento formalizado adquirido através de curso técnico.
 • domínio teórico: corrige o erro.

A distinção entre as tarefas reside aqui no conhecimento teórico formalizado, que permite ao consertador agir sobre seu trabalho e lhe atribui uma qualificação. Obviamente as duas funções poderiam ser realizadas por uma mesma pessoa. No caso, a fragmentação e a desqualificação de parte dela coincidem com a divisão sexual da operação: as mulheres são testadoras ou inspetoras, os homens são consertadores.

A relação entre os dois momentos da operação implica uma subordinação entre tarefa qualificada e não qualificada. Novamente a separação remete a hierarquização. Se testadores e inspetores de qualidade fossem homens nessas linhas, a análise da divisão de tarefas terminaria na crítica da fragmentação, cujos fins últimos seriam a produtividade. Mas por que a produtividade dependeria não só da fragmentação, mas também da divisão sexual das tarefas? Trata-se novamente de uma divisão que reproduz representações, do masculino e feminino, não imprescindíveis à produção, mas que obedecem a tradições, a hierarquias que fazem parte da *cultura do trabalho*. Será inevitável tecnicamente esta divisão das tarefas? Tudo indica que não. Reunidas outras histórias de funções observamos que:

1. Numa empresa automobilística, uma seção tradicionalmente feminina, a tapeçaria, foi masculinizada integralmente nos anos 1970 sob o argumento de que a implantação de turnos impedia a contratação de mulheres, pois elas não poderiam trabalhar à noite.
2. Numa empresa de autopeças, o trabalho nas prensas de grande porte da estamparia chegou a ser realizado por mulheres também nos anos 1970 e num momento de grande expansão da produção.

Os exemplos sugerem que a divisão sexual do trabalho não é técnica. Pode ser modificada segundo as eventualidades das conjunturas, facilitada pela resistência, no caso das operárias da indústria automobilística, ou pela falta de tradição de ofício nas funções, no caso da indústria de autopeças em fase de expansão, empregando mão de obra sem experiência anterior no trabalho industrial, sem qualificação e inserida num processo de intensa mobilidade no mercado de trabalho.

Mas, se não existe um critério técnico, a hierarquização das tarefas obedece a outros tipos de critérios que atribuem qualificações segundo os atributos das tarefas e dos executores. Para uns é preciso estímulo, para outros não; para uns cabem tarefas qualificadas, para outros não. A questão é tanto mais evidente quando se considera que as mulheres não fazem cursos de consertadoras. Por razões culturais, dizem os contramestres, "porque mulher não faz curso técnico". No entanto, nos anos 1970 a empresa Thomas Edison realizou cursos de consertador para mulheres e, segundo depoimentos: "as mulheres tinham dificuldade em se adaptar à responsabilidade do posto", "não queriam fazer o curso". Ou ainda: "os homens não queriam ajudar as novas consertadoras, não respondiam suas dúvidas". "Era impossível, para cada choque era um grito".

Novamente a sexualidade das funções passa por um complexo mecanismo cultural que define "cursos de mulher", "cursos de homem", mas, muito mais do que isso, por relações hierárquicas e de qualidade distintas entre os sexos, representações de responsabilidade e de adequação, que por sua vez remetem a relações de poder fundadas no saber técnico, próprio ao trabalho industrial.

Por outro lado, a observação da linha de montagem de televisores mostra a possibilidade de tarefas iguais realizadas por homens e mulheres, e a possibilidade de diferenciação entre uma linha menos automatizada, com ritmos de trabalho autofixados, e linhas totalmente mecanizadas, com menos iniciativa para cada montador na determinação do seu tempo e do trabalho em conjunto. O maior disciplinamento coincide com a presença de mulheres.

A relação mulheres/disciplina é frequentemente identificada com a necessidade de maior tranquilidade no trabalho, de menor movimentação, "de estar sentada para não ter varizes". No entanto, a comparação de contextos de trabalho distintos mostra que as mulheres realizam também trabalhos que exigem agilidade, intensa movimentação do corpo e dispêndio de força. Apenas no contexto do trabalho agrícola, o discurso da fragilidade é impossível e há a tradição do trabalho feminino na agricultura. Sempre que a indústria precisa aparecer como espaço masculino, o discurso da fragilidade aparece. E desaparece, nas conjunturas em que a substituição de mão de obra é necessária, como no caso das guerras mundiais, quando, ao contrário, trabalha-se a ideia de que as mulheres "podem substituir os homens, ou quando as necessidades da produção se associam à inexistência de demarcações bem definidas entre os ofícios".

A determinação do "melhor trabalhador" é, pois, histórica e social. Inclusive quando parece depender exclusivamente da qualificação do trabalhador. A descrição da linha de montagem e especialmente dos movimentos realizados pelas insersoras é um bom exemplo. Visualmente remetem a uma sucessão de gestos harmônicos que podem ser associados ao costurar, ao tecer e – por que não – ao pintar ou ao dançar. Frequentemente se retém a associação com os trabalhos domésticos para explicar o treinamento das mulheres, determinando sua adequação a essas funções. Na verdade, a extensão dos trabalhos domésticos permite que possam ser relacionados com uma imensa variedade de tarefas. Por outro lado, sua função como treinamento é inequívoca. Hirata, estudando a divisão sexual do trabalho na indústria japonesa observou que a arte do ikebana, entre outras, é estimulada especificamente como treinamento (Hirata, 1984). Assim, a construção social do gênero inclui também as qualidades do gênero desenvolvidas socialmente através da educação e do trabalho. Isso torna compreensível a aproximação entre as tarefas femininas e as tarefas domésticas, pela comparação da sua natureza, mas aponta mais ainda para a comparação entre o disciplinamento do feminino e do masculino, que prepara e classifica também operários e operárias.

Conclusões

Os estudos de caso trazem novas luzes sobre a divisão sexual do trabalho. Como aponta Ruth Milkman (1983) é preciso considerar que "dada a inércia que parece marcar a divisão sexual do trabalho, uma vez estabelecida numa indústria, todo esforço teórico deve atribuir um lugar central para as histórias individuais do desenvolvimento estrutural dos mercados de trabalho de cada indústria". No caso dos ramos estudados, a história de cada um permite observar os momentos de reformulação e cristalização da divisão sexual do trabalho. A situação conjuntural da atividade do setor é determinante, assim como as condições mais gerais do mercado de trabalho – no caso brasileiro, a conjuntura de expansão do início dos anos 1970, combinada com o movimento migratório.

A constituição da divisão sexual do trabalho em cada setor constrói algumas formas de discurso, justificativas que podem ser comuns a vários setores: o trabalho limpo/o trabalho sujo, o trabalho leve/o trabalho pesado, o trabalho minucioso/o trabalho que exige movimentação. Os termos do discurso são, no entanto, mais funcionais do que propriamente critérios originários da divisão sexual do trabalho e de qualquer forma não resistem às comparações intersetoriais. Se formos aplicar os critérios que justificam a feminização das tarefas na linha de montagem de produtos eletrônicos – trabalho sentado, limpo, minucioso, delicado – com o trabalho de uma cortadora de cana, chegaríamos à conclusão de que se trata de dois tipos de "feminilidade". A construção social e simbólica do critério é, pois, evidente.

Por essa razão, a divisão sexual do trabalho parece estar inserida na divisão sexual da sociedade, na construção do masculino e do feminino no nível do conjunto da sociedade, como uma relação entre dois mundos, dois espaços, que é apresentada como natural e biológica (Stolcke, 1980). Ainda mais a divisão sexual do trabalho como relação entre dois gêneros traz embutida a hierarquia social entre estes dois gêneros. Assim, a divisão sexual do trabalho não cria a subordinação e a desigualdade das mulheres no mercado de trabalho, mas recria uma subordinação que existe também nas outras esferas do social. A divisão sexual do trabalho mostra que a relação de trabalho é uma relação sexuada porque é uma relação social. Isso implica também que a construção do gênero masculino ou feminino não se faz exclusivamete na produção para o gênero masculino e da reprodução para o gênero feminino. Nem a hierarquia de gêneros na sociedade funda a divisão sexual do trabalho, nem a divisão sexual do trabalho funda a hierarquia de gêneros (Stolcke, 1983). A divisão sexual do trabalho se constrói como estratégia de gestão da força de trabalho, através de representações e de linguagem do capital, tanto quanto como estratégia de resistência das mulheres e dos homens nas relações com o trabalho e em suas práticas sociais.

No caso brasileiro, os anos 1970 constituem um momento privilegiado para estudar a constituição da divisão sexual do trabalho nos setores industriais que tiveram nesse período um desenvolvimento particular. Ao mesmo tempo, abre-se caminho para analisar as novas tendências que se esboçam, no novo período marcado pela crise econômica e social. Os caminhos desta pesquisa estão ainda incompletos. O seu próprio desenvolvimento abre novas alternativas, os obstáculos forçam a reformular estratégias. A trajetória percorrida vai da formulação de um conceito estrutural de divisão sexual do trabalho, para sua reformulação como relação social e simbólica, através de aproximações sucessivas do objeto de estudo. O trabalho feminino na indústria passa a ser parte de uma relação entre feminino e masculino no trabalho industrial.

Referências bibliográficas

Bruschini, Cristina (1970). "Sexualização das ocupações", in *Cadernos de Pesquisa,* Fundação Carlos Chagas, 32.
Elson, Diane e Pearson, Ruth (1981). "Nimble fingers make cheap workers: an analysis of women employment in third world export manufacturing", in *Feminist Review 1.*
Freyssenet, Michel (1977). *La division capitaliste du travail.* Paris, Savelli.
_____ (1984), "Division du travail, taylorisme et automatications. Confusions, différences et enjeux", in Montmolin M. e Pastré O. (coord.), *Le Taylorisme.* Paris, La Découverte.
Gitahy, L.; Humphrey, J.; Lobo, E.; Moysés, R. (1982). "Luttes ouvrières et luttes des ouvrières à S. B. do Campo", in *Cahiers des Amériques Latine* 26.
Guilbert, Madeleine (1966). *Les fonctions des femmes dans l'industrie.* Paris, La Haye, Mouton.
Guillaumin, Colette (1978). "Pratiques du pouvoir et ideé de Nature (I) — L'appropriation des femmes", in *Questions Féministes* 2.
Hirata, Helena (1984). "Vie reproductive et production. Famille et entreprise au Japon" in *Le sexe du travail* (vários autores). Grenoble. Presses Universitaires de Grenoble.

Humphrey, John (1983). "Sindicato, um mundo masculino", in *Novos Estudos CEBRAP,* vol. 2, I., São Paulo.
_____ (1984). "Trabalho feminino na grande indústria paulista", in *Cadernos CEDEC* 3. São Paulo.
_____ (1984). "Gender, pay and skill: manual workers in Brazilian industry". Liverpool, University of Liverpool (mimeo).
Kergoat, Danièle (1973). *Bulledor ou l'histoire d'une mobilisation ouvrière.* Paris, Ed. Seuil.
_____ (1978). "Ouvriers, Ouvrières?", in *Critiques de L'Economie Politique* 5 (Nouvelle Série).
_____ (1982). *Les Ouvrières.* Paris, Le Sycomore.
Lobo, E.; Gitahy, L.; Humphrey, J.; Moysés, R. (1984). "La pratique invisible des ouvrières", in *Le sexe du travail.* Grenoble, Presses Universitaires de Grenoble.
Martins Rodrigues, Arakcy (1978). *Operário, Operária.* São Paulo, Símbolo.
Milkman, Ruth (1983), *Female factory labor and industrial structure control and conflict over "women's place" in auto and electrical manufacturing.* (Politics and Society, 1212).
Moysés, Rosa (1985). *Trabalho e condição operária feminina – Um estudo sobre as trabalhadoras nas indústrias químico-farmacêuticas de São Paulo.* Relatório de pesquisa, (mimeo).
Navarro, Maryza (1979). "Research on Latin American women", in *Signs,* vol. 5, n° 1.
Saffioti, H. (1981). *Do artesanal ao industrial — a exploração da mulher.* São Paulo, Hucitec.
Souza-Lobo, E. (1984). *"A divisão sexual do trabalho e as ciências sociais".* (VIII Reunião Anual da ANPOCS. Águas de São Pedro, GT "A mulher na força de trabalho").
Stolcke, Verena (1980). "Mulheres e Trabalho", in *Estudos CEBRAP* 26.
(1983), *Position paper for the SSRC workshop on social inequality and gender hierarchy in Latin American,* México, (mimeo).

Masculino e feminino na prática e nos discursos sindicais no Brasil*

A emergência da problemática das operárias nas práticas e nos discursos sindicais no Brasil data do fim da década de 1970. Foi então que a questão das operárias encontrou um lugar, por vezes bastante estreito, dentro da estratégia de alguns sindicatos de São Paulo. Para analisar essa problemática, optei por situá-la em relação a dois níveis de articulação: um primeiro nível remete ao contexto no qual surgiu a questão das mulheres operárias no movimento sindical; o segundo, às relações entre práticas e discursos das operárias e dos sindicatos. Esse confronto entre práticas e discursos masculinos, de uma parte, e práticas e discursos femininos, de outra: entre prática e discursos sindicais, de uma parte, e práticas e discursos das operárias, de outra, faz com que surjam assimetrias. É sobre essas assimetrias que se baseiam minhas conclusões, bastante parciais porque ligadas a problemas que ainda estão em debate dentro do movimento sindical e na prática das operárias e sobre os quais farei, portanto, apenas um balanço provisório e conjuntural.

---

* *Paper* apresentado no colóquio "Le Sexe du Povoir: femmes, hommes et pouvoir dans les organizations" e publicado originalmente em francês (Desclée de Brouwer, Paris, 1986), sob os auspícios da Fondation Nationale pour L'Enseignement de La Gestion des Enterprises. A autora compareceu ao colóquio graças à colaboração da Fundação de Amparo à Pesquisa do Estado de São Paulo (FAPESP).

As operárias, a classe, os movimentos

O contexto no qual surge a questão das operárias na década de 1970 articula três fatores:
1. A mudança na composição da força de trabalho;
2. O desenvolvimento de novas práticas nos movimentos operário e sindical no fim da década de 1970;
3. A emergência dos movimentos populares de mulheres e de uma corrente feminista.

Entre 1970 e 1980, a participação das mulheres na força de trabalho na indústria foi marcada por uma dupla mudança:
a) aumento global da porcentagem de operárias; e
b) modificação na distribuição das mulheres pelos diversos ramos industriais.

Assim, as mulheres representavam 18,8% da força de trabalho industrial em 1970 e 24,5% em 1980. Em 1976, em São Paulo, as mulheres constituíam 25% da força de trabalho nas indústrias. No que diz respeito à sua distribuição de acordo com os ramos industriais, é preciso assinalar que elas eram numerosas não apenas nos ramos tradicionalmente femininos (têxtil e de vestuário), mas também na indústria de plástico, química e farmacêutica e na de material elétrico e eletrônico (Gitahy *et alli,* 1982).

Como explicar a entrada das mulheres no trabalho industrial?

É preciso examinar de início o tipo de desenvolvimento da indústria brasileira durante esse período: ocorreu um progresso dos ramos que empregavam mulheres, como o de material elétrico, eletrônico e farmacêutico. Por outro lado, as modificações na organização do trabalho e o próprio ritmo da produção industrial provocaram a procura de mão de obra não qualificada.

Acrescente-se a isso a desvalorização dos salários e o fim da estabilidade no emprego, que constituíram os eixos da política econômica e social do governo militar iniciado com o golpe de Estado de 1964. A resposta das classes trabalhadoras foi uma estratégia familiar de sobrevivência, que obrigava as mulheres e as crianças da mesma família a ingressarem no mercado de trabalho.

Ao contrário de outros países, onde a entrada das mulheres no mercado de trabalho é quase sempre acompanhada de medidas sociais, o patronato e o governo do Brasil na época não adotaram medidas estratégicas, os equipamentos coletivos não foram desenvolvidos e as condições de trabalho das mulheres não foram mudadas.

A esse respeito, a legislação concernente ao trabalho das mulheres, que data de 1932, apoiava-se em três pontos principais:
– proibição do trabalho noturno;
– licença maternidade de três meses e estabilidade no emprego durante a gravidez;
– a obrigação, por parte das empresas com mais de trinta mulheres, de fornecer creches, medida, aliás, muito pouco aplicada.

No decorrer da década de 1970, apenas um ponto foi mudado na legislação: revogações de Leis, para permitir o trabalho noturno das mulheres, previsto em caso de produção para a exportação.

Em São Paulo, as características do trabalho feminino na indústria reproduzem as formas de discriminação que atingem as mulheres em geral:
– Em 1979, o salário médio das mulheres era igual ou inferior em 60% ao salário masculino; em todos os ramos da indústria e para um mesmo nível salarial, exigia-se das mulheres um nível de estudos superior ao dos homens (Souza-Lobo *et alli,* 1983).

Entre 1976 e 1980, nos estabelecimentos que empregavam mais de 50 pessoas em São Paulo, 92% das operárias ocupavam um cargo não qualificado ou semiqualificado. Estudos recentes (Hirata, Humphrey, 1983) demonstraram haver diferenças nos critérios de qualificação dos cargos ocupados por homens e mulheres.

Além disso, as modificações no nível de estrutura da classe operária brasileira foram acompanhadas, a partir de 1974, de uma importante renovação das práticas sindicais.

É nesse momento que se situa o ponto de ruptura com a tradição do sindicalismo populista, controlado desde 1930 pelo Ministério do Trabalho, fortemente centralizado e "instrumentalizado" pelo governo. As lutas para obtenção de aumentos salariais, desde 1977, abrem caminho para novas reivindicações por parte dos metalúrgicos de São Bernardo, que questionam não apenas a intensidade e a natureza das formas de dominação e de exploração às quais estavam submetidos, mas também a dependência da estrutura sindical em face do Estado.

De fato, após o golpe de Estado de 1964, o movimento operário fora submetido a forte repressão. Os sindicatos, colocados sob a tutela direta do Ministério do Trabalho, tiveram que enfrentar uma política de bloqueio dos salários, a perda de estabilidade no emprego, a imposição de ritmos de trabalho e disciplina particularmente duros. Mas, ao mesmo tempo, a industrialização acelerada e sua concentração na região da Grande São Paulo engendraram a formação de uma classe operária que trabalhava nas grandes empresas, em particular na indústria automobilística, situada, portanto, no coração da economia e tendo, em consequência, maior poder de negociação.

Foi essa classe operária, concentrada nas fábricas durante os anos de repressão, que desenvolveu formas de resistência até então ausentes das práticas sindicais.

Essa renovação deu-se sob dois aspectos:
a) os temas das reivindicações ampliaram-se para além das questões salariais, passando a abranger as condições de trabalho, os abusos de disciplina, a dignidade operária;
b) modificaram-se as formas de mobilização: o sindicato dos metalúrgicos de São Bernardo estimulou a formação de grupos de discussão e o surgimento de iniciativas descentralizadas, ao mesmo tempo que procurava ampliar suas próprias bases por meio de um trabalho sistemático de consulta e discussão cada vez que se apresentava um conflito.

Se a renovação das práticas sindicais exerceu um papel fundamental no surgimento do discurso das operárias, não se deve, por isso, esquecer que o discurso das mulheres também começou a aparecer no domínio público através do movimento popular das mulheres e das correntes feministas.

As práticas desenvolvidas pelo movimento popular das mulheres não são de fato novas, datam de muitos séculos. Diante da degradação das condições de vida e da humilhação cotidiana exercida pelas diferentes formas de repressão nos bairros populares, formou-se um movimento de mulheres em torno de reivindicações democráticas, direitos de cidadania e direitos elementares à alimentação, à saúde e a uma vida melhor. As mulheres se mobilizaram a partir de questões referentes à reprodução, mas ao mesmo tempo, essa mobilização fazia delas sujeitos sociais. A natureza e as formas desse movimento lembram bastante os movimentos populares anteriores à revolução industrial, quando os principais agentes sociais foram as mulheres (Perrot, 1979).

Paralelamente ao movimento popular das mulheres, articulou-se uma corrente feminista. Desse modo, o feminismo coincidiu, no tempo e no espaço, com os movimentos populares, fato profundamente marcante, que permitiu interações contraditórias e exatas. Assim, o feminismo suscitou questões sobre o lugar das mulheres nos espaços públicos e temas de sua vida cotidiana, como a sexualidade, o trabalho doméstico e as relações de força homem-mulher (Correa, 1983). Não era um movimento policlassista, mas o fato de haver conexões contraditórias e exatas entre diversos movimentos de composição social heterogênea, cada um com reivindicações próprias, possibilitou o surgimento de problemáticas comuns. Pôde-se considerar então a possibilidade de um feminismo de massa ou de um feminismo operário nos moldes do que ocorreu na Itália (Beccalli, 1982).

Movimentos populares de mulheres, correntes feministas e movimento sindical reencontram-se, assim, face a face, mas em posição de interlocutores, permitindo, por sua interação, a emergência de uma discussão sobre a classe operária feminina.

Práticas e discursos sindicais, práticas e discursos das operárias

Quando o sindicato dos metalúrgicos de São Bernardo organizou o 1º Congresso das operárias da metalurgia da região (janeiro-fevereiro de 1978), a condição das operárias brasileiras pôde vir à tona. Essa iniciativa marca ao mesmo tempo um princípio de estratégia sindical para as mulheres e a eclosão da palavra das operárias.

Observando-se mais de perto, através da imprensa sindical, vemos que se trata de uma iniciativa ambígua. É verdade que ela se insere no contexto dessa renovação das práticas sindicais, da qual enfatizamos a importância no que diz respeito ao sindicato dos metalúrgicos de São Bernardo. Mas é verdade também que, diante da ameaça de uma modificação da legislação destinada a permitir, por revogação, o trabalho noturno das mulheres, o sindicato realmente reagiu em defesa do bem-estar das operárias, mas também em defesa do emprego masculino. Através de sua imprensa, o sindicato afirma "que não vê nenhuma razão que justifique a intensificação da exploração da mulher pelo aumento de sua jornada de trabalho e colocando-a no exercício de atividades inadaptadas à sua constituição física, num momento em que os homens lutam por melhorar suas condições de emprego e seus salários. É como se enviassem as mulheres à fábrica e os maridos ficassem em casa. Uma estúpida inversão de papéis" *(Tribuna Metalúrgica,* abril de 1977).

Aqui, o discurso sindical retomou a ideia da destinação primordial das mulheres ao lar e a da divisão sexual do trabalho: trabalho produtivo masculino, trabalho reprodutivo feminino. Esse exemplo ilustra também o papel contraditório exercido pela legislação que defende o trabalho das mulheres, "o duplo enraizamento dessa legislação, na estrutura tradicional da família e no movimento operário que luta contra a concorrência pela exclusão da força de trabalho de certos setores, entre os quais as mulheres" (Kartchevsky, 1984).

A questão é, de fato, o direito das mulheres ao trabalho, mesmo quando o problema não é apresentado abertamente. Se a defesa de melhores condições de trabalho e de vida para as mulheres operárias é importante, ela não pode de modo algum servir como base de apoio a medidas que reforcem o trabalho diferenciado das mulheres, opondo-as à força de trabalho dos homens. Além do mais, uma estratégia que enfatize apenas a proteção das mulheres pode abrir caminho para uma degradação das condições de trabalho dos homens (Hill, 1979).

Se aqui o discurso sindical continuou ambíguo, na prática a tomada da iniciativa ultrapassou de longe os limites fixados por seus organizadores. Enquanto o sindicato proclamava sua intenção de "não fazer um congresso feminista", o fato de as operárias tomarem a palavra teve um sentido profundamente diferente, e suas intervenções constituíram um testemunho de seu cotidiano e das formas de discriminação sexistas. Os temas abordados no discurso das operárias colocavam em pauta:
1. As desigualdades salariais, frequentemente manifestadas através da fórmula "para trabalho igual, salário igual", mas que refletem mais a diferença entre as carreiras dos operários e as das operárias, entre a qualificação dos operários e a qualificação das operárias (Hirata, Humphrey, 1983), o que faz com que homens e mulheres não ocupem as mesmas funções e que as mulheres sejam maioria e recebam, em consequência, um salário médio cerca de 60% inferior ao dos homens (Gitahy *et alli,* 1982);
2. Os abusos de disciplina: as operárias denunciaram a degradação das condições de trabalho e a utilização de práticas disciplinares violentas e sexistas: controle dos elementos da vida privada, como o casamento ou a maternidade, considerados motivos de demissão ou não admissão, e as formas de terrorismo e discriminação por parte dos superiores em relação às mulheres (Souza-Lobo *et alli,* 1982);
3. A não aplicação da lei sobre as creches;
4. As más condições de trabalho e de higiene.

A importância atribuída pelas operárias ao cotidiano do trabalho, confundia-se, em parte, com as novas estratégias do movimento operário da época, mas refletia também o caráter, ao mesmo tempo incontestável e singular, de suas práticas, uma dissociação entre as formas de resistência individual e as práticas coletivas. Desse modo, entre os objetivos da estratégia sindical de mobilização das operárias contra o trabalho noturno e os temas de suas reivindicações em torno do cotidiano, destaca-se uma primeira assimetria.

Além disso, para o sindicato, as operárias, com sua maneira "simples e ingênua de ver as coisas, demonstraram seu desejo de integrarem-se à luta dos homens" *(Tribuna Metalúrgica,* fevereiro de 1978). Ora, parece evidente que essa integração só pode ocorrer levando-se em consideração as condições de trabalho das operárias, o que reflete a divisão sexual e social do trabalho, isto é, as condições conretas e particulares do trabalho das mulheres.

A assimetria do discurso reproduz as assimetrias na prática cotidiana do sindicato, centrada prioritariamente nas questões de estratégia geral, e as das operárias, imersas em suas formas individuais de resistência. Como encarar essas duas modalidades diferentes de combatividade?

Os sindicatos, que, a exemplo do de São Bernardo, organizaram congressos de operárias entre 1978 e 1980, tentaram formular diversos tipos de respostas. Sobressaem-se duas estratégias:
  a) formação de comissões sindicais femininas que possam assumir o contato operárias-sindicatos;
  b) integração individual das operárias "mais combativas", na estrutura sindical.

Essas duas estratégias foram prejudicadas. As comissões sindicais femininas utilizaram frequentemente formas de mobilização contraditórias com as práticas sociais das mulheres, que insistiam numa militância centralizada no sindicato. Duas ordens de obstáculos opõem-se a esse militantismo:
  1. As mulheres consideram o sindicato um espaço masculino e não compareçem (Humphrey, 1983);
  2. As práticas sociais das mulheres fazem com que sua relação com o tempo livre seja diferente da dos homens, e que a maioria delas faça o trabalho doméstico durante as horas em que não está realizando trabalho assalariado.

A segunda estratégia, a da simples integração das mulheres aos sindicatos, também malogrou. As operárias se ressentem da ausência de mulheres sindicalizadas na direção das lutas ou nas diretorias sindicais. A separação entre sindicato e operárias se reproduziu e os esforços de integração não ultrapassaram o quadro simbólico de uma mulher na direção sindical, sempre em cargos secundários.

É bastante significativo que a experiência mais bem-sucedida tenha sido a de uma comissão de mulheres constituída após um congresso no Sindicato dos Trabalhadores nas Indústrias Químicas, Farmacêuticas e de Cosméticos. O funcionamento da comissão foi bastante regular, e manteve um ritmo próprio, até sua dissolução pela direção sindical, sob pretexto de uma autonomização excessiva em seu funcionamento. Mesmo essa derrota parcial não impediu que algumas dessas mulheres participassem da dinâmica de renovação da direção sindical, fazendo parte da nova direção numa porcentagem de 50% (Moysés, 1982). Esse exemplo tem duplo significado. Demonstra, em primeiro lugar, de que modo uma estratégia correta pode levar a uma convergência das práticas das operárias e dos operários. Em segundo lugar, a experiência serviu para transformar o relacionamento tradicional das operárias junto às direções sindicais, na medida em que se produziu uma integração efetiva, e não apenas simbólica, das operárias na direção sindical.

Se por um lado as direções sindicais pretendem a integração das operárias às lutas dos homens, ocorre, no entanto, que os blocos de reivindicações, excetuando-se dois pontos, não integram as reivindicações das operárias (Leite, 1981). As duas reivindicações retomadas – a extensão da licença-maternidade e a estabilidade durante a gravidez – situam-se dentro do quadro das questões ligadas à maternidade e remetem à esfera da reprodução, e portanto ao principal papel atribuído às mulheres, o de mães.

Mais uma vez repete-se a assimetria dos discursos, e o discurso reivindicatório das operárias permanece paralelo ao dos operários.

Conclusões

As assimetrias assinaladas entre discursos e práticas sindicais, por um lado, e discursos e práticas das operárias, por outro, suscitam certas questões. Elas estão presentes na observação feita por Michele Perrot: "Entre o sindicalismo e as mulheres existe mais que um problema de inorganização: há um conflito sobre os modos de intervenção e de expressão que encobre uma diferença de cultura e de existência" (Perrot, 1979, 154).

Haverá aí uma contradição fundamental e definitiva entre estratégias sindicais e práticas das operárias?

Essa primeira interrogação suscitada pelo surgimento da questão das operárias diante das estratégias sindicais reflete o próprio conceito de uma classe operária homogênea e sempre semelhante a si mesma, subjacente nas práticas sindicais. As práticas das operárias não são apenas "especificidades" em relação às práticas gerais, masculinas, mas são práticas próprias a uma parte da classe heterogênea, constituída por grupos numerosos e que mantém relacionamentos complexos (Kergoat, 1973).

Trata-se, portanto, de manifestar-se uma concepção economicista da classe operária, uniformemente "portadora do trabalho", conceito estabelecido a partir de fatores ditos estruturais e que desconsidera as relações sociais, as práticas que definem um modo *masculino* e um modo *feminino* de pertencer à classe operária.

O questionamento da homogeneidade das ralações sindicato-classe deve assim conduzir a estratégias que levem em consideração essa heterogeneidade fundamental que se traduz em práticas reivindicatórias diferenciadas e autônomas, desfazendo a centralização e a hierarquização que tornam invisíveis as formas de resistência de uma parte da classe operária. Isso significa não apenas mudanças das formas de organização, mas também dos temas das reivindicações, de tal modo que as questões referentes às discriminações de gênero não sejam mais consideradas perversões marginais, e sim elementos fundamentais que também estão na base da dominação da classe operária.

Parece, por esta exposição, que as relações entre a estrutura sindical e a possibilidade das operárias de tomarem a palavra estão articuladas. A emergência das práticas das operárias repercute numa reformulação das modalidades das práticas sindicais, da estrutura e do discurso sindicais (Mamani, Borzeix, 1982).

Para concluir, uma última observação sobre essa experiência brasileira do surgimento da questão das mulheres no sindicalismo: em que medida essa confrontação das práticas e discursos, frequentemente vivida pelo movimento sindical como uma oposição, traz consigo elementos de reflexão sobre a democracia dentro da estrutura sindical e sobre as relações entre sindicalismo e feminismo enquanto campo político.

Experiências de mulheres, destinos de gênero*

Introdução

O objetivo desta comunicação é refletir sobre a experiência de três operárias, a partir de suas histórias de vida. Utilizei aqui o conceito de *experiência* tal como definido por E. P. Thompson: "resposta mental e emocional seja de um indivíduo ou de um grupo social a muitos acontecimentos inter-relacionados ou a muitas repetições do mesmo tipo de acontecimento"[1]. O conceito parece-me adequado na medida em que permite articular trajetórias e representações das operárias, quebrando a dicotomia objetividade-subjetividade, que me parece levar sempre a um impasse, tanto nas pesquisas que trabalham com histórias de vida quanto naquelas que se pretendem "objetivas" e, por conseguinte, capazes de separar a experiência real do imaginário vivido, a objetividade dos acontecimentos da subjetividade em que são vividos.

Refletindo sobre como trabalhadores e trabalhadoras "consideram e explicam as circunstâncias da sua vida" e do seu trabalho,[2] procu-

---

* Este texto é o resultado de uma pesquisa realizada entre março e julho de 1986 em São Paulo, juntamente com Robert Cabanes (ORSTOM) e Marie Agnès Chauvel. Foi apresentado na mesa-redonda internacional "Rapports sociaux de sexe: problématiques, méthodologiques, champs d'analyse" organizado pelo Atelier Production-Reproduction (APRE)/IRESCO/CNRS, em Paris, novembro de 1987, e publicado originalmente em *Tempo Social*, Revista de Sociologia da USP, Vol. nº 1, 1989.
Agradeço à Fundação Ford e à Fapesp, que apoiaram distintos momentos deste trabalho e aos diretores e funcionários dessa empresa que se dispuseram a colaborar na pesquisa. Este texto é para Dona Luzia, "que nunca conheceu a porta de um colégio porque não teve 'direito'".

rei seguir as mesmas trilhas de Barrington Moore, colocando como questão articuladora da pesquisa a problemática da dominação. E se toda pesquisa, como toda narrativa, é um agenciamento,[3] a construção de um olhar, coloquei-me no ângulo da experiência da dominação, através da fala de três operárias. Voluntariamente renunciei a qualquer preocupação de representatividade quantitativa ou a uma escolha de casos típicos. Estudei três experiências, três respostas ao cotidiano do trabalho, à divisão sexual do trabalho, três itinerários individuais diferentes, reorganizados em torno a dois eixos: 1) o trabalho; 2) a experiência do destino.

Como conclusão procurei estabelecer uma relação entre experiências e destino, entre as respostas dadas aos acontecimentos vividos e as representações de Luzia, Nair e Belisa sobre si mesmas, suas vidas e sobre as mulheres.

O trabalho

As três operárias cujas histórias de vida estão na origem desta reflexão: Luzia, Nair e Belisa trabalham numa indústria de autopeças,[4] na seção de usinagem, operando tornos, furadeiras e fresas.

A partir de suas narrativas, coloquei uma primeira questão: o lugar do trabalho nas suas experiências.

Luzia, Nair e Belisa trabalharam desde muito jovens, ajudando os pais na agricultura, ou como assalariadas. Continuaram a trabalhar para poderem educar seus filhos, o que fizeram e fazem praticamente sozinhas[5]. A relação com o trabalho é não apenas permanente, mas determinante na organização de suas vidas. A análise dessas práticas sugere a distinção de dois tempos: o tempo de trabalho ligado à sobrevivência, no campo ou em casa, no cotidiano, e o tempo de trabalho assalariado, que remete a um emprego e que produz a separação entre trabalho doméstico e o emprego em termos de espaços e relações. Por outro lado, as diferentes práticas de trabalho se articulam, se superpõem e se impõem na vida dessas mulheres sem lugar para qualquer escolha. O trabalho doméstico faz parte da condição de *mulher*, o emprego faz parte da condição de *mulher pobre*.

O trabalho doméstico não é dividido com o marido ou os filhos, mas entre as mulheres da família ou a ela agregadas, estando na origem da migração das mais jovens que chegam a São Paulo para "ajudar" irmãs ou primas e por seu lado chamam as mães, irmãs e primas para ajudá-las quando nascem seus filhos.

O trabalho assalariado tampouco é fruto de uma escolha: as mulheres não aprendem uma profissão, procuram emprego através da rede familiar, dos amigos, ou simplesmente percorrendo as ruas dos bairros industriais em busca de anúncios de emprego, de informações ou eventualmente da boa vontade de algum vigia que lhes apresente a "um chefe". A carreira, as mudanças de uma fábrica para outra, de um ramo industrial para outro, são determinadas pelas oportunidades do mercado de trabalho. Nesse sentido, as trajetórias ocupacionais das três operárias são significativas:

Belisa – ajudante numa indústria plástica – numa metalúrgica – numa fábrica de bijuterias – soldadora na fábrica B. – operadora de máquinas na mesma fábrica;

Luzia – costureira numa fábrica de móveis – soldadora numa indústria de material de telecomunicações – operadora de máquinas na fábrica B. E ainda costureira em domicílio nas horas vagas e nos períodos de desemprego;

Nair – ajudante na fábrica B. – há 9 anos, tendo percorrido várias seções: prensas, montagem, usinagem.

Nesses deslocamentos não há nenhuma possibilidade de "fazer carreira". As três operárias desenvolveram habilidades, saberes práticos que tornam possível trabalhar em funções diferentes sem nunca terem formalizado suas competências. As funções ocupadas frequentemente não correspondem às funções registradas na carteira de trabalho – prática corrente na indústria brasileira. Tampouco os salários correspondem às funções. A grade de salários é variável segundo critérios de antiguidade para uma mesma função. Assim, Nair é operadora, registrada como ajudante. Belisa foi soldadora, tornou-se operadora, sempre registrada como ajudante, mas ainda ganhando o adicional de insalubridade que corresponde à função de soldadora. Luzia é operadora. São todas polivalentes – tendo trabalhado em praticamente todas as seções: montagem, usinagem, tornos, prensas, solda, pintura. Nunca trabalharam, no entanto, na ferramentaria.

A ideia de uma profissão coloca-se para Luzia: reconhece a necessidade de um emprego fixo numa empresa, mas preferiria ser costureira. Gosta de bordar e pensa instalar-se por conta própria depois da aposentadoria. Enquanto isso, compra, experimenta, vende máquinas de costurar e quando possível costura em domicílio.

Nair e Belisa nunca tiveram uma profissão. Belisa fez o primeiro ciclo da escola secundária e examinou a possibilidade de fazer um curso de datilografia, mas se dá conta de que seus estudos são insuficientes para chegar a uma situação razoável num escritório e que, finalmente, na produção ganha mais do que uma simples datilógrafa. Elabora rapidamente uma economia de suas possibilidades e necessidades para chegar à conclusão de que para ela só um emprego melhor remunerado seria interessante, tendo em vista suas obrigações familiares. Tem uma avaliação prática de suas possibilidades e de seus conhecimentos, o que a faz excluir do campo do possível seu sonho de se tornar jornalista[6].

Nair só pode comparar o trabalho agrícola que fez e o trabalho nas diferentes seções da mesma fábrica. Dessa comparação conclui que já não pode suportar o trabalho no campo e afasta-o de seu universo possível.

Mas os projetos de carreira não existem para essas três mulheres. A possibilidade de escolher o seu trabalho depende de alcançar uma situação em que estejam garantidas as necessidades mínimas (a aposentadoria para Luzia); ou a carreira permanece um sonho (Belisa) ou está completamente ausente dos projetos (Nair). As três mulheres têm, no entanto, uma opinião muito precisa sobre o trabalho que fazem na fábrica.

Vejamos, em primeiro lugar, o que concerne à relação com as máquinas, muito presente nas falas das operárias e claramente associada a um sentimento de competência, de eficácia, de polivalência e mesmo de um relativo controle do tempo de trabalho de cada uma. A relação com as máquinas começa por uma preferência pelas máquinas, em oposição ao *trabalho "manual"* de montagem, considerado *monótono*. A montagem é talvez mais desvalorizada porque executada exclusivamente pelas mulheres, enquanto nas máquinas trabalham homens e mulheres. Também o conhecimento das máquinas implica um saber prático, uma habilidade, um conhecimento adquirido. Daí a satisfação que proporciona, em oposição à monotonia da montagem de pequenos elementos, onde a habilidade parece natural e não um conhecimento que se adquire, onde não se *controla* uma máquina.

Luzia declara que gosta das máquinas,[7] especialmente dos tornos, porque são violentos, perigosos e permitem "terminar rapidamente o trabalho", porque se produz a cada vez uma, duas, três mil peças. Ela as opõe às furadeiras, lentas e monótonas, "em que o trabalho não rende porque é preciso fazer catorze, quinze mil peças de cada vez". E preciso distinguir aqui, de um lado, a ilusão da velocidade relacionada com a quantidade de peças que é preciso fazer durante a jornada. Mesmo sem variar a jornada de trabalho, uma quantidade de peças por fazer prolonga a sensação do tempo e a monotonia. Por outro lado, há também um sentimento de satisfação relacionado com o *domínio* da máquina e o controle do torno, considerado mais importante. A mesma satisfação aparece na fala de Nair, que prefere as grandes prensas "porque são práticas e rápidas, ajudam" mesmo sendo perigosas. É preciso considerar que as representações da divisão sexual do trabalho presentes nas falas de Luzia, Nair e Belisa estão provavelmente marcadas pelo fato de que as três fazem tarefas que também os homens fazem. Elas não veem diferença entre homens e mulheres no que diz respeito às capacidades de cada um(a). Acreditam que as mulheres são capazes de fazer o que fazem os homens "quando querem". Nair diz: "aqui as mulheres fazem tudo, já vi mulheres em todas as máquinas, salvo no torno maior". Se as disposições biológicas não parecem inquestionáveis, as disposições "da vontade" parecem ser mais importantes: os homens seriam (e são) capazes de operar as furadeiras e fresas, à condição de "quererem trabalhar nelas". Os argumentos não são naturalizados, a divisão sexual do trabalho é percebida como uma construção histórica e como uma relação de *submissão-resistência*. Os homens não trabalham em algumas máquinas porque não gostam, por trabalharem mal são considerados incompetentes para operá-las. As mulheres também podem trabalhar em qualquer máquina, desde que queiram. Essa visão da divisão sexual do trabalho tem certamente a ver com a história local da empresa, onde o caráter informal e não planejado da gestão parece ter favorecido a intercambialidade das tarefas entre operários e operárias, mesmo se as mudanças nos padrões da divisão sexual do trabalho – que exclui as mulheres das grandes prensas e lhes reserva o trabalho nas furadeiras, e fresas – foram datadas e provisórias. Através das diferentes narrativas, as modificações nos padrões tradicionais foram assinaladas. As mulheres efetivamente trabalharam nas grandes prensas ao lado dos homens, na solda, na pintura e decapagem — o que já não fazem mais de maneira sistemática (há, no entanto, urna mulher que permaneceu na seção de pintura fazendo o trabalho mais artesanal). Os argumentos que justificam a volta aos modelos tradicionais remetem a várias ordens de questões:

    1. Na fala das chefias, o trabalho nas prensas é considerado muito perigoso e pode provocar mutilações que são duplamente dolorosas para as mulheres, na medida em que os defeitos físicos prejudicam não apenas sua capacidade para o trabalho, mas afetam sua aparência física, o que para as mulheres é muito importante. As operárias, de seu lado, não falaram em medo de acidentes, enquanto os contramestres e supervisores mencionavam frequentemente reações nervosas das mulheres que não podiam mais ouvir

o ruído das prensas depois de terem sofrido algum acidente. Para as operárias, a decisão de não mais empregar mulheres na estamparia era atribuída a uma política de gestão da diretoria de ordem não humanitária;

2. As mudanças na divisão sexual do trabalho nas outras seções de solda, decapagem, pintura eram atribuídas às pressões sindicais, na medida em que o trabalho nessas seções é considerado insalubre. Essa era uma versão das operárias e seus chefes. No entanto, na fala de um contramestre da seção de solda era visível sua insatisfação face à performance de algumas mulheres que iam com demasiada frequência aos banheiros, ficavam lá muito tempo conversando etc. Essa insatisfação poderia estar perfeitamente na origem da transferência das mulheres, pois a insalubridade não expulsara algumas mulheres da seção de decapagem nem da pintura. Por outro lado, a presença do sindicato na fábrica inexistia e sabia-se que as tentativas de reforçar a militância sindical haviam sido controladas pela direção e os ativistas afastados. A CIPA[8] não tinha nenhuma autonomia, seus membros não dispunham de tempo para exercer fiscalização e, segundo algumas falas mais ousadas, "não faziam nada". O argumento da insalubridade para justificar o afastamento das mulheres parecia ser mais um pretexto para decisões que remetiam às relações entre chefias e operárias;

3. O trabalho das mulheres nas seções masculinas pode também ser explicado por fatores conjunturais: a expansão do emprego industrial em São Paulo[9] e a escassez de mão de obra no período do *boom* industrial em São Paulo. Esse fator se articula ao de uma cultura de empresa em que a informalidade do recrutamento, das relações e organização do trabalho privilegia o recrutamento através de redes familiares e arranjos pessoais na formação das seções e uma improvisação generalizada, para a qual contribuía a ausência de formação profissional entre as chefias.

Os vários argumentos parecem reforçar a hipótese da sexualidade das relações de trabalho e da articulação trabalho-gênero nas situações que vivem operários e operárias na fábrica. As tarefas e as ferramentas não são vistas como sexualizadas. Mas os cargos, estes sim o são. Mesmo quando as três mulheres insistem no fato de que elas são capazes de fazer tudo o que fazem os homens e observam que estes não são muito hábeis para determinadas tarefas, elas explicam que os homens não querem aprender justamente porque se trata de tarefas penosas. Os homens podem recusar alguns constrangimentos. Homens e mulheres podem resistir quando querem. A resistência masculina é descrita como uma afirmação de poder, a das mulheres como negligência, irresponsabilidade, falta de interesse.

Na fala das mulheres, as relações com os homens aparecem marcadas pela diferença ou pela distância hierárquica. As duas atitudes favorecem uma relação de respeito, enquanto as relações entre as mulheres se estabelecem em situações de promiscuidade, de igualdade, mas também de competição, favorecendo os ciúmes, as "fofocas". As falas insistem em que as mulheres "não se respeitam", quando uma trabalha melhor é criticada pelas companheiras por estar querendo "agradar". As mulheres são extremamente divididas entre elas. Assim, as três operárias não gostariam de ter uma chefe mulher, mesmo uma delas tendo uma irmã, que é contramestre. Também afirmam preferir as seções com maioria de homens e acreditam que os chefes homens são mais compreensivos com as mulheres, "mais respeitosos".

Observando os movimentos na seção em que Belisa, Nair e Luzia trabalham e analisando seus itinerários pessoais, talvez seja necessário salientar o papel das relações de negociação entre homens e mulheres nas relações de gênero. As mulheres negociam pequenas vantagens a partir de uma situação de inferioridade, os homens desempenham um papel de superiores. Na medida em que "se viram", Luzia, Nair e Belisa negociam a partir de uma situação que as distingue das outras mulheres. A hierarquia que aceitam é negociada, trata-se de uma hierarquia sexuada, logo submetida a regras próprias de negociação. A superioridade dos homens é considerada inevitável. A superioridade das mulheres não é a regra, logo pode ser recusada. Tratar-se-ia de uma dupla negação, de uma *recusa do recusado*?[10] A hipótese me parece válida desde que articulada com a experiência dessas mulheres, como resposta às situações e acontecimentos que marcam as relações entre os gêneros, onde a hierarquia é clara e definitiva no que diz respeito às posições das mulheres face aos homens, enquanto as posições das mulheres entre si têm a falsa aparência de uma igualdade quebrada pela concorrência nas situações de trabalho, pelas diferenças de salário aleatórias, pelas pequenas vantagens cuidadosamente silenciadas e tendo que ser renegociadas sob a forma de relações pessoais. De fato, tudo se passa como se existisse uma identificação e gênero (nós, as mulheres e eles, os homens): nós somos iguais entre nós, é preciso negociar nossa singularidade numa relação com eles que são diferentes e que têm uma outra posição na fábrica. Isso como se cada homem fosse um operário face às mulheres indistintas, que precisam negociar sua singularidade. A aceitação e o reforço da hierarquia não têm, no entanto, uma conotação de incapacidade pessoal para Luzia, Nair e Belisa, cujos itinerários têm um aspecto comum: *só podem contar consigo próprias*.

Para analisar as articulações entre os discursos sobre as práticas de trabalho e as narrativas de itinerários pessoais, destaquei alguns pontos comuns. Primeiramente as três mulheres são casadas, ou foram casadas. Mas o marido de Luzia abandonou-a 11 anos depois do casamento, deixando-a só para sustentar seus cinco filhos, grávida de mais outro; o marido de Belisa está na prisão e teve constantes problemas com a polícia; o marido de Nair "não conta", está desempregado, bebe e não a ajuda a criar seus filhos. As três mulheres consideram-se capazes de sobreviver sós, mas compartilham um destino de mulheres construído pela família, os filhos para cuidar, enquanto os homens não parecem ter um destino, seus caminhos podem ser feitos e refeitos. Essa é a fala de Luzia. Foi escolhida por seu marido, o que era natural, pois, sendo mulher, ela deveria ser escolhida, acompanhar seu marido e liberar o tio que a criara do encargo que isso representara. O marido partiu para São Paulo e ela o acompanhou. Foi preciso trabalhar, nasceram as crianças. O marido tinha outras mulheres, era natural, ele tinha sua liberdade. O marido deixou-a, ela ficou com os filhos para criar. Na sua fala, sua vida está ligada à família, ao marido, aos filhos. A figura do marido é inevitável, faz parte do seu destino enquanto mulher.

Na elaboração dessa ideia de destino relacionada à experiência das mulheres, outros componentes são importantes, e, em particular, o trabalho doméstico. As narrativas de Luzia, Nair e Belisa remetem a uma divisão do trabalho doméstico muito rígida, enquanto trabalho das mulheres. "Meus irmãos não ajudam nunca, eles trabalham, comem e dormem" (Belisa). Os filhos de Luzia tampouco ajudam na casa. A desigualdade na divisão das tarefas é vivida como uma relação natural, que os homens podem mudar quando querem, conservando sempre a possibilidade de escolha, de decisão. Luzia acredita que um homem deveria saber preparar "pratos especiais", "os pratos de domingo". Assim, a escolha e a criatividade estão reservadas aos homens; às mulheres cabe a rotina.

Por outro lado, o trabalho doméstico, naturalizado e invisível, se distribui no interior da rede familiar, restrito à rede feminina em que as gerações se sucedem nas mesmas funções[11]. A trajetória de Nair é exemplar: chegou a São Paulo para cuidar dos filhos de sua irmã, alguns meses depois começou a trabalhar. Quando seus filhos nasceram, ela, por sua vez, chamou uma prima que mais tarde, por seu turno, começou a trabalhar numa fábrica, enquanto os filhos de Nair são agora cuidados por uma outra moça mais jovem e também migrante. Os itinerários no interior das famílias e das comunidades regionais tecem uma malha que articula os ciclos de vida familiar às gerações e às migrações. As articulações se reproduzem depois no nível do emprego, das empresas, dos espaços urbanos, criando movimentos de construção, reconstrução e desconstrução dos grupos familiares, dos grupos regionais.

A experiência do destino

Nas narrativas das três operárias há um ponto em comum que unifica suas trajetórias: a ideia do destino.

Foi o destino que casou Luzia e que a fez partir para o Sul. É o destino sob a forma da *necessidade* que está embutido tanto no trabalho doméstico como no trabalho assalariado. O trabalho, o casamento, a maternidade sucedem-se naturalizados como os ciclos da natureza. Luzia explica que foi escolhida pelo marido porque era o momento. O casamento e a maternidade ocorrem nos itinerários de Nair e Belisa confundidos à necessidade de sobreviver. E *sobreviver* significa "não pensar". "Penso pouco, porque... para que serve pensar?", diz Nair. "Deixei-me levar pelo trabalho, as crianças, quando pensei em mim, quando acordei, quando descobri, já era tarde", disse Luzia. O sentimento de se abandonar diante das necessidades, de um ritmo de viver "tão rápido" (Luzia) tornou-se um *hábito*[12] identificado ao trabalho. Trabalhar é um hábito que Luzia opõe ao de estudar e que estabelece a distância entre "nós trabalha, que nós tamo acostumada a trabalhar, nós só não trabalha em qualquer serviço se nós não tiver a boa vontade, a força de vontade", "se você não tem vontade de estudar você não consegue estudar, né? E que nem nós".

Na fala de Luzia o trabalho é um hábito integrado a seu ser, que a define em relação aos outros, aos que estudaram, por exemplo. Ao estudo ela diz que não teve *direito* porque era mulher pobre e o tio que a criou acreditava que "mulher aprendia a ler era pra escrever pros homens". Seu destino era trabalhar. Por outro lado, é o trabalho manual que define sua identidade de classe.[13] Luzia fala longamente sobre nós "que faz o trabalho pesado". Comentando as novelas de televisão, diz: "é com gentes altas. Nós não temos esse *direito*. Eles querem aquelas pessoas que entende muito de leitura, né? Entende muito de... como se diz? De música, de essas coisa assim, né? Da vida deles mesmo. *Quer dizer que nós só entende do martelo pra trás, né? Do martelo pra frente nós não entende nada".* E, dirigindo-se aos pesquisadores, ela observa: "Com vocês eu sei que eu não posso trabalha que eu não tenho leitura. Não dá".

A identidade, o universo possível, a vida são claramente definidos a partir do trabalho manual em oposição ao estudo, ao trabalho intelectual. Restaria explorar em que medida essa representação do trabalho manual integra para as mulheres as formas do trabalho doméstico, diferenciando-se assim das representações masculinas do trabalho manual.

Mas, se por um lado, a resposta que Luzia elabora à repetição das práticas de trabalho nas suas situações de vida faz de sua experiência um destino, por outro lado, o trabalho representa também o espaço da resistência que se opõe ao aniquilamento, ao embrutecimento que ela identifica na sua vida e na vida das mulheres. Ela explica "uma mulher que não trabalha é um monte,... a pessoa que não trabalha tá amontoado. Ele não tá se explicando...". Para Luzia, "aquela pessoa que trabalha, ela tá vendo o que tá se passando, ela tá vivendo dia por dia, hora por hora, né? Quer dizer que a pessoa que não trabalha, ela só se dedica em comer, dormir, vestir e lavar alguma roupa. A mulher, né?... E nós que trabalha, nós tamo vendo o que se passa... Nós tamo sabendo que nós tamo fazendo uma coisa, um projeto pra nossa vida!"

Sua resposta à vida de trabalho, que é a sua, integra várias dimensões: em primeiro lugar, o trabalho, por ser inevitável, aparece como parte de um destino imposto, mas que pode ser dominado. Luzia viveu seu destino, dominou-o sozinha, "se virou", como repete frequentemente. Sua narrativa insiste na solidão, no fato de que só podia contar consigo mesma, uma vez que o marido a abandonou. Por outro lado, através do trabalho ela se sente "vendo o que se passa", diferente de "um monte". Reserva assim um espaço de ação e de controle sobre o destino que aparece também nos projetos que tem, nas máquinas de costura que compra e vende, nos tornos que ela gosta de dominar, *fazer* funcionar. Seu espaço de ação autônoma aparece também quando decide aceitar a separação do marido. Ela que aceitara tudo, mesmo que ele tivesse outras mulheres, só não aceitou ser a única que trabalhava, tornar-se "escrava" das outras. Assim, a experiência do destino se faz também por rupturas e resistências.

Um terceiro aspecto de sua fala sobre o trabalho reside na construção de uma identidade que associa "nós, as mulheres que trabalhamos" e "nós, as pessoas que trabalhamos", diferenciando as mulheres que não trabalham. O trabalho está aqui na raiz de uma identidade comum entre mulheres. O trabalho não é apenas um instrumento para ganhar a vida, mas articula uma identidade de mulheres trabalhadoras.

As narrativas de Belisa e Nair, ao contrário, são unívocas e lineares. Em suas falas os projetos individuais não aparecem, apenas a experiência que não integra o valor da resistência, como se ainda não tivessem experimentado esse valor no hábito de viver, tanto na família quanto no trabalho e na comunidade imediata[14].

A ideia de uma ordem imutável na fábrica como na vida, a ideia de um destino, tem a mesma origem nas práticas cotidianas e dá sentido à experiência como resposta a essas práticas que se repetem, individual e coletivamente.

As narrativas de Luzia, Belisa e Nair permanecem como falas individuais, traduzem experiências individuais, mas remetem a uma experiência coletiva[15] do grupo de mulheres nos vários espaços de vida cotidiana, dentro e fora da fábrica, no trabalho doméstico e no emprego. A experiência vivida da dominação aparece nas suas falas como destino.

ANEXO: As personagens

Belisa – 27 anos, nascida em São Paulo, completou estudos de primeiro ciclo. O pai era operário numa fábrica de produtos alimentares. Casada, com dois filhos de 3 e 4 anos, vive com a mãe e cinco irmãos. O marido está na prisão.

Luzia – 42 anos, nascida no interior da Bahia. Sem pai, a mãe morreu quando ela tinha 3 anos, foi criada por um tio. Trabalhou no campo. Casou-se aos 14 anos e foi para São Paulo. Com 24 anos, cinco filhos e grávida, seu marido abandonou-a. Tem dois filhos que moram em Brasília, dos quais pouco sabe, uma filha casada em São Paulo e três filhos que vivem com ela. Nunca estudou, sabe apenas escrever o nome e ler um pouco.

Nair – 34 anos, nasceu no Piauí. Veio para São Paulo com 25 anos para cuidar dos filhos de sua irmã. Alguns meses depois empregou-se na fábrica B. como ajudante. Tem dois filhos, de 2 e 4 anos. Pediu para não falar no marido que estava desempregado, mas que recomeçara a trabalhar como ferroviário dois dias antes. Vive com o marido, uma prima, também operária, e uma menina para cuidar das crianças. A mãe vive ainda no Piauí, onde Nair a visita às vezes. Não conheceu o pai e estudou pouco, não mais do que dois anos.

Notas

[1] Ver Thompson, E.P. *A miséria da teoria.* Rio de Janeiro, Zahar, 1981, p. 15.

[2] Ver Barrington Moore Jr. *Injustiça,* São Paulo, Brasiliense, 1987, p. 9.

[3] Ver Barthes, Roland. "Introduction à l'analyse structurale des récits." *Comunications,* Paris, nº 8, 1966, p. 1-27.

[4] A fábrica B., situada num bairro industrial de São Paulo, é uma empresa de porte médio, pertencendo a duas famílias de origem italiana. No momento da pesquisa, a fábrica empregava aproximadamente 700 empregados, dos quais 20% eram mulheres. A empresa familiar se desenvolvera com o milagre econômico dos anos 1970, atravessara uma crise no início dos anos 1980 e se beneficiava naquele momento de uma nova expansão. Os locais da fábrica eram bastante precários e antigos: um grande galpão abrigava várias seções, pequenos galpões agregados completavam o espaço original. No andar superior, que contornava parte do local de trabalho com um corredor aberto, estavam pequenas salas para a administração e a parte do refeitório e banheiros, num bloco fechado com vidros. Os escritórios dos técnicos estavam instalados no meio e ao final do galpão principal. A produção da fábrica centrava-se em autopeças, destinadas a algumas das principais montadoras da indústria automobilística.

[5] Ver os perfis no anexo.

[6] Nas três narrativas, as observações de Bourdieu sobre a estreita relação entre probabilidades objetivas e aspirações subjetivas não se revelam extremamente adequadas. Sobre isto ver Bourdieu, Pierre, *Esquisse d'une théorie de la pratique.* Genebra, Droz, 1972, p. 176.

[7] Lembro as máquinas experimentadas pelas três operárias na fábrica B.: Luzia – tornos, furadeiras, fresas; Nair – prensas, furadeiras, fresas; Belisa – soldadeiras, furadeiras, fresas.

[8] As CIPAs — espécies de comissões encarregadas de fiscalizar a segurança no trabalho – são formadas por membros indicados pelas chefias e direção (50%) e eleitos pelos trabalhadores (50%). Na empresa B. funcionava uma só CIPA com 10 representantes. Consequentemente algumas seções não estavam representadas na CJJPA.

[9] Ver Humphrey, John. "The growth of female employment in Brazilian manufacturing industry in the nineteen seventies", *Journal of Development Studies,* 20 (3), p. 224-47, 1984.

[10] Ver Bourdieu, Pierre. *Esquisse d'une théorie de la pratique.* Genebra, Droz, 1972, p. 177.

[11] Ver Chabaud-Rychter, Danielle; Fougeyrollas-Schwebel, Dominique; Sonthonnax, Françoise. *Espaces et temps du travail domestique,* Paris, Librairie des Méridiens, 1985.

[12] Bourdieu, Pierre. *Le sens pratique.* Paris, Minuit, 1980, p. 88.

[13] Utilizo aqui o conceito de *classe* como define Thompson, E. P., "E a classe acontece quando alguns homens, como resultado de experiências comuns (herdadas ou partilhadas) sentem e articulam a identidade de seus interesses entre si e contra outros homens cujos interesses diferem (e geralmente se opõem) dos seus", in *A formação da classe operária inglesa.* São Paulo, Paz e Terra, 1987, p. 10 (vol. I).

[14] Ver Thompson, E.P. *A miséria da teoria.* Rio de Janeiro, Zahar, 1981, p. 194.

[15] Ver Kergoat, Danièle. *Les ouvrières,* Paris, Le Sycomore, 1982 e Varikas Eenl *La révolte des dames: genèse d'une conscience féministe dans la Grèce da XIX siècle (1883-1908).* Pans, 1986. Tese (Doutorado) defendida na Universidade de Paris VII sob a direção de Michèle Perrot.

Trabalhadoras e trabalhadores: o dia a dia das representações*

Apresentação

Os estudos sobre classe operária e movimento operário têm sido exaustivamente resenhados nos últimos anos, apontando-se mudanças e permanências nos eixos de análise, nos temas e abordagens. Não se trata aqui de fazer uma nova resenha, apenas refletir sobre temas, problemas e dificuldades na construção de problemáticas.

Este texto tem dois objetivos: em primeiro lugar, fazer uma resenha de algumas questões colocadas pelos estudos sobre movimento operário no Brasil e, em segundo lugar, discutir essas questões no contexto recente e restrito de trabalhadores(as) da Grande São Paulo nos anos 1980.

A identificação de temas clássicos e temas emergentes nos estudos sobre a classe operária e movimento operário no Brasil atravessa as várias sínteses dos caminhos percorridos pela classe operária no imaginário acadêmico[1]. Os temas clássicos abrangeram a industrialização e a formação da classe operária, a questão sindical e as configurações próprias do sindicalismo brasileiro, a relação com o Estado, com os partidos políticos e o trabalhismo. Os temas emergentes, num primeiro momento, refizeram a história perdida dos trabalhadores e trabalhado-

---

* Apresentado inicialmente no Seminário Internacional "Padrões tecnológicos e políticas de gestão – comparações internacionais", USP-Unicamp, maio-agosto de 1989. Publicado nos *Anais do Seminário,* Codac-USP, 1990.

ras na Primeira República: as lutas e greves, as condições de vida e a presença anarquista. Trata-se não só de uma ruptura temática, mas de mudanças na problematização de classe operária e movimento operário. Os estudos fragmentados sobre condições de vida e trabalho, a casa e a fábrica, as lutas e greves, práticas culturais e divisão sexual do trabalho, estratégias de gestão e disciplinamento concorrem para a problematização da experiência trabalhadora, sua formação através de várias dimensões da vida social a partir da qual os grupos dispersos desenvolvem uma experiência[2].

Desse primeiro tempo da história operária emergiram trabalhadoras e trabalhadores que não haviam sido achados pelo Estado nem pelo sindicalismo oficial, reforçando a distinção entre movimento operário e movimento sindical na medida em que a ação operária não se reduz à política sindical, é também recusa e revolta, conflitos abertos e negociados, consciência de pertencer a um meio social e cultural, movimento social[3]. Se as lutas e vidas operárias eram fragmentadas, a greve de 1917 terá sido em São Paulo o momento de liberação de pulsões reprimidas, de conflitos cotidianos que marcou talvez o final da fase de constituição do proletariado, tempo de desenraizamento, de privação e de rebelião[4].

O mesmo esforço de revisão e recuperação das práticas operárias mais além das ações institucionais será necessário para desfazer a representação dominante do movimento operário pós-1930 como tendo sido criado pelo Estado e enquadrado homogeneamente pelo sindicalismo corporativo. Nesse segundo tempo do movimento operário, foram também os estudos de caso, a fenomenologia das formas de gestão e dos modos de vida dos trabalhadores que problematizaram as relações de dominação e resistência, os espaços da ação sindical e seus limites dados pelas práticas coletivas dos grupos de trabalhadoras.

Os *enfoques clássicos,* no entanto, apontavam para uma questão fundamental: o lugar do movimento sindical na sociedade brasileira. A ideia de uma "cidadania regulada" adquire tanto mais força se percebemos as formas de seu exercício, através da ação sindical aberta, das negociações, e os limites, no confronto cotidiano de recusas e lutas, algumas vezes perdidas, outras vitoriosas[5].

Os estudos das práticas operárias confrontadas com as estratégias de gestão analisam os projetos de militarização do trabalho no Estado Novo e os de racionalização que acompanharam a política industrial dos anos 1950. Mas, efetivamente, a *problematização do processo de trabalho como cristalização de relações sociais* é uma questão colocada particularmente a partir das pesquisas que se propõem a estudar os trabalhadores no período da ditadura e da repressão pós-1964. De fato parece ser a emergência do novo movimento operário a partir de 1978 que possibilitou a crítica das análises sociológicas que explicaram a vigência do sindicalismo corporativo pelo atraso político, por sua vez fundado nas origens sociais dos trabalhadores. As novas lutas operárias reforçaram as hipóteses e as pesquisas que indicavam claramente as formas da resistência no interior das fábricas e atualizaram a problemática de uma experiência que se constitui especialmente no ABC paulista, mas também na Grande São Paulo através da vivência da fábrica, das lutas cotidianas, das lutas de bairro. Assim, a experiência como elemento explicativo faz a crítica das análises que privilegiaram as determinações estruturais da origem social, ou o economicismo que aventava a possível constituição de uma elite operária, elite porque melhor paga e, portanto, privilegiada. Nisso é fundamental a recuperação das dimensões da experiência, particularmente a cultura política que é trabalhada no cotidiano operário. Essa cultura política no sentido amplo de conjunto de atitudes, crenças, códigos de comportamento próprios das classes subalternas[6] supõe uma construção complexa onde novamente as várias dimensões da experiência se articulam: os modos de vida, as práticas de trabalho, as matrizes discursivas a partir das quais os trabalhadores pensam sua vida[7].

Se as greves são efetivamente psicodramas em que se liberam as pulsões reprimidas,[8] situações de conflito nas quais aparece na cena social a figura dos(as) trabalhadores(as), muito mais difícil é estudar como os trabalhadores vivem os momentos opacos do cotidiano. A sociologia do trabalho e a história do movimento operário examinam problemáticas solidamente constituídas: a sociologia do trabalho se detém sobre o processo de trabalho e a gestão, sobre a organização do trabalho como estratégia; a historiografia e a sociologia do movimento operário tematizam as lutas, as condições de vida, os modos de vida dos trabalhadores, as práticas sindicais. Entre essas sólidas fronteiras permanecem espaços fluidos em que se colocam as interrogações sobre a vivência do trabalho fabril e da condição operária.

A renovação nos estudos de sociologia do trabalho e na historiografia brasileira nos últimos dez anos, o processo de "acumulação primitiva", desencadeado através de pesquisas e teses proporcionou um acervo de conhecimentos importantes. Mas o caráter recente e fragmentado da produção, as dificuldades na coleta das fontes e as dificuldades teóricas e metodológicas da aventura sociológica impõem limites. Dois deles parecem particularmente claros quando se pensa a produção recente: em primeiro lugar, a dificuldade em articular o desenvolvimento dos estudos sobre processos de trabalho e estratégias de gestão com as práticas e representações operárias; em segundo lugar, analisar os movimentos como configurações de experiências, mais do que respostas mecânicas a condições de vida e trabalho.

Na verdade, permanecem duas vertentes de análise da classe operária e do movimento operário pós-1978. A primeira problematiza o confronto a partir de suas raízes econômicas, o movimento institucionalizado e o desenvolvimento da *"consciência de classe"*[9]. A segunda problematiza a autoconstrução da classe, as dimensões da *experiência*, a *heterogeneidade da vivência trabalhadora*, a *divisão sexual do trabalho* e a *condição operária feminina, as trajetórias individuais e coletivas, as relações de trabalho*, as práticas de recusa, tanto quanto as práticas coletivas e a dinâmica institucional do movimento sindical.

A vertente de estudos que realizou esta proposta[10] se constitui em referência básica para o conhecimento das práticas dos(das) trabalhadores(as) da Grande São Paulo na década de 1970. É a partir daí que retomo algumas questões, cujo fio condutor é a compreensão das vivências do trabalho e seu lugar na experiência operária, as formas da submissão e revolta atravessadas sempre pelas relações de gênero e pela divisão sexual do trabalho[11].

A vivência do trabalho

O universo fabril não é homogêneo. Por um lado, as vivências do trabalho implicam a realização de tarefas distintas que remetem a qualificações diferentes e a relações de trabalho também diferenciadas. Nos estudos sobre atitudes e práticas operárias no Brasil uma das primeiras questões colocadas foi a dos efeitos de uma ausência de tradição artesanal e também de tradição fabril sobre as atitudes operárias, constituindo de um lado um grupo não identificado com a condição operária (os trabalhadores não qualificados), e de outro um grupo satisfeito com a situação de trabalhador qualificado. Outros estudos mostraram, no entanto, que tanto num quanto no outro grupo os trabalhadores questionaram as formas de sua inserção no processo de trabalho.[12] Esse questionamento é basicamente distinto para homens e mulheres, uma vez que para os homens existe sempre a possibilidade abstrata da qualificação, enquanto para as mulheres esta é uma *possibilidade excepcional*.

A primeira pergunta que orientou essa reflexão foi a das condições de possibilidade para um projeto de qualificação profissional.

No universo masculino, uma primeira observação diz respeito à relação *qualificação-trajetória pessoal,* questão frequentemente apontada nos estudos sobre mulheres trabalhadoras, quando se relaciona trajetória profissional e maternidade, mas pouco frequente nos estudos sobre a qualificação e trajetória masculinas. A partir da análise de trajetórias é possível formular a hipótese de que a "ética do provedor" é também um elemento de inflexão nas trajetórias profissionais masculinas através da necessidade de aumentar os rendimentos fazendo horas extras, ou de evitar mudanças que possam desestabilizar a renda familiar ou simplesmente pelo fato de roubarem as poucas horas de convívio familiar.

Alguns depoimentos de ferramenteiros são significativos: "eu pretendia fazer outra coisa. Mas você tem medo de arriscar. Você tem família...". A inflexão na trajetória profissional, por outro lado, está frequentemente ligada a um projeto familiar, ou simplesmente a um apoio familiar de ordem financeira que permita e estimule o acesso ao Senai ou às escolas técnicas particulares. Para os migrantes que chegam mais jovens, as chances são maiores do que para aqueles que chegam mais velhos ou já com dependentes. Para estes, a sobrevivência imediata limita a possibilidade de formular projetos. Por outro lado, do ponto de vista estatístico, a origem regional parece ter efeitos sobre a possibilidade de alcançar uma qualificação[13].

Nos depoimentos dos trabalhadores *não qualificados,* a instabilidade profissional se confunde com tentativas de voltar ao lugar de origem vividas como ruptura com o mundo urbano e fabril: "Voltei para o Piauí para ficar 25 dias. Mas aí quando chegou lá, a gente, o tempo novo, só festa, lá vai a gente de novo, pega a namorar, arruma noiva lá, esqueci São Paulo. Aí casei" (ajudante de preparador de máquina).

Aos 50 anos, sem perspectivas de melhorar na carreira, com dificuldades para sobreviver, a não identificação deste trabalhador com seu emprego se fixa na vergonha que tem de dizer o salário e na vontade de voltar para seu mundo de origem. O sofrimento é vivido menos através do conteúdo de sua tarefa ou de sua posição funcional e mais no sentimento de ilegitimidade devido ao baixo salário para um homem da sua idade.

As trajetórias das operárias são mais simples. Qualquer que seja sua origem regional e a situação de migrante ou não, ou a época de chegada em São Paulo, a qualificação profissional só se coloca como excepcional. Do ponto de vista da trajetória profissional, a diferença está também no fato de que frequentemente as operárias foram empregadas domésticas antes de iniciarem sua carreira de eternas ajudantes. Se a relação qualificação-continuidade da trajetória profissional já foi analisada em outras pesquisas, trata-se aqui de compreender como a não qualificação das mulheres é normalizada e como a *qualificação remete à problemática das mulheres excepcionais*. A única mulher inspetora de qualidade numa empresa foi exemplo frequentemente citado nos depoimentos de homens e mulheres. Todos(as) consideravam que se tratava de uma mulher excepcional. "Eu nesses anos todos só vi uma mulher aqui dentro do nosso ramo subir. *Ela fez curso, trabalhou. Então ela é uma mulher de verdade"* (ferramenteiro).

Nesse caso, também a "mulher excepcional" se vê como tal, como uma espécie de super-homem eficiente, um espécime da humanidade particularmente bem-sucedido, sólido e inteligente[14]. Anita, a inspetora de qualidade, explica porque não há outras mulheres na sua função: "São muito paradas. Outras casadas, têm filhos, não têm condições... não têm iniciativa para nada... outras fazem hora extra até tarde... elas não se interessam". Em suma, a desqualificação profissional das trabalhadoras remete às relações de gênero, as rupturas são individuais e configuram situações excepcionais – Anita não tinha filhos e teve a sorte de ser estimulada a estudar por um chefe.

Mas se a *qualificação depende da excepcionalidade,* nem por isso a imagem dominante das mulheres como trabalhadoras é negativa. Ao contrário, elas são vistas como mais aplicadas, mais sérias, mais rápidas. Elas próprias consideram que trabalham melhor e mais rápido. Mas existe a queixa frequente de que as "mulheres são nervosas e reclamam muito e são mais exigentes. Qualquer coisinha mulher tá dando ferro e o homem deixa passar, a mulher não... desculpa que vocês são mulher, mas a mulher é mais exigente... não todas mas a maioria sendo chefe elas são mais exigentes".

Um segundo aspecto da vivência do trabalho remete à *relação com a tarefa,* com a função ocupada, com a situação profissional. Novamente distingo o universo masculino e feminino, os operários qualificados dos não qualificados.

Entre os ferramenteiros ou os mecânicos de manutenção se manifesta um interesse pela tarefa que realizam, uma reflexão sobre o saber necessário para realizá-la: os estudos teóricos do Senai ou das escolas técnicas e a prática que todos valorizam. Este saber prático é individualizado – "cada um tem um jeito" – e é ao mesmo tempo um aprendizado da relação de trabalho propriamente dita, diferente em cada empresa. Frequentemente, a boa realização do trabalho está associada à familiaridade com o sistema da empresa e requer tempo: "Pra o homem compreender o método de uma fábrica, vai no mínimo dois anos" (ferramenteiro).

Esse conhecimento certamente significa um prazer e uma valorização. A valorização, associada a uma ética coletiva de fazer bem a sua tarefa, de saber fazê-la qualquer que seja ela como parte da relação de trabalho mesmo nas funções mais pesadas, monótonas ou repetitivas. Fortemente vivenciada é a comparação com o trabalho "mais limpo" e mais digno dos técnicos que "não trabalha que nem a gente. De ficar sujando as mãos. É diferente... e o salário também é diferente, o mais importante" (ferramenteiro).

Sem querer entrar nos detalhes de uma discussão ainda incipiente na literatura brasileira sobre o prazer e sofrimento no trabalho,[15] detenho-me na fala da valorização porque ela articula a experiência de todos os trabalhadores e não se restringe à tarefa em si, mas à valorização salarial, à carreira, às promoções, às relações de trabalho.

Assim, se para as operárias a possibilidade de um trabalho criativo, qualificado, não se coloca no horizonte fabril, a busca de valorização se concentra no reconhecimento de que "faz bem o seu trabalho", na valorização através do salário, das relações na empresa, mesmo quando não se colocam possibilidades de carreira. (A situação é diferente em empresas onde há chefias femininas e naquelas onde estas não existem.)

Meu argumento é no sentido de não considerar em termos absolutos que os trabalhadores qualificados experimentam prazer no trabalho, independentemente da relação de trabalho, enquanto os não qualificados e as mulheres são movidos exclusivamente pelas necessidades da sobrevivência cotidiana e rejeitam uma ética coletiva. Para os homens está aceito que a valorização positiva do trabalho não se reduz ao tipo de tarefa executada, mas ao conjunto da relação. Para as operárias, é possível que uma valorização pela qualificação da tarefa executada não se coloque no horizonte. Mesmo assim há uma valorização da tarefa bem executada da atividade, tanto quanto das relações de trabalho. O prazer para as operárias, como observa D. Kergoat, estaria muito mais ligado à atividade enquanto o prazer e o sofrimento dos homens estariam mais imediatamente ligados ao trabalho e à organização do trabalho[16].

Se, para operários e operárias, a possibilidade de um projeto profissional é restrita para os homens e excepcional para as mulheres, as relações interpessoais na fábrica não são vivenciadas de forma neutra, mas fundam e reforçam as noções de justiça e injustiça, dignidade e direitos através das quais trabalhadores e trabalhadoras se colocam como indivíduos e se situam, frequentemente de forma conflituada, frente ao mundo público[17]. Em resumo, as vivências individualizadas do trabalho configuram experiências, relações e práticas comuns a partir das quais se coloca a problemática da "submissão e revolta"[18].

Submissão e revolta no trabalho

Os estudos recentes sobre o movimento operário a partir de 1978 em São Paulo dão ênfase ao tema da dignidade na "palavra operária"[19]. Trata-se aqui de articular este tema com a vivência do trabalho para tentar esquadrinhar o cotidiano na submissão e revolta. Parti de autores que apontam a importância do trabalho humano como um operador essencial tanto da construção social quanto da construção psíquica... como um mediador insubstituível da articulação entre ordem individual e ordem coletiva[20] e de Jurandir Freire Costa que, pensando as classes subalternas na sociedade brasileira, chama a atenção para a necessidade premente do trabalho enquanto instrumento de sobrevivência física e social (é bom não esquecer as consequências sociais do estatuto de "desempregado" ou "vagabundo pobre", como humilhação por parte de burocratas; exposição a brutalidades policiais; estigmatização por parte de parentes etc). Nessa camada social, o trabalho não vale apenas pelo que representa enquanto meio de sobrevivência. Ele possui outro valor, o de assegurar ao sujeito a posse de um predicado que o torna humano como os outros homens[21].

Assim, o trabalho reconhecido no salário é fundamental para a construção da identidade do trabalhador. Por isso, o trabalhador com 50 anos se envergonha do salário tão baixo para a idade que tem. Enquanto o ferramenteiro observa: "a máquina importa mais que o homem. Se um homem fica doente, simplesmente colocam outro ali e continuam; quando quebra uma máquina, você vê dono de firma, gerente, diretor querendo ver a máquina quebrada. Agora, se um cara corta a mão, simplesmente é mais um que cortou".

Há permanentemente uma reivindicação de "tratamento humano decente" na vivência do trabalho, o que autores como Barrington Moore analisam como "demanda defensiva"[22]. Parece-me que, seguindo a análise de Jurandir Freire Costa, na medida em que o trabalho tem tal importância na definição da identidade do trabalhador brasileiro, é vivenciado como uma afirmação da existência individual e da identidade social. A identidade é aqui entendida como tudo aquilo que o sujeito experimenta (sente, interpreta e enuncia) como sendo *eu,* por oposição àquilo que experimenta como *não eu* (aquilo que é meu, aquilo que é outro, aquilo que é do outro)[23]. Nesse sentido, a reivindicação de tratamento humano no trabalho seria, como propõe Heloísa Fernandes, nem demanda defensiva nem apenas negação do imaginário capitalista. É, ao mesmo tempo, apenas uma afirmação de um possível[24]. Ou seja uma afirmação de identidade e direitos, de uma outra relação de trabalho.

A visão dos trabalhadores é complexa e ambivalente. O mesmo ferramenteiro que observou o descaso com o homem frente à importância da máquina, acrescenta em outro contexto: "Aqueles que vão conseguir alguma coisa aqui dentro é muito pouco. É pouquíssimo. O resto é só pra trabalhar mesmo. É uma escravidão. E desumano... já olhou daqui de cima?... parece umas formiguinhas".

Em contrapartida, esse trabalhador sente-se valorizado quando o dono da empresa vem felicitá-lo pelo nascimento do filho – ou seja, o momento em que ele é reconhecido como pessoa.

A submissão está construída através de uma malha de relações em que os trabalhadores vivenciam a precariedade e a ilegitimidade. Esse trabalho que torna humano é precário e o trabalhador se sente constantemente ameaçado. As falas remetem a essas ameaças sempre presentes: a rotatividade nos anos 1970, a crise nos anos 1980, a possibilidade de a empresa "fracassar", os licenciamentos arbitrários, o "facão".

A precariedade na relação de trabalho se reforça também pela "falta de estudo", vivida como uma limitação que a situação de pesquisa faz aflorar particularmente[25]. "Eu não vou saber falar com ela porque eu não sei falar, eu não tenho estudo."

Nesse universo cultural, para as mulheres, o trabalho assalariado não é um predicado que as torne humanas. *Antes é a maternidade que possui uma dimensão mais importante*. Isso não exclui as mulheres da valorização da atividade na fábrica. Se qualificação e carreira não fazem parte de seu universo possível, o trabalho guarda uma importância enquanto ruptura da privatização, possibilidade de sair de casa. Mas se a descontinuidade na carreira para aquelas que são casadas e/ou têm filhos está sempre no horizonte do possível, o medo do desemprego também existe. A interrogação que se coloca remete às mudanças nas trajetórias profissionais femininas. As pesquisas indicam a importância da qualificação na definição das trajetórias operárias femininas. Por outro lado, a emergência de uma geração de mulheres com uma prática de trabalho regular, vivendo um processo de integração à cultura urbana e mudanças nos padrões educacionais (maior escolaridade) permitem formular a hipótese de metamorfoses na subjetividade das mulheres trabalhadoras no sentido de uma integração do trabalho assalariado e mesmo do trabalho fabril como elemento que define sua identidade de mulheres[26].

A ambivalência na aceitação e valorização do trabalho fabril, com suas violências, está presente não só nos conflitos abertos, nas greves, mas nas formas do conflito invisível que existem para homens e particularmente para mulheres.

O conflito aparece através da raiva, dos nervos, da recusa em pensar: "A vida pra gente que é pobre é difícil demais, tão difícil que eu não gosto de pensar nela, por isso eu ligo o rádio, eu prefiro dormir".

As mulheres, se são consideradas mais dóceis são também consideradas mais nervosas, mais raivosas no seu silêncio, reclamam muito: "Às vezes acontece coisa assim que a gente fica enjoada da firma, fica com raiva da firma. Não com raiva da firma, raiva do ambiente que a gente tá trabalhando".

A fala sobre os nervos às vezes se transforma em "doença dos nervos", tema dos trabalhos de Freire Costa, que retoma a hipótese de que "os sentimentos de fracasso, exploração e insegurança sociais convertem-se em problemas psiquiátricos e sua gênese é atribuída a 'doença de nervos'"[27].

Na fala das mulheres, o nervosismo tem origem nos conflitos com as chefias, nos horários, no ritmo acelerado, nos problemas familiares: as situações em que o marido está desempregado ou frequenta bares ou não trabalha regularmente. Excepcionalmente aparecem relações entre os "nervos" e a violência familiar, insinuadas por um(a) ou outro(a), mas significativamente mencionadas por homens e mulheres.

Entre os homens, as referências aos "nervos" se relacionam aos conflitos no trabalho, ao ritmo, às exigências, às humilhações. É preciso ficar calmo, diz um médico para Bento, um ferramenteiro que quer curar a gagueira. A resposta do ferramenteiro é: "Se mudasse o mundo talvez eu até ficasse calmo". A inconformidade é privatizada, cada trabalhador tem um mecanismo de vivenciar a submissão/revolta no tempo do cotidiano. Por isso mesmo, os momentos de ruptura, como as greves, têm a capacidade de recuperar vivência em práticas coletivas. Mas no cotidiano as formas da submissão e revolta são mudas ou inexplicáveis, como a raiva da trabalhadora contra a firma, o nervoso e a gagueira do ferramenteiro, as lágrimas de um velho camponês transformado em prensista.

Nesse universo fragmentado do cotidiano, as formas da gestão reforçam as clivagens através das qualificações das diferenças salariais entre mais antigos e mais novos, entre mulheres e homens, entre postos e seções. As divisões vividas no cotidiano são silenciadas enquanto problema do grupo trabalhador, mas são vividas como injustiças na fala dos trabalhadores e trabalhadoras. Diz Maria, montadora: "Teve uma época aí, entrou mais quatro meninas comigo. Aí o chefe pegou e deu aumento pra uma só... Até hoje ela tá ganhando mais que a gente. Sabe por que a turma diz que ela está ganhando mais aumento? Porque ela tinha mania de trabalhar com a cabeça abaixadinha e não conversar".

Se para homens e mulheres, as divisões remetem frequentemente às relações pessoais, para as trabalhadoras, as relações com as chefias masculinas são permeadas pelas rivalidades, formas de sedução. Nisso reside uma outra clivagem: a geracional. As mais velhas lutam para alcançar um reconhecimento por seu tempo de firma, enquanto as mais jovens lutam para agradar.

A *privatização e divisão* são quebradas por *solidariedades de grupo* (existem visivelmente solidariedades regionais e religiosas no universo fabril). Mas o imaginário de trabalhadoras e trabalhadores tem alguns pontos de referência coletivos, ainda que não homogêneos: o sindicato, as greves. Aqui novamente os contextos são fundamentais para compreender as diferenças entre os grupos operários. Os estudos de caso mostram as diferenças entre as trabalhadoras e trabalhadores de empresas grandes, em áreas altamente concentradas, onde há tradição de lutas e de presença sindical, diante de empresas de pequeno ou médio porte, com gestão familiar, disseminadas em vários bairros. Assim, os limites das práticas sindicais no interior das fábricas reforçam a privatização das relações de trabalho. Frequentemente a imagem de que o sindicato vem lá de fora se associa à imagem da greve como ação externa. O contexto é bem diverso nas empresas onde existe uma referência coletiva interna[28]. Mesmo assim, os estudos de caso apontam para algumas referências coletivas que podem servir de ponto de partida para o desenvolvimento de ações coletivas: "Eu acho que os metalúrgicos do ABC é que mudou todo o país a partir de 1979, que deu o grito, né. Eles que mudaram muita coisa. Muito que mudou deve-se a eles e depois a nós. Porque nós já foi a partir de 1979 que houve um movimento aqui".

A memória das lutas de 1978 e 1979 é o ponto de referência mais constante. Desde esse momento o tema de uma cidadania dos trabalhadores, perseguido na Primeira República, ou da "cidadania regulada" da República Nova emerge a partir de outros *lugares,* como observa Maroni: da fábrica e do trabalho cotidiano, do confronto com a hierarquia, do reconhecimento do trabalho. Por isso, se a demanda salarial é a reivindicação principal, restringir a significação da greve às tipologias de greves econômicas ou políticas elude a questão principal que se coloca a partir de 1978[29].

As lutas desenvolvidas a partir de 1978 não se constituem como lutas isoladas, mas como uma experiência coletiva que articulou vivências privatizadas. Significativamente, o fio condutor desta experiência está na representação da *dignidade* reivindicada nas várias falas e analisada por L. Abramo. A formulação da dignidade remete à importância da identidade trabalhadora apontada por Freire Costa, a reivindicação de "humanidade" pelo trabalho. O discurso sindical retoma constantemente esta formulação: "Nós, pelo fato de sermos humildes, não perdemos a nossa dignidade. E assim não podemos vender nossa vida e nossa saúde. É preciso que cada fábrica forme uma corrente que impeça os abusos das chefias e dos patrões, que não deixe o operário humilhado. Que ninguém fique sozinho sem testemunhas para defender seus direitos na Justiça do Trabalho. É preciso não se calar diante das injustiças e informar as autoridades e o sindicato das irregularidades"[30].

Assim, aquilo que foi submissão torna-se revolta, a ação coletiva integra as humilhações e divisões privadas, um novo sentido é construído através da noção de *direitos*. O movimento que faz emergir a ação coletiva é tecido pelas demandas "defensivas" ligadas pelo fio condutor da dignidade. Através delas as trabalhadoras e trabalhadores afirmam (ou sonham) um outro mundo possível.

Mas até aqui o movimento, as práticas coletivas como ruptura da privatização cotidiana e emergência da revolta, está pensado de forma neutra e assexuada, conforme os paradigmas tradicionais na literatura brasileira sobre greves e práticas sindicais.

No entanto, os estudos citados sobre trajetórias de trabalhadoras e trabalhadores frente à crise dos anos 1980, assim como as pesquisas sobre divisão sexual do trabalho, têm analisado as singularidades da experiência operária feminina[31].

Por outro lado, se como foi insistentemente apontado, mudanças quantitativas e qualitativas só significaram um considerável aumento do emprego industrial feminino, cristalizando formas clássicas da divisão sexual do trabalho, as interrogações sobre o lugar das trabalhadoras fabris nas práticas coletivas de trabalhadores a partir dos anos 1970 seriam pertinentes[32].

O lugar das trabalhadoras fabris nas "lutas ilusórias" da Primeira República[33] foi marcado pela ambivalência entre o reconhecimento de sua condição de trabalhadoras e a subordinação às representações da "fragilidade", da maternidade. A "cidadania regulada" das trabalhadoras na República Nova se restringiu ao protecionismo na legislação trabalhista. Desde 1978, data do I Congresso das Trabalhadoras Metalúrgicas de São Bernardo do Campo e Diadema,[34] a emergência da "questão da mulher trabalhadora" reintroduz as demandas clássicas em torno das contradições do trabalho noturno, da qualificação, do "salário igual para trabalho igual", das creches, da licença maternidade, da violência sexual nas relações de trabalho, das formas de discriminação no mercado de trabalho e na gestão. Envolvida nessas "demandas defensivas", está a reivindicação de um tratamento humano decente que, conforme o argumento desenvolvido neste trabalho, é particularmente importante para os trabalhadores, uma vez que sua humanidade está associada à condição de trabalhadores. Cabe então a questão: pode-se falar de uma identidade das trabalhadoras?

Essa seria apenas uma primeira interrogação a ser complementada pelo questionamento que fazem alguns autores da utilização do conceito de identidade para a análise das trabalhadoras, uma vez que entre as mulheres ocorre uma autodesvalorização enquanto sexo, ainda mais complexa que a autodesvalorização enquanto operária, porque se funda numa não autoidentificação enquanto mulheres, enquanto grupo sexuado. A consequência disso seria a dificuldade em ter posturas defensivas comuns que desemboquem em práticas coletivas.[35] Em outro texto[36] estudei as representações de trabalhadoras sobre si próprias e suas falas sobre "as mulheres". Em particular me detive em quatro aspectos da fala de D. Luzia, operadora de tornos:

1. Seu orgulho de ser "competente" na tarefa que realizava;
2. A autovalorização por ter sobrevivido e criado os filhos mesmo sem o auxílio do marido;
3. A valorização das mulheres que trabalham fora e conhecem o mundo em oposição àquelas que permanecem "jogadas" em casa;
4. Sua reflexão sobre as mulheres como "uma peça fina", que os homens têm que aprender a tratar e ao mesmo tempo sua ideia de "destino" das mulheres.

A análise das práticas de trabalho de D. Luzia e suas companheiras coincide com as observações de D. Kergoat ao apontar que as *clivagens entre subgrupos são menos acentuadas entre as mulheres, mesmo porque há uma igualdade de tarefas exercidas e postos ocupados*. Essa igualdade provoca um questionamento permanente das hierarquias, das excepcionalidades, que se manifesta nas reclamações e, sobretudo, na quase unânime não aceitação *das chefias femininas*. As clivagens são "pessoais", no sentido que remetem às rivalidades e às injustiças vivenciadas através das desigualdades salariais que não correspondem a funções diferentes, mas a preferências das chefias, como aponta o depoimento de Maria.

Mas, ao mesmo tempo, existe uma referência permanente à condição comum das mulheres, face aos homens, face aos maridos: "Homem não tem capacidade que a gente tem, porque homem é folgado, ele não se esforça" (Maria, montadora). A representação das mulheres e dos homens aponta para uma valorização positiva das mulheres, reconhecidas como sérias e responsáveis. Há sim uma crítica também frequente àquelas que se deixam dominar pelos homens, que são dependentes, "um monte", nas palavras de D. Luzia. A relação e as representações são obviamente ambivalentes agora entre submissão e autonomia, como se cada mulher negasse o imaginário social que a oprime, opondo-lhe a realidade de uma igualdade essencial entre homens e mulheres[37].

A emergência dessas significações nas relações entre homens e mulheres não pode ser pensada fora do contexto histórico em que está sendo analisada. As questões levantadas pelos movimentos de mulheres, pelos feminismos, enfim, pelas matrizes discursivas que constituíram o imaginário dos anos 1970 e 1980 no Brasil, estão presentes na fala de D. Luzia ou de Maria quando diz que não quer acompanhar o marido baiano nos seus projetos de voltar para o norte, que o marido não reconhece "que eu ajudei a juntar dinheiro. Ele fala e briga. Ele não reconhece. Aquele tipo de homem que não reconhece? Sabe? Machista, sei lá".

E na demanda de um tratamento humano decente que as trabalhadoras se integram num coletivo de trabalhadoras e desenvolvem práticas coletivas. Mas a vigência mesma da "questão da mulher trabalhadora" indica a heterogeneidade destes coletivos, e das relações de trabalho. Permanece a interrogação sobre a relação das trabalhadoras com o trabalho fabril – se exclusivamente uma relação de necessidade cuja significação guardaria uma exterioridade face à autorrepresentação das trabalhadoras; ou uma relação atravessada por significações que remetem ao próprio contexto em que estão sendo vivenciadas. Nesse sentido, as demandas de melhores condições de vida e trabalho das trabalhadoras são resultados de revoltas, mesmo se "invisíveis", apontam para um "salto de universo", a afirmação de uma outra possibilidade de existência, a abertura para uma virtualidade que, ao mesmo tempo, busca resgatar promessas não realizadas do passado[38].

Como conclusão resta retomar o fio condutor deste texto: as formas sexuadas da relação entre submissão e revolta, vivências e experiências coletivas de trabalhadores e trabalhadoras estão permeadas por um tema articulador, o lugar dos trabalhadores e trabalhadoras no imaginário social brasileiro colocado a partir de relações heterogêneas e demandas diversificadas frente ao trabalho e às condições de vida.

"Já olhou de cima? parece umas formiguinhas... que eles fala: Você tem que passar aqui, e fica todo mundo passando no mesmo caminho, dias e dias, dias e dias, anos e anos, sem ver nada na frente. E não vão ver nada. Infelizmente não vai. Não vão ter chance. A não ser que o país muda muito, o povo tem que mudar muito. Os patrões têm que mudar muito" (Bento, ferramenteiro).

Notas

[1] Ver Pinheiro, P. S. e Hall, Michael. *A classe operária no Brasil*. Introdução, vol. II, São Paulo. Brasiliense, FUNCAMP, 1981; Paoli, M.C., Bader, E. Silva Telles, "Pensando a classe operária – os trabalhadores sujeitos ao imaginário acadêmico". *Revista Brasileira de História* 6; Fausto, Boris, "Estado, trabalhadores e burguesia (1920-1945)", *Novos Estudos CEBRAP* 20.

[2] Sader, Eder. *Quando novos personagens entraram em cena*. São Paulo, Paz e Terra, 1988.

[3] Touraine, A. *Le mouvement ouvrier*. Paris, Fayard, 1984, p. 19.

[4] Perrot, M. *Les ouvriers en greve – France 1871-1890*. Paris, Mouton, L I, p. 57.

[5] Castro Gomes, A. *A invenção do trabalhismo*. Rio de Janeiro, IUPERJ-Vértice, 1988; Morel, R., *A ferro e fogo. Construção e crise da família siderúrgica. O caso de Volta Redonda (1941-1968)*, Tese de Doutoramento em Sociologia, Depto. de Sociologia-FFLCH-USP, 1989; Paoli M. C, "Os trabalhadores urbanos na fala dos outros. Tempos, espaço e classe na história operária brasileira", *in* Leite Lopes (org.), *Cultura & Identidade operária*. Rio de Janeiro, Marco Zero-UFRJ, 1987.

[6] Ginsburg. C. *O queijo e os vermes*, Sao Paulo, Companhia das Letras, 1987.

[7] Garcia, M. A. "A (auto)construção do movimento operário. Notas para discussão", *Desvios* 1, nov. 1982, p. 19-27.

[8] Perrot, M., *op. cit.*

[9] Martins Rodrigues, L. *Industrialização e atitudes operárias*. São Paulo Brasiliense, 1970.

[10] Martins Rodrigues, L. *op. cit.;* Humphrey, J. *Fazendo o milagre: controle capitalista e luta operária na indústria automobilística*. Petrópolis, Vozes, 1982; Rainho, L. F., *Os peões do grande ABC*. Petrópolis, Vozes, 1980.

[11] A fábrica B., situada num bairro industrial de São Paulo, é uma empresa de porte médio, pertencendo a duas famílias de origem italiana. No momento da pesquisa (1986-7), a fábrica empregava aproximadamente 700 empregados, dos quais 20% eram mulheres. A empresa familiar se desenvolvera com o milagre econômico dos anos 1970, atravessara uma crise no início dos anos 1980 e se beneficiava naquele momento de uma nova expansão. A produção da

II

O GÊNERO NO TRABALHO:
PERSPECTIVAS TEÓRICAS
E METODOLÓGICAS

II

As operárias, o sindicato e o discurso sociológico*

Uma classe, um sexo

As limitações da produção sociológica brasileira sobre a condição operária feminina são indiscutíveis. Afinal, nada mais fazemos do que reproduzir uma tendência do discurso sociológico em tratar sempre de operários ou da classe operária sem fazer referência ao sexo dos atores sociais (Kergoat, 1978).

Para que essa tendência fosse abalada não foi suficiente o crescimento da força de trabalho feminina nem da sindicalização das operárias brasileiras. Foi, isto sim, necessário que um movimento social saísse às ruas e sacudisse as veneráveis estruturas da produção sociológica para que a variável sexo fosse incorporada em pesquisas e análises.

A relação entre o discurso feminista dos anos 1970, e o discurso sindical da época foi tema de outro trabalho (Souza-Lobo et al. 1983). Observamos que a emergência da problemática da condição operária feminina se articulava, ainda que negando todo conteúdo feminista, com os temas e as lutas levadas pelas mulheres dos grupos e jornais feministas, dos clubes de mães, movimentos de bairro, movimento pela Anistia. Não se trata de uma relação mecânica de causa e efeito, mas de uma articulação que foi impossível na medida em que as estratégias do novo sindicalismo im-

---

* Redigido em colaboração com Elisabeth Higgs e apresentado originalmente no GT "Mulher na força de trabalho" do VII Encontro da ANPOCS, 1983.

plicavam a mobilização dos grupos operários tradicionalmente afastados dos sindicatos. Assim, em São Bernardo, a ameaça de modificação na legislação sobre o trabalho noturno das operárias desencadeou um processo de discussão com as operárias que culminou com o I Congresso das Trabalhadoras Metalúrgicas em 1978, logo seguido por outros congressos organizados pelos sindicatos de categorias onde a força de trabalho feminina tem participação importante (Moysés, 1982).

Esboçou-se nesse período a possibilidade de que se abrisse no movimento operário e sindical um espaço para a discussão da condição e das práticas das operárias, de suas reivindicações e das modalidades que assume a divisão sexual do trabalho na fábrica. No entanto, esse espaço permaneceu formal, restrito ao sindicato, limitado no tempo. Também foi limitada a integração das reivindicações das operárias nas pautas levadas à negociação (Leite, 1982).

A abertura desse espaço permitiu apenas vislumbrar o desenvolvimento de um feminismo operário, articulando exploração econômica e dominação sexual, capaz de trazer à tona ou reforçar as reivindicações sufocadas do cotidiano das operárias contra o autoritarismo e a violência sexista, apontado para práticas renovadas que articulassem reivindicações gerais e reivindicações específicas "levando em conta a totalidade das formas sociais assumidas pelas relações de classe" (Kergoat, 1982).

A questão era, e é, tanto mais pertinente na medida em que, de fato, o feminismo no Brasil ultrapassou as fronteiras de classe e decisivamente, ao coincidir no tempo e no espaço com os movimentos populares de mulheres, forneceu-lhes temas como o da violência, da sexualidade, da contracepção, da divisão sexual do trabalho. As conexões entre feminismo e movimentos populares de mulheres são contraditórias e pontuais. Configuram não um movimento policlassista, mas vários movimentos de composição social diferenciada com objetivos imediatos muitas vezes diversos, mas com problemáticas comuns. Estava dada, como na Itália, a possibilidade de um feminismo de massa ou de um feminismo operário (Becalli, 1982).

Dentro desse contexto multiplicam-se os estudos sobre operárias na tradição das pioneiras (Saffioti, Blay, Aguiar).

No entanto, um outro tipo de perversão da produção sociológica se esboça. As operárias passam a ser exclusivamente objeto específico de uma sociologia específica cujos temas e análises não são incorporados aos estudos sobre a classe operária ou o movimento operário, que permanecem exclusivamente masculinos.

Acreditamos que, na raiz dessa resistência em trabalhar a problemática classe/gênero, existem duas ordens de argumentos. De um lado subsiste uma concepção de homogeneidade da classe operária que por sua vez remete a um conceito de classe construído exclusivamente a partir do lugar na produção, como se fosse possível separar relações sociais e relações de produção. Cabe aqui a observação de Danièle Kergoat (1978) sobre a sociologia do trabalho onde "tudo se passa como se o lugar na produção fosse um elemento unificador de tal ordem que fazer parte da classe operária signifique comportamentos e atitudes relativamente unívocos".

Assim, a classe operária é vista como "personificação do trabalho" em contraposição à burguesia – "personificação do capital". Sob este enfoque, a luta de classes se torna um reflexo de um conflito objetivo entre forças produtivas e relações de produção e "se escamoteia ao mesmo tempo tanto o papel das classes como o papel dos homens" (Lefort, 1984) e das mulheres, acrescentaríamos.

A homogeneização da classe, consequência de sua construção como elemento estrutural, se traduz numa metodologia de aproximação em que não cabe a abordagem concreta das situações de trabalho e, face ao trabalho e à sociedade, da vida cotidiana e das relações que estabelecem homens e mulheres ao viverem as relações de produção, e experimentarem situações determinadas, dentro do conjunto das relações sociais (Thompson, 1979; Lefort, 1979).

Um segundo argumento é oposto às tentativas de aproximação da heterogeneidade da condição operaria. Através dele assimila-se heterogeneidade à fragmentação-divisão e utiliza-se o espantalho da divisão da classe para reafirmar a determinação da estrutura produtiva de onde se deduz a classe como sujeito homogêneo.

A relação de exploração que homogeneiza as práticas da classe operária é vista como excludente em vez de se articular com as outras relações sociais (relações de produção).

Esse enfoque acarretou sérias consequências para o estudo do grupo operário feminino, na medida em que a separação entre trabalho produtivo e trabalho reprodutivo impossibilitava a compreensão da dupla inserção das operárias nas duas esferas, e escondia os elementos para a análise das práticas das operárias; da reprodução na fábrica de relações de gênero traduzidas na hierarquia entre os sexos no que se refere aos postos no processo de trabalho, nas diferenças da qualificação feminina e da qualificação masculina, na assimetria entre o discurso sindical e o discurso das operárias.

Os próprios instrumentos de análise, os conceitos com que trabalhamos, estão calcados em modelos de práticas da classe, leia-se de práticas masculinas, e frequentemente não dão conta das práticas das operárias. Constrói-se assim o que se chamou de invisibilidade das operárias, visíveis apenas como objetos especiais, vistos através de lentes especiais, de aumento, mas sempre invisíveis quando se analisa a classe como um todo.

Para romper com esse enfoque não é suficiente mudar o campo de pesquisa da fábrica para a casa (a família), construindo uma nova relação determinista onde todas as práticas seriam consequência das relações na esfera da reprodução. Trata-se de trabalhar com uma metodologia que integre as relações sociais e seu corolário às práticas sociais (Kergoat, 1982).

Essa postura teórico-metodológica adequada não só para o estudo do grupo operário feminino, mas para a análise dos vários grupos operários, das formas diferenciadas de luta e de combatividade, não explicáveis se nos ativermos à relação causa/efeito traduzida em exploração/reação e aplicada uniformemente.

Quando as práticas das operárias não correspondem ao padrão de reação de classe fixado, recorre-se então às explicações do tipo "natureza feminina", que significativamente paira aqui fora das relações de classe. "As mulheres não participam do sindicato porque são naturalmente dóceis e submissas". No entanto, a mesma "docilidade natural" tem se revelado incapaz, através da história, de conter as massas enfurecidas de mulheres famintas que reclamavam pão na Inglaterra do século XIX (Bebb, 1983) ou as nordestinas em 1983, ou ainda as mulheres da periferia de São Paulo em 1983.

Não é a docilidade que faz parte intrínseca da natureza feminina, mas o que é aparentemente natural é que uns se ocupem da fábrica e outras da casa, isto é, que exista uma divisão sexual do trabalho desde sempre articulada às relações sociais e embutida nas práticas sociais.

Em outras palavras, as relações de trabalho são portadoras das relações de gênero (Elson e Pearson, 1981). Isto significa que, se as relações de gênero são evacuadas das análises sobre a classe operária, produz-se uma distorção que aproxima o discurso sociológico da sociologia espontânea. Ambos partem da natural – portanto, invisível e inquestionável – divisão sexual de papéis sociais.

Será possível fazer a crítica dos argumentos que sustentam a "natural assexualidade da classe operária"? É o que tentamos aqui.

As operárias e a classe operária

Durante a década de 1970, os estudos sobre a classe operária privilegiaram aqueles setores que estavam no centro da renovação do movimento operário brasileiro, em particular os metalúrgicos da região da Grande São Paulo.

Poucas pesquisas referem-se às operárias metalúrgicas. Isto porque "o número de operárias diretamente ligadas à produção na indústria automobilística é bem menor do que o dos homens" (Rainho, 1980:273).

Dados do DIEESE (1978) para o período 1970-5 indicam que é o setor automobilístico (incluindo montadoras e empresas de autopeças) o que emprega maior número de operários e operárias do setor: 75% dos homens e 60% das mulheres. A proporção das mulheres com relação aos homens é maior no setor de material elétrico (uma operária para cada quatro homens), no automobilístico esta proporção é de uma para 13, mas sabe-se que é maior a concentração de operárias no setor de autopeças. Ora, como o movimento operário na Grande São Paulo teve como eixo São Bernardo e em particular as grandes montadoras da indústria automobilística (Ford, Mercedes-Benz, Volkswagen, Chrysler e Saab Scania) e como essas empresas empregam poucas mulheres na produção, o argumento se reforça.

É preciso considerar também a pequena participação das operárias nas lideranças do movimento, o que as faz ausentes das pesquisas centradas sobre lideranças operárias ou mesmo estratégias sindicais[1].

No entanto, a condição operária feminina veio à tona através das falas das operárias metalúrgicas de São Bernardo em seu congresso de 1978 (Souza-Lobo *et al.,* 1983; Rainho, 1980; Bargas, 1978). As práticas desenvolvidas pelo sindicalismo autêntico possibilitaram a emergência da condição operária feminina, mas as questões colocadas perderam-se na dinâmica das lutas que se seguiram. O discurso, ao privilegiar as grandes questões políticas e organizativas do movimento, não se deteve sobre a divisão sexual do trabalho na fábrica e suas consequências.

Não só os critérios de representatividade quantitativa ou de representatividade qualitativa (liderança sindical e nos movimentos) excluem as operárias. Mesmo em pesquisas sobre setores tradicionalmente femininos – como na indústria têxtil – e quando o eixo de preocupação é o estudo sobre "as condições de vida e o comportamento operário" (Pereira, 1979), a classe estudada é homogeneizada[2].

Significativamente, é na discussão sobre trabalho e não trabalho que aparecem mais detidamente as condições de vida das operárias: a dupla jornada de trabalho, o não reconhecimento do trabalho doméstico pelos homens/maridos, o preconceito com relação à mulher que ganha salário. As relações na esfera da produção remetem aqui inevitavelmente às relações na esfera da reprodução. A pesquisa mostra que as operárias permanecem donas de casa e que o trabalho feminino é visto como concorrencial ao trabalho masculino. É considerado como uma intromissão indevida das mulheres numa esfera que não é a sua, ideologia explicitada na história do sindicalismo europeu através da resistência de muitos sindicatos em admitirem mulheres entre seus associados durante o século XIX e mesmo até a Primeira Guerra Mundial (Guilbert, 1966).

Se as operárias não são vistas pelo discurso ideológico, as mulheres aparecem através do discurso dos operários quando estes se referem à casa, à família, à sexualidade, isto é, na interseção entre as relações de trabalho e as relações sociais que constituem também a condição operária.

"Quanto à mulher é preciso que se diga que ela abrange toda a realidade operária" (Rainho, 1980:273). Por isso mesmo mereceram uma nota de rodapé.

Outra fala significativa: "Minha mulher não trabalha fora. Nunca gostei disso, mesmo com minha filha que trabalha na empresa automobilística. Só aceitei que ela trabalhasse lá porque as mulheres trabalham separadas dos homens" (Rodrigues, 1970:26). Pela citação, ficamos sabendo que na empresa pesquisada havia mulheres, mas, infelizmente, elas não aparecem na amostra[3].

À sociologia do trabalho caberia interrogar-se sobre os critérios que orientam a divisão sexual do trabalho na fábrica, a divisão entre seções masculinas e seções femininas, tarefas masculinas e tarefas femininas, mencionadas nesse e em outros depoimentos (Pereira, 1979; Frederico, 1979a).

É na pesquisa de Hirata e Humphrey (1983), significativamente sobre emprego industrial feminino, que esta análise se coloca. Observam os pesquisadores que os limites entre tarefas femininas e masculinas podem ser móveis – há tarefas que foram masculinas e se tornaram femininas. Mas "de uma maneira geral, em qualquer fábrica as ocupações são ou inteiramente masculinas ou inteiramente femininas, e nos casos relativamente raros, em que homens e mulheres trabalham lado a lado em tarefas comparáveis, é bastante comum que denominações diferentes sejam dadas aos encargos femininos e aos masculinos" (Hirata e Humphrey, 1983:3). O corolário dessa divisão sexual de tarefas é a desqualificação das tarefas femininas, o que se refletirá na diferença entre o salário médio masculino e o feminino. O salário das mulheres na indústria é igual ou inferior a 40% do salário médio masculino (Rais, 1979).

Outra pesquisa (Frederico, 1979a) observa que, numa fábrica onde trabalham 164 operários(as), há 61 operárias e todas elas são ajudantes (ou seja, não qualificadas).

A não qualificação do trabalho feminino, os critérios que definem esta (des)qualificação, o atributo de naturalidade aplicado às características exigidas à força de trabalho feminina, por isso mesmo não considerados como qualificação profissional, remetem novamente à divisão sexual do trabalho e à relação entre trabalho doméstico e treinamento informal da força de trabalho feminina. Estes são temas que só têm interessado à sociologia no feminino, à sociologia sobre as operárias. Não se colocam para a maior parte das análises que tomam a classe operária no masculino.

A falsa neutralidade dos conceitos

Se as modalidades de inserção das mulheres na força de trabalho põem em questão conceitos como qualificação, também as práticas reivindicativas das operárias chocam-se contra os modelos através dos quais se analisa o movimento operário.

Trataremos de questionar aqui a forma como se define, em certas pesquisas, *a consciência de classe*.

A pesquisa de Celso Frederico (1979a),[4] constitui um exemplo significativo. Estuda uma fábrica com 164 operários(as), assim distribuídos(as): 51 operários profissionais (qualificados) – dos quais nenhuma mulher; 27 meio-oficiais (semiqualificados) – também nenhuma mulher; 86 ajudantes (não qualificados) dos quais 61 são mulheres. Foram entrevistados 31 operários sem especificação de sexo. Pelas falas identificáveis, contamos dez operárias entrevistadas. O pesquisador se propõe aqui o estudo da consciência de classe nesta fábrica e trabalha com o conceito de consciência de classe definido por Lukács (1960). Assim, distingue a "consciência psicológica dos proletários individuais", e a "consciência psicológica dos proletários em seu conjunto" do "sentido tornado consciente da situação histórica da classe" (Frederico, 1979a:27).

Mais além do caráter estrutural e homogêneo dessa definição de consciência de classe, coloca-se a questão de quais os sujeitos "portadores" desta consciência projetada. Para Celso Frederico são os operários avançados que encarnam essa consciência (1979b:171). Ora, o pesquisador observa que "há maior vivência dos problemas da classe entre os operários qualificados. É esta experiência profissional o que faz dos operários qualificados o setor mais avançado e reivindicativo do grupo estudado" (1979a:48). Desde logo, as operárias não serão portadoras dessa consciência de classe cujo desenvolvimento está ligado à situação dentro da fábrica, como o próprio pesquisador reconhece. A consciência de classe dos operários qualificados vem da noção da importância do trabalho que eles fazem, de uma relativa estabilidade – se comparada à instabilidade das(os) ajudantes, do maior poder de barganha que corresponde a essa situação de relativa importância no processo de trabalho. O pesquisador observa, quanto às(aos) ajudantes, que o caráter substituível das tarefas que realizam acentua o *turn-over* e diminui seu poder de barganha. Logo, essa situação deverá repercutir também na sua prática cotidiana.

A conclusão dessa análise será a de que só os operários qualificados possuem consciência de classe e que todos os outros grupos no interior da classe são inconscientes? Como se processará a homogeneização entre inconscientes e conscientes? A única resposta viável seria a de um processo de conscientização que se desse independentemente das situações de heterogeneidade que vive a classe. Em última instância, chegaremos à negação do viver da classe, o que é contraditório com o raciocínio que remete à possibilidade de desenvolvimento da consciência, justamente a situação dos operários qualificados.

Existe uma situação de heterogeneidade nas modalidades de operários e operárias viverem as relações de produção. Isso se traduz em formas de consciência e combatividade distintas. Se ficarmos com o modelo de consciência de classe dos operários qualificados, as operárias serão irremediavelmente relegadas à categoria de inconscientes, ou de portadoras da "falsa consciência", a menos que se questione a divisão sexual do trabalho na fábrica e na sociedade.

O mais grave é que, ao se deixar de lado a heterogeneidade das experiências de classe provocadas pela divisão sexual do trabalho, aplica-se às práticas das operárias um modelo de explicação "natural". As operárias são vistas como naturalmente desunidas, porque são por natureza – isto é, porque são mulheres – transitórias na fábrica. Por isso, dificultam a "coesão do grupo", impedindo que as diversas reivindicações se expressem de forma coletiva. Constituem, enfim, um "peso morto" que enfraquece o conjunto da classe (Frederico, 1979a:57-9).

O argumento da transitoriedade oculta a questão da situação concreta das operárias: a instabilidade, o não reconhecimento do seu trabalho, a ausência de perspectiva profissional, elementos fundamentais para compreender a fragmentação do universo das operárias. Mesmo entre os ajudantes, a situação é diferente, na medida em que aos operários é acenada a possibilidade da qualificação, o que concretamente não existe para as operárias da fábrica estudada nem para a maioria das operárias.

Por outro lado, esse mesmo argumento faz emergir a necessidade de articular as relações de trabalho com as relações sociais para se analisar o trabalho feminino. Efetivamente, para as mulheres, o trabalho na fábrica se sobrepõe ao trabalho doméstico, o trabalho reprodutivo, o que repercute nas suas práticas sociais. Na medida em que se utiliza como instrumento de análise um conceito de consciência como *dever ser* da classe, evidentemente as diferenças nas práticas dos grupos no interior da classe operária, e do grupo feminino em particular, aparecem como perversões e negações. Reforça-se a ideia da homogeneidade ideal da classe e de sua consciência.

Se analisarmos os dados da pesquisa de Celso Frederico num enfoque que dê conta da articulação das relações sociais, as práticas das operárias tomam um outro sentido. Assim, o fato de que o casamento lhes apareça como única saída para fugir à fábrica é também uma estratégia de recusa, individual, mas única, dada a divisão sexual do trabalho.

A própria oposição entre estratégia de resistência individual e coletiva é questionável. Analisando os fenômenos como o absenteísmo, o uso de tranquilizantes e o alcoolismo entre a classe operária francesa, observa Kergoat (1978:44) que essas práticas "vividas como individuais pelos próprios atores, podem, no entanto, ser analisadas como fenômeno coletivo, uma vez que são exercidas massivamente". O casamento é para o grupo de mulheres operárias um recurso de resistência a uma situação de trabalho onde nem mesmo a perspectiva de melhoria se coloca, e em que perdura cotidianamente a dificuldade em combinar duas jornadas de trabalho.

O discurso das operárias também questiona a explicação da docilidade natural. À disciplina da fábrica soma-se, no caso das operárias, a violência sexual das chefias. Toda chefia sempre pode ser autoritária – é este o seu papel – inclusive nos casos de chefia feminina. Mas o fato de que exista uma relação de chefia entre um homem e uma mulher implica ainda mais uma subordinação de sexo. Aqui estão alguns exemplos:

Raimundo: "As mulheres são pacíficas, não sei se é a fragilidade. Se um chefe levanta a voz com elas, elas se põem a chorar".

Olga: "As mulheres têm medo. Na hora de falar com o engenheiro, que é meio estúpido, elas choram." (Frederico, 1979:59).

Mas às vezes o discurso sociológico generaliza além das explicações naturais. Afirma-se que "as operárias sempre aparecem como um grupo à parte, desinteressado e ausente dos problemas da classe" (Frederico, 1979a:58). No entanto, no decorrer da análise, entre os depoimentos e descrições, constata-se que:
– no ano anterior à pesquisa, a firma só dera aumento para os homens e que cinco mulheres reclamaram, chegando a ir ao sindicato. As que reclamaram receberam aumento;
– as operárias participaram das operações-tartaruga e das greves organizadas no período pesquisado.

Ao que tudo indica, as formas e motivos que desencadeiam a combatividade de operários e operárias são distintos. Sua força no interior da fábrica sendo desigual, os resultados que obtêm são também assimétricos. O discurso sociológico, ao tentar impor um modelo de combatividade ou de solidariedade de classe, chega a negar as formas de combatividade dos grupos e, em particular, das operárias, talvez porque essa combatividade não se traduza em liderança visível, mais além do grupo.

Há no mesmo trabalho um outro exemplo de generalização. Quando perguntadas se os trabalhadores da F. eram unidos, a maioria respondeu afirmativamente. A surpresa causada por essa resposta desaparece quando se observa o seu conteúdo: o distanciamento entre a mulher operária e as reivindicações profissionais faz com que elas identifiquem a solidariedade de classe como "camaradagem, amizade, bom relacionamento humano etc." (Frederico, 1979a:58).

Segundo essa análise, aquela solidariedade que se constitui não em torno dos interesses históricos da classe, mas a partir da prática cotidiana, não é solidariedade de classe. No entanto, são essas as formas pelas quais se dá a participação das operárias nas greves e movimentos de resistência. As greves aparecem mesmo como momentos privilegiados em que ocorre uma solidariedade de classe, mais além da própria divisão sexual que se reproduz na fábrica. É o momento em que as operárias deixam de se sentir periféricas (Rodrigues, 1978:68), quando o sindicato vem à fábrica e elas são ouvidas.

A experiência das greves, as resistências individuais coletivizadas nas operações-tartaruga – as formas de uma estratégia da recusa (Maroni, 1982:63), são referências constantes no discurso e na prática das operárias, o que mostra que existem formas de participação capazes de romper a divisão operários/mulheres operárias. A questão que se coloca para as estratégias sindicais é como integrar e trabalhar essas modalidades distintas das práticas da classe. A questão que se propõe para o discurso sociológico é tentar analisar essas práticas sem rejeitá-las como desviadas, em nome de conceitos tradicionais.

II

Uma advertência antes de iniciar esta parte: não trata de *operários*, mas de *operárias*. Com a intenção de tornar a mulher visível tanto no movimento operário como na literatura sociológica, o pronome feminino será utilizado a não ser que seja impossível. Isso pode levar seus leitores a se sentirem desconfortáveis, com alguma razão, em vista do baixo nível de participação das mulheres no movimento operário em comparação com o crescente número de mulheres empregadas na indústria,[5] e com a escassez de material publicado que trate especificamente da mulher operária.

Apesar de uma crescente participação feminina na indústria paulista e no movimento sindical (ver os dados que seguem), os depoimentos das operárias mostram que elas ainda têm que conquistar "seu espaço" na estrutura sindical (ver também Humphrey, 1983). Existe uma androcentricidade tanto no movimento operário no Brasil como também na produção sociológica sobre o assunto – androcêntrica no sentido de focalizar só homens. Logo ao começarmos este trabalho, imediatamente percebemos a falta de material publicado que trate especificamente de *operárias,* e suas próprias descrições sobre suas situações de trabalho. Também essa androcentricidade se manifesta na falta de dados quantitativos desagregados por sexo, o que torna difícil descrever adequadamente a situação política e econômica das mulheres.

Um novo modo de pensar

Para contribuir na tarefa de criar "um novo modo de pensar sociologicamente sobre o operariado brasileiro" (Paoli, 1983), analisamos aqui "a forma histórica dos modos de existência política" *das operárias.* Buscamos soluções para a velha pergunta: qual é o papel da ideologia no exercício da dominação, através das condições e trajetórias das próprias vidas *das dominadas.*

Retomemos aqui o pensamento de Thompson (1963:9-10):

> Por classe, entendo um fenômeno *histórico* [ênfase minha]. Não vejo a classe como uma estrutura, nem como uma categoria, mais como algo que de fato acontece nas relações humanas. Mais do que isso, a noção de classe contém a noção de *relação histórica* [...] *Essa relação vem sempre corporificada em pessoas reais e num contexto concreto* [...] [ênfase minha] E a classe acontece quando alguns homens [sic], como resultado de experiências comuns (herdadas e compartilhadas) sentem e formulam interesses comuns entre si e em oposição a outros homens [sic] cujos interesses são distintos (e frequentemente contraditórios). A *experiência* de classe é em grande parte *determinada pelas relações de produção dentro das quais os homens* [sic] *nascem – ou que estabelecem involuntariamente.*
> A *consciência* de classe é a forma pela qual essas *experiências são traduzidas em termos culturais,* corporificadas em tradições, sistemas de valores, ideias e instituições [...] Pode-se observar uma lógica nas respostas de grupos com ocupações semelhantes experimentando experiências similares, mas não se pode ditar nenhuma lei.

Felizmente, Thompson atualizou sua definição de classe incluindo as mulheres (1979:38-39):

> As classes acontecem ao *viverem os homens e as mulheres* as relações de produção e ao experimentarem situações determinantes dentro do conjunto das relações sociais, com uma cultura e com expectativas herdadas, e ao modelarem essas experiências em formas culturais. Assim, como resultado, nenhum modelo pode indicar o que deve ser a verdadeira formação de classe em uma determinada etapa do processo. Nenhuma formação de classe propriamente dita na história é mais verdadeira ou mais real do que outra e *a classe se define a si própria em seu efetivo acontecer.*[6]

Aplicar adequadamente a metodologia de análise das relações de classe significa pois: 1) descrever o contexto cultural e histórico em que se dá a luta de classes e 2) descrever as relações de produção que determinam a experiência de classes daqueles que fazem parte dessa classe. Com a intenção de preencher esses requisitos para a análise, destacamos alguns dados sobre a situação das mulheres na indústria paulista e alguns dados recentes sobre sindicalização.

Formular estratégias de lutas operárias significa hoje, para alguns setores de trabalhadores industriais, como os da indústria têxtil, química e farmacêutica,[7] mobilizar um grande número de mulheres. As mulheres penetraram no que tradicionalmente tem sido considerado o mundo masculino da fábrica em outras categorias também. Em 1970, representavam cerca de 20% da População Economicamente Ativa (PEA) (Saffioti, 1981:26). Os censos demográficos de 1970 e 1980 revelaram que a participação das mulheres na indústria, no Brasil, cresceu 181% durante a última década (Humphrey, 1983:47). Como revela a tabela 1, houve um crescimento de quase 200% no setor metalúrgico, que conta, em números absolutos, com mais de 125 mil mulheres.

As mulheres estão hoje menos concentradas nas funções de escritório e mais nas funções de produção. Um estudo feito pelo SENAI, no final dos anos 1970, no município de São Paulo, mostrou que a mulher detinha 30% dos empregos não administrativos na indústria e que 70% das mulheres empregadas na indústria faziam trabalho braçal, semiqualificado ou qualificado, nas áreas de produção e manutenção (Humphrey, 1983:47).

TABELA 1
Brasil, 1970-1976: crescimento do emprego feminino em alguns setores da indústria (números absolutos e porcentagens)

Setor	Crescimento absoluto	Crescimento (%)
Têxtil	33.000	19,9
Alimentos	52.000	71,9
Químico/farmacêutico	19.000	62,9
Metalúrgico*	125.000	199,4

* Inclui também os setores mecânico, elétrico e materiais de transporte.
Fonte: Dados de Gitahy *et al.* (1982:107-8)

As estatísticas sobre salário indicam que essa mudança da concentração feminina na indústria e na prestação de serviços piora a situação econômica da mão de obra feminina. Em média, mulheres estão recebendo em torno de 60% do salário recebido por homens[8].

Ao mesmo tempo em que as mulheres estão entrando cada vez mais nas categorias não tradicionalmente femininas, estão também entrando no movimento sindical. Como mostra a tabela 2, o mais alto índice de crescimento de sindicalização entre 1978 e 1979 no Estado de São Paulo se verifica entre *as operárias metalúrgicas*.

TABELA 2
Crescimento de sindicalização entre 1978 e 1979 e taxa anual de crescimento da força de trabalho entre 1976 e 1979 no Estado de São Paulo para alguns setores de atividades, discriminados por sexo

	Crescimento (%)		
	Homens	Mulheres	Total
Sindicalização:			
Urbana	6,2	9,6	6,9
Indústria têxtil	5,3	4,9	5,2
Indústria metalúrgica	7,1	12,8	7,7
Força de trabalho:			
Indústria metalúrgica	–	5,9	3,9
Indústria total	3,4	5,8	3,8

Fonte: Souza-Lobo et al. (1983:5).

Observações feitas no sindicato dos químicos e farmacêuticos de São Paulo em 1983 indicam que a participação das mulheres corresponde à porcentagem feminina da categoria. Elas são 25% dessas categorias e, na diretoria do sindicato, seis dos 24 diretores são mulheres. Nas assembleias recentes também se observa que 20% dos participantes são mulheres.

Como argumentaremos aqui, é necessário examinar as circunstâncias específicas das vidas das mulheres para compreendermos as razões da sua presença ou ausência nas assembleias ou greves sindicais. Isso nos leva à segunda diferença radical entre a perspectiva apresentada neste trabalho e aquela apresentada numa quantidade substancial do discurso sociológico sobre o movimento operário e sindical. O material básico, na forma de depoimentos de *operárias,* será enfatizado, tendo em mente a ideia fundamental que Domitila expressa tão bem em *Se me deixam falar.* Os(as) sociólogos(as) precisam não só falar como ouvir operários e operárias.

A análise dos depoimentos revela quatro obstáculos principais para a participação de mulheres no movimento sindical:
1. A dupla jornada;
2. A desvalorização social das funções exercidas pelas mulheres dentro da fábrica;
3. A opinião de que os homens e não as mulheres são os principais atores sociopolíticos;
4. A exigência de que as mulheres procriem e criem filhos.

A dupla jornada

O primeiro e mais óbvio obstáculo a ser superado pelas operárias é a dupla jornada ou a "dupla situação opressora", usando o termo empregado por J. Martins Rodrigues (1979:137). O fato de a mulher fazer o trabalho com baixa remuneração e ter responsabilidades não remuneradas já foi amplamente documentado, mas o que põe a mulher na posição de explorada? Há uma *ideologia* sobre o lugar da mulher na família que não só força a mulher a aceitar certos empregos que a permitem carregar seu duplo fardo, mas também perpetua a situação. Como diz Stolcke (1980:4), "a condição feminina é determinada, fundamentalmente, pelo papel específico que o casamento e a família desempenham na reprodução da desigualdade social". Essa é a descrição de Marlene, 18 anos, da dupla jornada da mulher:

> É uma barra resolver o problema da dupla jornada, porque *tem de mexer com a cabeça dos homens,* ele teria de entender que tanto um como o outro tem de participar [...] *tem de entender que o filho não é só da mulher.* Tem de fazer um trabalho com os homens pra eles entenderem isso [ênfases minhas] (Santa Cruz Leite, 1982:110-1).

Existe aqui, por parte da operária, o reconhecimento da ideologia embutida na divisão sexual do trabalho. Essa ideologia sustenta que o cuidado das crianças é trabalho de mulher, mesmo daquelas que abandonam seu lugar tradicional na casa pelo trabalho na fábrica. Disso resulta para as operárias um ciclo de trabalho praticamente contínuo.

Em seguida, examinamos a descrição do dia de trabalho de Cícera. Começa às 4 ou 5 horas da manhã. Faz o café, limpa o banheiro, põe o feijão para cozinhar, faz um bife para o almoço e sai às 5h45, de bicicleta, para o trabalho. Às 10 horas, volta para casa, durante sua meia hora de almoço, para dar de comer às três crianças. "Às vezes saio de casa para voltar de novo à fábrica, fumando um cigarro, às vezes a comida ainda está no pé da garganta e chego em cima da hora, apavorada" (Prado, 1981:110). Volta para casa às 14 horas, lava o arroz, prepara o jantar, lava, passa, depois assiste um pouco de TV e vai dormir. "Quando vou dormir já estou estourada, estou com as pernas [...] parece que minhas pernas [...] fico sem perna. Agora, para que isso?" (Prado, 1981: 111). Apesar disso, Cícera gosta de trabalhar na fábrica porque pode esquecer todos os problemas de casa. "Eu adoro trabalhar, mesmo domingo. Poxa, chego lá, fico lá sozinha, vou ao banheiro, fumo um cigarro, tomo ar livre e a máquina lá trabalhando" (Prado, 1981:114-5).

A desvalorização social do trabalho operário feito pela mulher

Enquanto a fábrica é o refugio de algumas, a maioria das operárias preferiria aliviar sua carga de trabalho e serem apenas "donas de casa". "Só teria que cuidar da casa e das crianças e não ir pra fábrica" (J. Martins Rodrigues 1979:137). Sonham com uma vida melhor para seus filhos, mas não veem outro modo de conseguir isto a não ser continuando a se matar de trabalho.

> Minha profissão não é lá dessas coisas... eu *não tenho possibilidade de exercer uma profissão melhor,* mas queria que ela tivesse... se faço isso, é porque meus pais não puderam me dar melhor, mas eu podendo quero dar pros meus filhos, o que não tive. *Não quero que sejam operários...* quero que tenham uma profissão de futuro... *não quero que levem a vida que levo* [ênfases minhas] (J. Martins Rodrigues 1979:123).

Não há vontade alguma em melhorarem sua profissão. Sentem-se desvalorizadas, e só veem como um modo de melhorarem a vida abandonando-a (ver também Saffioti, 1978).

Mulheres entrevistadas por A. Martins Rodrigues (1978) desvalorizam-se até mesmo como entrevistadas.

> Vou chamar meu marido, ele sabe falar... Precisa falar? É duro viu, não é fácil... deixa eu chamar meu marido ... ele fala melhor, sabe? (p. 64)

Da mesma maneira, como boa parte do operariado é composta por nordestinos e nordestinas, sentimentos de inferioridade social transparecem em comentários como:

> Eu quero ouvir a fita da entrevista, pra mim ver o que eu falei de errado aí. Eu falo errado, eu sou mineira lá do Nordeste, eu falo tudo errado. (A. Martins Rodrigues 1978:45)

Se esses operários e operárias já se sentem tímidos diante de entrevistadores, muito mais difícil lhes será falar numa assembleia de sindicato ou numa reunião de fábrica.

Os homens como principais atores sociais e políticos

Um terceiro grande obstáculo para as mulheres se tornarem ativas no sindicato é a tradicional visão da liderança, particularmente na área de política, como uma esfera de atividade masculina. Isabel, da diretoria dos químicos comenta:

> É a própria sociedade que põe o homem mais valente que nós. Dá a chance dele ser mais valente, ele tem esse caminho. Para a mulher o próprio fato de participar já é uma vitória, uma conquista (Carvalho, 1983:43).

Cícera (Prado, 1981) vê liderança política como algo estritamente masculino, mas expressa opiniões contraditórias quanto à participação das mulheres em trabalho fora de casa:

> Acho que homem sabe dirigir melhor a política, sei lá por quê, acho que o homem é melhor do que a mulher. Sabe, confio em negócio de homem médico, por exemplo, gosto mais de consultar um homem do que uma doutora. Acho mais bacana o homem dirigir. *Em mim confio num ponto, noutro não*. Se ficar nervosa faço besteira, mas não queria ser homem não, queria nascer mulher. Porque sou mulher, mas *faço as duas coisas, faço o serviço que o homem faz. Trabalho fora, tomo conta da casa, faço compra, toda responsabilidade sou eu*, o dinheiro que nós temos aqui em casa é o meu, sem precisar de homem (Prado 1981:78).

Podemos observar que Cícera valoriza a independência econômica que conseguiu, mas não sente que esta lhe tenha proporcionado independência política.

Na hierarquia da fábrica, os homens também são vistos como os chefes apropriados. J. Martins Rodrigues (1979:111) reproduz esses comentários feitos por operárias.

> *Contramestre é serviço de homem. Não pega bem pra mulher*
> *Homem pensa mais do que mulher.*
> *Mulher mandando só dá fofoca.*

De vez em quando a entrevistadora manifesta a mesma atitude, como vemos na pergunta feita por Pereira (1979:74): "De que maneira se manifesta o poder *dos homens?*".

Em segundo lugar, as operárias se sentem estrangeiras ao sindicato – "fora do lugar". Uma citação de uma operária mencionada por Santa Cruz Leite apóia a afirmação de Humphrey (1983) sobre a masculinidade da estrutura sindical e a alienação que as mulheres nela vivenciam:

> Bom, eu tive dificuldades pelo fato de ser mulher. A primeira foi quando eu trabalhei como dirigente sindical e *parece que não era uma experiência muito* acostumada entre as mulheres. *Ser mulher, fazer parte de uma diretoria* e tal. Eu me lembro que quando eu ia nas reuniões de diretoria muita coisa se falava, mas *quando eu ia abrir a boca os diretores diziam* (eram *22 pessoas*, né, incluindo eu, *no caso 21 homens): deixa pra lá*. A impressão *que eu tinha é que eu fui* pega pra entrar na diretoria, não pelo valor, assim, *que eu tinha no sentido de fazer um trabalho, mas pra conseguir votos* para as eleições ... Bem, isso foi uma das principais dificuldades. Ser usada para conseguir votos e, outra, *nas reuniões não conseguir ter uma participação* (Santa Cruz Leite, 1982:134).

Observamos aqui uma situação em que uma operária conseguiu vencer os muitos obstáculos à sua participação integral no movimento operário, mas que, ao falar diante de um grupo de dirigentes, é silenciada.

A exigência de que as mulheres procriem e criem filhos

A dificuldade fundamental em trazer mulheres para o sindicato é que os problemas das mulheres trabalhadoras não são adequados a nenhum sindicato. O que prende as mulheres são normas que estão nas raízes das práticas sociais. Como a autobiografia de Cícera (1981) – uma operária têxtil do Nordeste – ilustra tão dramática e vivamente, operárias precisam enfrentar todo um pântano de tabus culturais e as instituições sociais que os sustentam, a fim de lidarem com as dificuldades que possam surgir do fato de passarem um tempo considerável fora de casa.

Cícera procurou a ajuda de seu sindicato para um aborto médico (não clandestino) para sua filha de 13 anos, violentada pelo padrasto da menina, marido de Cícera há sete anos. Em primeiro lugar, sua filha esperou dois meses antes de admitir para a mãe a possibilidade de estar grávida, por causa de sua própria aceitação da atribuição cultural de culpa à mulher e não ao homem. Quando Cícera descobriu a verdade sobre como sua filha tinha engravidado, foi à sua amiga e colega de trabalho na fábrica para explicar a situação e pedir se sua filha poderia ficar na sua casa. São estas as próprias palavras de Cícera descrevendo sua frustração:

> Seis dias não estou dormindo não, estou acordada, mas sem saber o que faço. Não sei se mato, nem sei se mando embora, nem sei se dou parte dele. [Após contar à amiga] fui caminhando para minhas máquinas e ela (outra operária) foi para as dela. Ah, minha filha, para quê! Quando me escorei assim na caixa de cadarços, *parece que aquele negócio...* cresceu dentro de mim. Bem, fiquei dum jeito que, de uma Ciça, foram cinco que saíram de dentro de mim, fiquei do tamanho de cinco Ciças. *As máquinas lá fazem um barulhão que não tem quem aguente. Mas gritei mais alto que as máquinas,* era um grito em que dizia "aiiiiii, meu Deus, aiiiiii!" – gritando mais alto, mais alto. Veio meu subchefe, me levou lá para o escritório do chefe, o seu Antônio. "O que é que você tem? Está passando mal? Foi teu filho que fez alguma coisa?" (Prado, 1981:24).

Muitas de suas colegas aconselharam um aborto clandestino, e até lhe deram dinheiro para tal. Na sua seção, de 30 operárias, 19 eram a favor do aborto, "além do caso de estupro", muitas já haviam feito (uma delas cinco vezes), "porque estão sozinhas e não podem criar filhos" (Prado, 1981:34).

Após mais dois meses de recusas por parte dos médicos para fazerem o aborto, acompanhado de apelos da imprensa e até da mãe de Cícera para deixarem o homem "fazer a coisa honesta e casar com a pobre menina", a menina decidiu ter a criança. Do documento final preparado pelos advogados trabalhistas de Cícera, publicado em *O Globo,* (RJ, 8/8/1980), segue a citação:

> Chegamos à conclusão, enfocando o problema sob ângulo da Vitimologia, que, no Brasil, quando alguém engravidar em consequência de estupro e quiser resolver o problema por caminhos legais, estará incluído numa nova figura, dentro do fenômeno vitimológico: O TRIÂNGULO VITIMAL — ou seja, o estuprador condenado que vai ser vítima do sistema prisional, a mulher, vítima legal do estrupo, e a criança que vai ser vítima da miséria.

Nesse caso, incluindo Cícera e também sua filha, podemos até dizer que havia quatro vítimas, pois esta operária precisaria dividir seus ganhos insuficientes com dois dependentes em vez de apenas com uma – sua filha.

Se a reação do marido de Cícera frente à esposa que trabalhava na fábrica se encontra num extremo, a reação do marido de outra operária foi extrema de um outro modo. Ela descreve a situação assim:

> Daí fui arrumar serviço na Duchen e arrumei. Era pra mim voltar na segunda-feira para trabalhar, *ele não deixou,* quebrou o pau comigo, minha filha, queria até me matar, *uma briga danada, minha família entrou no meio,* aquela confusão toda, ele queria jogar o menino no poço, ele foi preso. Ele disse: *você não vai trabalhar. Eu morro de fome, mas você não vai trabalhar* (J. Martins Rodrigues 1979:69).

Mais uma vez aparece a ideia de que a operária está "fora do lugar". Torna-se trabalhadora assalariada forçada pela necessidade, mas não definitivamente. Se quiser trabalhar fora de casa encontra, às vezes, fortes resistências de parte do marido ou da família.

Stolcke (1980:39) explica da seguinte maneira:

> Sua incorporação na produção é resultado de necessidades familiares, determinadas pelos níveis reais dos salários, e pela situação do mercado de trabalho. Mas a responsabilidade primária das mulheres operárias continua a ser o nascimento e a criação dos filhos. Sua participação no trabalho assalariado é vista como subsidiária à dos homens, eles, sim, os trabalhadores principais.

As mulheres recebem menos e "são geralmente designadas para os trabalhos menos valorizados" (Stolcke 1980:39).

É aqui que encontramos o ponto de conexão entre o movimento feminista e as lutas das operárias. Quando entram no mundo do trabalho, as operárias se defrontam com um novo contexto social em que necessitam exigir seus direitos num mundo masculino: a fábrica, o sindicato.

Duas autoras tratam especificamente do debate quanto às coincidências ou contradições em potencial, inerentes aos movimentos feminista e operário: Santa Cruz Leite e J. Martins Rodrigues. Elas tomam lados opostos na questão – Santa Cruz Leite defende uma combinação dos dois movimentos, e J. Martins Rodrigues rejeita. Independentemente de sua posição ideológica, o que foi demonstrado com o material de pesquisa de J. Martins Rodrigues é a grande necessidade de integrar as preocupações feministas num movimento sindical, que vá ao encontro das necessidades das mulheres da classe trabalhadora, *expressas pelas próprias operárias brasileiras*. Apesar do feminismo ser frequentemente considerado um movimento das mulheres burguesas, devido à sua forma em outros países, particularmente nos Estados Unidos e na França, achamos que o material apresentado aqui demonstra que, a não ser que a tradicional divisão sexual do trabalho e exigências tradicionais em relação à conduta da mulher em lugares públicos (como assembleias sindicais) sejam contestadas, as operárias não poderão exercer seus plenos direitos no movimento sindical. Isso não é uma ideia nova.

Encontramos palavras como patriarcado, dominação/subordinação, humanismo idealista (J. Martins Rodrigues, 1979:39), mencionadas na literatura sociológica examinada aqui, apesar de estes conceitos poderem ser criticados. O que é novo é o uso de depoimentos das próprias operárias para demonstrar suas opiniões sobre as circunstâncias históricas específicas que as reprimem. Portanto, a recomendação de se desenvolver uma prática política feminista no movimento sindical no Brasil é feita baseada nas descrições da realidade da classe trabalhadora brasileira e das vontades expressas pelas próprias operárias, e não por teóricos ou acadêmicos de algum país qualquer.

Mulheres "fora do lugar" ultrapassando as barreiras

Independentemente de se considerarem feministas ou não, as líderes sindicais estão incorporando a suas práticas uma consciência das operárias como um grupo social com reivindicações específicas. As múltiplas barreiras à sua participação integral estão sendo ultrapassadas através da firme determinação de participar no movimento sindical, como pode se observar nos seguintes depoimentos:

Eu acho que a gente tem mais é que participar, ir em reuniões, tudo que pintar mesmo. A gente ganhando estas eleições, *nós vamos tentar mobilizar as mulheres,* para elas se conscientizarem que a mulher precisa participar mesmo, precisa saber o que está nos atingindo, em relação ao trabalho, ao corpo, a tudo. *A partir de que nós tomemos este sindicato, essas seis mulheres* [da diretoria] *vão trabalhar em cima disso, com muita força de vontade.* (Carvalho, 1983:43)

Eu acho que o nosso maior trabalho deve ser organizar as mulheres na fábrica, que é mais difícil que organizar os homens. *A mulher, quando pega uma luta, ela vai em frente, ela pega*

pra valer, com unhas e dentes, mas é difícil ela pegar. (Carvalho, 1983:43)
Há também, por parte dos sindicalistas, o reconhecimento de que as operárias têm o direito de estarem ali:
Nós somos uma esquerda machista [...] O que existe para as mulheres foi conseguido [...] pelo fato que ela abriu o espaço.

O movimento sindical está atualmente atravessando um período de transição difícil (como se verá na entrevista sobre a greve de 21 de julho de 1983) e as líderes sindicais que estão participando desse processo avaliam o momento conscientes da necessidade de integrar as operárias:

Passei pela praça da Sé e chegando lá tinha outro esquema de segurança *rigorosa...* todos policiais a cavalo, polícia com cachorro, polícia com caminhão, caminhão *cheio* de policiais *todo* armado, não podia ficar duas pessoas, assim, parada na praça ... E eu parei assim e fiquei analisando as coisas bem friamente; falei: Não está *certo,* isso ... Fui para a assembleia, mas *revoltada* com a situação. Eu falei: Poxa vida! A gente está conseguindo se levantar agora, né, e ver essa repressão tudo assim, *em cima,* né?
Para e cai novamente! ... Aquilo, assim, do modo geral, acho que choca a gente! Você vê; *onde está liberdade? Não tem!*
Minhas recomendações? Digo o seguinte. O que você tem que mudar *realmente* é que o *próprio trabalhador vem a participar e assumir a luta.* Essa que é a verdade ... *Não adianta as altas cúpulas sindicalistas* ou confederações ou não sei mais o quê *declararem a greve se o próprio trabalhador não está assumindo ela. Ele não participou no processo...* Só vai sair aquela greve vitoriosa o dia que o próprio trabalhador na fábrica, ele assumir a greve, ir para frente, ele mesmo, assumir e fazer, né? Greve, feita, minha filha, só por alta cúpula declarando greve, não sai... *Da alta cúpula, o que não tinha mesmo era operárias. Quando eu fiz greve na minha empresa, quem estava no comando mesmo da greve, era operária,* peão da fábrica, *tanto mulher como homem.*

A despeito de um sentimento de revolta contra a repressão e a despeito da crítica ao fato de que não existam operárias entre as lideranças, observa-se um forte desejo de persistir na luta e nenhuma dúvida de que as mulheres são capazes de fazer sua parte.

Observações finais

Desse trabalho pelo avesso, tiramos algumas conclusões, ainda provisórias e precárias, no sentido de uma reorientação da nossa metodologia e dos conceitos que utilizamos no discurso sociológico.

1 – A falsa neutralidade dos conceitos mascara a masculinização da classe operária no discurso sociológico, torna as operárias invisíveis ou desviantes. Por não se fazer uma análise da situação das operárias em sua dupla relação – de classe e de sexo –, as explicações sobre as práticas das operárias são relegadas aos estereótipos sobre a natureza feminina.

2 – Nos estudos sobre a classe operária, a assimetria entre as práticas de operários e operárias não é problematizada, mas hierarquizada. Esse procedimento reproduz a incapacidade do discurso sociológico de pensar a heterogeneidade da classe operária.

3 – As explicações clássicas sobre a emergência da consciência de classe podem ser contestadas baseando-se no material exposto. A motivação para ganhar um salário mais elevado leva a práticas individuais ou coletivas: as mulheres preferem ser donas de casa, assim como os homens sonham em trabalhar por conta própria e trabalham para que seus filhos recebam uma educação melhor e obtenham um bom emprego, em vez de "sair para a luta" e tentar mudar a política salarial.

4 – Os argumentos segundo os quais as mulheres participam menos porque são apenas transitoriamente operárias são discutíveis. Argumentaríamos com a análise de Stolcke (1980), segundo a qual é através do controle exercido sobre a capacidade de procriação da mulher, ou seja, de sua sexualidade, que constrói a subordinação da mulher, e esta é uma relação determinante que se articula com todas as outras relações sociais que envolvem as mulheres.

5 – Os motivos para a ausência das operárias no movimento operário e sindical estão nas suas casas e na sede dos sindicatos e nas cabeças de operários e operárias. Isso não significa dizer que as circunstâncias materiais sob as quais vivem as trabalhadoras não tenham nada a ver com sua disposição ou relutância em participar da luta sindical. Como uma operária já disse: "Isso fica mexendo com minha cabeça, mas eu só consigo pensar com meu estômago".

6 – Baseadas nesse trabalho, gostaríamos de apontar a importância da articulação entre luta feminista e luta de classes, na medida em

que a posição da operária no movimento operário e sindical está relacionada com a sua situação na sociedade como um todo.

Notas

[1] As direções do Sindicato dos Metalúrgicos de São Bernardo e Diadema, eleitas nos anos 1970, não contavam com nenhuma mulher. Ver sobre isso, Rainho e Bargas (1983).

[2] As pesquisas sobre a indústria automobilística frequentemente tratam de empresas onde não há operárias na produção. A pesquisa, pioneira, de Leôncio Martins Rodrigues (1970) não inclui operárias na amostra.

[3] Na sua pesquisa rica e detalhada, Vera Pereira (1979) não especificou o número de operárias na fábrica e o número de operárias entrevistadas. Utiliza, no entanto, entrevistas com operárias, citadas e identificáveis.

[4] A fábrica pesquisada por Celso Frederico (1979a) pertence ao ramo mecânico. A proporção de operárias neste ramo, segundo dados do Dieese para São Bernardo e Diadema é de uma operária para cada sete operários. Não dispomos de dados para Santo André, onde se situa a fábrica estudada, mas provavelmente as proporções devem se repetir.

[5] Crescimento do Emprego Feminino

Por Setor de Atividade: Estado de São Paulo, 1970-1980

Setor	Crescimento absoluto	Distribuição de crescimento (%)
Atividades industriais	475.000	30
Comércio	197.000	13
Prestação de serviços	389.000	25
Atividades sociais	280.000	18
Todas outras atividades	233.000	15
Total	1.574.000	100

Fonte: Censos demográficos, 1970 e 1980.

[6] Essa ideia sobre a natureza da experiência e a impossibilidade de captá-la através do empiricismo foi desenvolvida de forma mais sugestiva pelo poeta: Caminhante, não há caminhos. O caminho se faz ao andar.

[7] Dados para a indústria química e farmacêutica em 1982 mostram que 25% desta categoria são mulheres e dados apresentados por Saffioti (1981:27) sobre a indústria têxtil indicam que em 1970, 58% dos trabalhadores têxteis e 50% dos trabalhadores na indústria de vestuário eram mulheres.

[8] *Porcentagem de mulheres em relação ao número de trabalhadores no Estado de São Paulo* por faixa de remuneração*

Faixa de Remuneração	Porcentagem feminina
Até 1/4 S.M.**	60,6
¼ – ½ S.M.	66,0
½ – 1 S.M.	49,7
1 – 2	33,8
2 – 5	19,2
5 – 10	15,6
10 – 20	9,0
20 +	4,4

* Porcentagem de mulheres no total de trabalhadoras, 29,2%.
** Salário mínimo de 1976. (Saffioti, 1978. 417)

Referências bibliográficas

Aguiar, Neuma (1978). *Casa e modo de produção*. Rio de Janeiro, IUPERJ.
Bebb, Yvonne (1983). *Aspects of women's politicalaction in early and other stages of industrialization — Notes for research*, University of Liverpool, (mimeo).
Becalli Salvatti, Bianca (1982). *Women and trade unions in the 1970s: the Italian case*, Universitá di Milano, (mimeo).
Blay, Eva A. (1978). *Trabalho domesticado: a mulher na indústria paulista*. São Paulo, Ática.
Carvalho, Marília (1983). "As mulheres estão de corpo inteiro na luta", in *As mulheres e o trabalho*, Editora de Mulheres, *Em tempo*, São Paulo, Aparte.
Dieese (1978). *Documentos preparatórios para o I Congresso da Mulher Metalúrgica*.
Elson, Diane e Pearson, Ruth (1981). "Nimble fingers make cheap work: an analysis of women's employment in third world export manufacturing", in *Feminist Review*, 7.
Frederico, Celso (1979a). *Consciência operária no Brasil*. São Paulo, Ática.
_____ (1979b), *A vanguarda operária no Brasil*. São Paulo, Símbolo.
Gitahy, L., H. Hirata, E. Lobo, R. Moysés (1982). "Operárias: sindicalização e reivindicações" (1970-80), in *Revista de Cultura e Política*, 8, São Paulo, Cortez.
Guilbert, Madeleine (1966). *Les femmes et l'organisation syndicale avant 1914*. Paris, CNRS.
Hirata, Helena e Humphrey, John (1983). *O emprego industrial feminino e a crise brasileira de 1981*. (mimeo).
Humphrey, John (1983). "Sindicato, um mundo masculino". *Novos Estudos CEBRAP*, n° 1, abril.
Kergoat, Danièle (1978a). *Les pratiques revendicatives ouvrières*. Paris, CNRS, (mimeo).

_____ (1978b). "Ouvriers = Ouvrières?" in *Critique de L'économie Politique*, n° 5, n.s. out.-nov.

_____ (1982a). *Les ouvrières*. Paris, Le Sycomore.

_____ (1982b). *Plaidoyer pour une sociologie des rapports sociaux*. Paris, CNRS, (mimeo).

Lefort, Claude (1979). *Eléments d'une critique de la bureacratie*. Paris, Gallimard.

Leite, Márcia (1982). "Processo de trabalho e reivindicações sindicais", Campinas, 34ª Reunião Anual da SBPC (Sociedade Brasileira para o Progresso da Ciência).

Lukács, G. (1960). *Histoire et conscience de classe*. Paris, Minuit. Maroni, Amneris (1982). *A estratégia da recusa*. São Paulo, Brasiliense. Martins Rodrigues, Arakcy (1978). *Operário, operária: estudo sobre tecelãs*. São Paulo, Hucitec.

Martins Rodrigues, Leôncio (1970). *Industrialização e atitudes operárias*. São Paulo, Brasiliense.

Moysés, Rosa Lúcia (1982). "Práticas operárias femininas: reflexões sobre o caso das trabalhadoras químicas na cidade de São Paulo", Friburgo, VI Encontro Anual da ANPOCS.

Paoli, M. Célia (1983). *Os trabalhadores urbanos na fala dos outros: tempo, espaço e classe na história operária brasileira*, (mimeo).

Pereira, Vera Maria (1979). *O coração da fábrica*. Rio de Janeiro, Campus.

Prado, Danda (1981), *Cícera, um destino de mulher: autobiografia duma emigrante nordestina, operária têxtil*. São Paulo, Brasiliense.

Rainho, Luís Flávio (1980). *Os peões do grande ABC*. Petrópolis, Vozes.

Rainho, Luís Flávio e Bargas, Oswaldo (1983). *As lutas operárias e sindicais dos metalúrgicos em São Bernardo (1977-1979)*. Rais (1976-1979), *Relação Anual de Informações Sociais*, Brasília, Ministério do Trabalho.

Saffioti, H.I.B. (1978). "O trabalho feminino sob o capitalismo dependente: opressão e discriminação", *in Anais Primeiro Encontro Nacional de Estudos Populacionais*, ABEP, Campos do Jordão.

_____ (1981). *Do artesanal ao industrial: a exploração da mulher*. São Paulo. Hucitec.

Santa Cruz Leite, Rosalina (1982). *A operária metalúrgica: estudo sobre as condições de vida e trabalho de operárias metalúrgicas na cidade de São Paulo*. São Paulo, Semente.

Souza-Lobo, E., Gitahy, L., Moysés, R. (1983). "A 'prática invisível' das operárias em São Bernardo do Campo" (mimeo). Stolcke, Verena (1980), *Por que a mulher?*, (mimeo).

Thompson, E. P. (1963). *The making of the English working class*, Victor Gollancz, ed.

_____ (1979). *Tradición, revuelta y consciência de clase — estudos sobre la crisis de la sociedad preindustrial*. Barcelona, Crítica.

A divisão sexual do trabalho e as ciências sociais (notas de pesquisa)*

Já se repetiu muitas vezes que a problemática da divisão sexual do trabalho questiona categorias e métodos que aprendemos a considerar neutros. E, por outro lado, nessa tentativa de refazer nossos moldes de pensamento, nos deparamos frequentemente com um tipo de resistência institucional das ciências sociais que, ao fixar fronteiras entre teorias gerais e particulares, termina por compartimentar problemáticas que atravessam as relações sociais e, ao serem circunscritas a espaços "específicos", são isoladas e perdem todo alcance e extensão.

A preocupação em confrontar e reconstruir a problemática dos estudos sobre mulher-trabalho-indústria está hoje presente em muitos estudos e pesquisas.[1] Isso tem significado um esforço teórico e metodológico, a revisão de dados e interpretações que tratei de reconstruir, muito parcialmente, nessas notas.

Num primeiro momento, distingo a emergência da problemática da *divisão sexual do trabalho* transformando a questão da *participação da mulher na força de trabalho, na* medida em que foi ficando claro que as categorias (e não só as marxistas), como o próprio capital, são sexualmente cegas[2].

Num segundo momento, tento pensar as questões suscitadas pela problemática da divisão sexual do trabalho articulada àquela das relações de gênero, a partir das suas formas concretas de existência e representação.

---

* Apresentado originalmente no GT "A mulher na força de trabalho" do VIII Encontro Anual da ANPOCS, 1984.

Trabalho feminino e divisão sexual do trabalho

Os estudos sobre o trabalho industrial feminino trazem frequentemente a marca de uma ótica implícita que separa duas esferas: a) O processo de desenvolvimento do capitalismo industrial, b) O comportamento da força de trabalho feminina. Separadas as esferas, trata-se de relacioná-las positiva ou negativamente. No caso brasileiro, a abordagem de Madeira e Singer (1975) estabeleceu um paralelo entre a dinâmica do trabalho feminino e as etapas históricas da evolução da força de trabalho. Dessa análise permaneceram, no entanto, algumas questões apontadas por Neuma Aguiar (1984) com relação às hipóteses de diminuição do trabalho feminino na agricultura e a eliminação das ocupações de tipo artesanal e doméstico. Em ambos os setores, a participação feminina obedece a trajetórias distintas das previstas; ou seja, "a participação feminina na atividade agrícola tende a aumentar com o desenvolvimento das atividades de subsistência: (Aguiar 1984:27) e a produção mercantil e o emprego doméstico continuam importantes, mesmo com o crescimento urbano e a industrialização, o que foi apontado em trabalhos mais recentes de Felícia Madeira (1977).

Um segundo efeito dessa ótica está na raiz da tese da crescente marginalização da mulher por parte do modo de produção capitalista (Saffioti, 1981:14). Apoiada no exame da participação da força de trabalho feminina na indústria durante os anos 1950, 1960 e 1970 e na diminuição da força de trabalho feminina na indústria têxtil, Saffioti generaliza a tendência de queda da participação das mulheres nas atividades manufatureiras e sua concentração no setor de serviços como fenômeno tendencial no Brasil.

Assim, tudo se passava como se o capitalismo brasileiro excluísse de forma homogênea as mulheres do setor industrial a partir do modelo de industrialização vigente nos anos 1950 e 1960, em que a predominância da produção de bens de capitalismo gerava poucos empregos "femininos" e os setores tradicionalmente femininos estagnavam ou reformulavam suas estratégias.

Outras hipóteses surgem posteriormente (Gitahy, 1982; Brisolla e Humphrey, 1984) com estudo da participação feminina na força de trabalho empregada na indústria durante a década de 1970. Verifica-se então um crescimento significativo da ocupação feminina nas indústrias de transformação[3]. No entanto, mais do que discutir erros ou acertos nas previsões, trata-se aqui de repensar a problemática que orientava as questões colocadas. Por um lado, a ideia da "marginalidade do trabalho feminino", e de sua "especificidade", diante de uma *lógica capitalista geral* se assenta, como observa Louise Vandelac (1982:71). Na "eliminação das mulheres como sujeito social e histórico, o que está na raiz é parte integrante do discurso econômico". Assim, o discurso econômico está construído para ser geral, e este é um problema que se coloca sistematicamente para a pesquisa sobre o trabalho feminino: como dar conta das relações invisíveis e como evitar a armadilha da dicotomia entre relações gerais e específicas.

A hipótese da marginalização da força de trabalho feminina na industrialização capitalista coincide com a ideia da marginalização social das mulheres e aparece como corolário das teses mais gerais sobre a *marginalidade* aplicada às populações não integradas e não integráveis às relações capitalistas vigentes e hegemônicas na sociedade brasileira, mas incapazes de desarticular o conjunto dos setores da população.

Outra hipótese trata a força de trabalho feminina como parte do exército industrial de reserva, um grupo mobilizável ou desmobilizável segundo as necessidades da industrialização capitalista. Permanecem aqui também as questões relativas às modalidades e aos setores para os quais as mulheres são mobilizadas ou desmobilizadas, o problema da reprodução da *sexualização das ocupações* e das tarefas[4].

Na verdade, para o tratamento dessas questões revelou-se insuficiente o discurso da economia política ao qual se acrescentavam sufixos femininos (Kergoat, 1984). Trata-se muito mais de reconstruir como se dão as relações das mulheres com o mercado de trabalho, com o capital, com os cargos, salários ou qualificações. Às evidências da *sexualização das ocupações,* da distribuição do trabalho feminino por ramos e setores, conforme apontavam já os economistas neoclássicos, acrescentavam-se novas questões na medida em que a força de trabalho feminina no Brasil sofria modificações quantitativas – com o crescimento do emprego feminino industrial – e qualitativas – com a expansão do emprego feminino para novos setores da indústria. Como observa Humphrey (1984:4), em São Paulo, em 1976, 30% de todo o emprego feminino nas indústrias de transformação localizavam-se em quatro setores metalúrgicos, enquanto 39% desses empregos provinham dos setores têxtil, de vestuário e produtos alimentares.

Reproduzia-se no caso brasileiro a situação apontada por outras pesquisadoras:

> Não podíamos ignorar que as mulheres existem em todos os níveis da divisão capitalista do trabalho e das relações de classe

e que elas estão aí em situações e práticas diferentes das dos homens: Mas faltavam de maneira cruel os instrumentos de análise para pensar tais diferenças (GEDSST, 1984:3).

A reconstituição da *démarche* que nos permite trabalhar a problemática da *divisão sexual do trabalho* no interior das relações capitalistas passa de início por alguns pontos:
1. A identificação de duas esferas sociais ao mesmo tempo distintas e inter-relacionadas: a produção social de bens, constituída basicamente por relações mercantis, e a reprodução dos seres humanos, estruturada por relações aparentemente naturais;
2. A assimetria produção/reprodução se traduz numa divisão sexual do trabalho que estrutura as relações entre os sexos nos vários espaços sociais (Combes e Haicault, 1984:157).

A ideia de que a divisão sexual do trabalho não só separa e articula produção e reprodução, mas estrutura as relações no trabalho produtivo, permite recolocar a questão da relação entre a dinâmica das relações capitalistas de trabalho e a força de trabalho feminina sob um ângulo que integra os dois níveis, sexualizando as relações de trabalho e as relações sociais. Isso significa pensar o trabalho industrial feminino desagregando as relações de trabalho nos processos de industrialização, questionando as generalidades e fazendo emergir as relações invisíveis que estruturam o trabalho doméstico ou a própria divisão sexual do trabalho e das tarefas nas várias relações sociais.

Por outro lado, a problemática da divisão sexual do trabalho abre caminho para distinguir as estratégias de mobilização das mulheres pelo capitalismo na indústria eletroeletrônica, nas "maquilas" do México ou do Haiti, nas montadoras de vestuário da Tunísia, estudando seu funcionamento mais além da teoria geral sobre a mobilização do exército industrial de reserva[5].

Mas constatadas as insuficiências das aplicações centradas somente na marginalização da força de trabalho feminina ou de sua participação no exército industrial de reserva, outras questões se colocam. A primeira delas remete às relações que regem a própria divisão sexual do trabalho, ao tipo de estratégia que institui a divisão sexual das tarefas no processo de trabalho ou nos ramos da produção industrial.

A pesquisa pioneira de Madeleine Guilbert (1966) relacionava feminização com desqualificação. "A predominância das mulheres nos empregos que refletem em seu grau mais elevado as consequências da divisão e da simplificação do trabalho operário." (Guilbert, 1966:9). Estabelece-se uma relação entre desqualificação do trabalho – desqualificação da força de trabalho – feminização. Permanece a questão da designação natural das mulheres como trabalhadoras desqualificadas.

Nos estudos sobre o tema no Brasil, a resposta mais frequente a essa ordem de indagações vê na feminização dos setores a extensão dos papéis femininos tradicionais na sociedade (Madeira e Singer, 1975). Assim, as tarefas dos serviços sociais são prolongamento das tarefas domésticas. Grande parte das ocupações femininas na indústria parecem obedecer ao mesmo critério: tarefas repetitivas que exigem atenção e paciência, destreza e minúcia.

Explica-se também a feminização de setores e tarefas como parte de uma estratégia de barateamento dos custos da força de trabalho. Assim, as mulheres, menos conscientes de seus direitos como trabalhadoras, menos participantes e politizadas, aceitariam salários mais baixos e substituiriam os operários. Ainda que essa substituição possa ocorrer, se a extensão do trabalho feminino obedecesse exclusivamente aos interesses do capital de maximizar os lucros barateando os custos da força de trabalho, ela não pode ser fixada como regra geral, uma vez que a força de trabalho feminina não substitui sistematicamente a masculina, e que, portanto, o capital submete seus objetivos à divisão sexual do trabalho.

Por outro lado, a hipótese da divisão sexual do trabalho como expressão de qualidades distintas da força de trabalho feminina e masculina é relativizada pelos estudos de conjunturas históricas. No período das duas guerras mundiais, na Europa e Estados Unidos, as tarefas masculinas na indústria foram preenchidas pelas mulheres quase que integralmente, por necessidades estratégicas. Uma vez terminada a guerra, a volta ao *status* anterior foi realizada obedecendo razões sociais e não propriamente técnicas.

As hipóteses revelam-se insuficientes ou aplicáveis a casos concretos mas não generalizáveis como causas determinantes da divisão sexual do trabalho. Tudo parece indicar que não existem fatores naturais, inerentes ou lógicos que instituam a divisão sexual do trabalho, mas que existe uma construção social de práticas e relações de trabalho cuja coerência reside na articulação, muitas vezes simbólica, de vários fatores.

A construção social da divisão sexual do trabalho

O caminho tortuoso de construção da problemática da divisão sexual do trabalho deságua na necessidade de formular novas questões. De um lado as explicações estruturais, fundadas na *lógica homogênea do capital,* revelam que a divisão sexual do trabalho não é histórica nem tampouco exclusivamente estratégica (enquanto estratégia do capital), ainda que possa ser conjunturalmente estratégica. Parece fundar-se em relações sociais e representações culturais, em estratégias patronais do Estado e em práticas de resistência de mulheres e de homens.

Não se trata pois de substituir a *lógica da produção* como originária da divisão sexual do trabalho, para instaurar uma *lógica da reprodução.* Assim, a hipótese de que as mulheres são objeto de uma forma de apropriação particular, enquanto corpo, e não apenas enquanto força de trabalho (Guillaumin, 1978), o que marca as relações contratuais no feminino, diferentemente do contrato da força de trabalho masculina, introduzindo uma relação de subordinação de natureza distinta, pode ser pertinente para a análise de algumas modalidades de relações de trabalho. Iluminam em particular a compreensão das relações de trabalho dominantes em certas profissões "femininas": trabalho doméstico assalariado, secretárias, onde efetivamente ocorre uma extensão das funções e da representação das mulheres na reprodução, que assume a forma de uma relação de apropriação não mercantil (Chabaud, 1984).

Mas os critérios que instalam a divisão sexual das funções, das tarefas, na indústria escapam a este quadro teórico. Ao mesmo tempo opõem barreiras à utilização de uma nova lógica generalizadora.

No caso da divisão sexual de funções e tarefas incidem tanto estratégias de utilização (apropriação) do corpo, através de suas "qualidades" naturais ou sociais, como representações de qualidades. Assim, os dedos ágeis,[6] a paciência, a resistência à monotonia são considerados próprios da força de trabalho feminina. Como observam vários pesquisadores, a própria qualificação é sexuada e reflete critérios diferentes para o trabalho realizado por homens e mulheres, ocorrendo frequentemente uma desqualificação do trabalho feminino, assimilado a dons naturais, desconsiderando-se o treinamento informal[7].

O sexo do trabalho[8] pode se reproduzir por tradição cristalizada através da articulação de estratégias patronais e resistência operária. É o que observa Ruth Milkman ao estudar a indústria automobilística e a de material elétrico nos Estados Unidos. Acrescenta ainda que, uma vez cristalizadas as tradições, a tendência à inércia é forte e a divisão sexual do trabalho tende a se reproduzir reforçando a imagem da naturalidade (Milkman, 1982). A tradição naturaliza a divisão sexual do trabalho também na indústria das castanhas no Brasil onde, "segundo a lógica vigente entre operários (homens e mulheres), o trabalho na castanha, pelo fato de tradicionalmente ter sido feito por mulheres, tornou-se um trabalho de natureza feminina e nessa qualidade pertence ao domínio feminino" (Beltrão, 1982:76).

A pergunta sobre a constituição de tal tradição remeteria a um estudo tendo como unidade de análise a constituição dessa indústria no seu contexto social, como propõe Ruth Milkman, e não o mercado capitalista como um todo.

Na pesquisa em curso sobre divisão sexual do trabalho na indústria automobilística no Brasil observei que, em ao menos duas empresas situadas na região da Grande São Paulo, as mulheres concentravam-se originalmente em duas seções: tapeçaria e "chicote" (montagem do sistema elétrico).

Mas numa dessas empresas, quando foi absorvida por outra do ramo, a seção de tapeçaria foi masculinizada e a de chicote transferida para outra fábrica do grupo situada no Nordeste, onde trabalham mulheres. As razões alegadas para explicar as modificações invocam dois motivos:
1. A introdução de trabalho por turnos e a interdição do trabalho noturno para as mulheres;
2. Aproveitamento dos incentivos fiscais para instalações no Nordeste (em 1966).

Houve assim rompimento de sua tradição e manutenção segundo os interesses de maiores lucros e racionalização empresarial. Na outra empresa continuaram existindo as duas seções femininas, que não trabalham no turno após as 22 horas (embora os homens trabalhem), tudo parecendo indicar que nesse caso há um maior apego à tradição de trabalho feminino nas tarefas indicadas, embora, nesse momento da pesquisa, a hipótese de que a força de trabalho feminina ofereça outras vantagens de disciplinamento não possa ser afastada. Nos dois casos não se conhecem estratégias de resistência das mulheres pela manutenção de seu trabalho, o que toma a situação sensivelmente distinta daquela estudada por Ruth Milkman.

Em que se funda a tradição da divisão sexual das tarefas no nível do processo de trabalho? O trabalho pioneiro de Madeleine Guilbert apontou alguns critérios que definem os trabalhos femininos:
1. Menor intensidade de esforço físico;
2. Menor grau de dificuldade ou complexidade;
3. Caráter repetitivo mais nitidamente marcado;
4. Predominância de tarefas manuais;

5. Séries mais longas;
6. Necessidade de maior rapidez;
7. caráter mais sedentário.

Alguns desses critérios podem ser discutíveis. Assim, o menor grau de complexidade não parece ser pertinente para qualificar algumas tarefas de montagem de sistemas elétricos realizadas por mulheres. O que parece acontecer é que, uma vez feminilizada, a tarefa passa a ser classificada como "menos complexa". Alguns exemplos históricos são significativos: as mulheres teriam substituído os homens na tecelagem de algodão porque era uma "ocupação que não requeria nem habilidade, nem atenções especiais" (Marglin, 1980). Com a concorrência feminina, os homens mobilizaram-se "para não permitir que mulher alguma aprendesse o ofício". Marglin observa que essa "ação não teria sido necessária, se a força ou a habilidade exigidas estivessem além das possibilidades femininas" (1982:48). A especialização restrita, seja ela fundada no gênero ou na "qualificação", obedece frequentemente a restrições e obstáculos artificiais. Por outro lado, alguns dos critérios "naturais" são também discutíveis. A decantada *rapidez* na execução de tarefas é muitas vezes consequência de um alto grau de disciplinamento do corpo das mulheres e da ausência de resistência física como estratégia de resistência[9].

As pesquisas questionam a existência de uma lógica da divisão sexual do trabalho no interior do processo de trabalho ou no mercado de trabalho. Tampouco as teorias sobre o mercado de trabalho dual, que distinguem dois segmentos no mercado de trabalho – o dos empregos estáveis, com altos salários e estrutura de carreira bem definida, característicos das grandes empresas, e o dos empregos instáveis, de baixos salários, sem carreira definida, característicos das pequenas empresas e onde se situam as mulheres – são suficientes para explicar o conjunto da problemática da divisão sexual do trabalho. Trazem um argumento para justificar o comportamento do mercado, mas não para entender a divisão sexual das tarefas (Hirata e Humphrey, 1984). Supostamente, a divisão sexual, construída fora do mercado de trabalho, no trabalho doméstico, se refletiria no mercado de trabalho e no processo de trabalho e, uma vez superadas as condições desvantajosas de qualificação das mulheres, as leis neutras que regem as relações de trabalho prevaleceriam (Humphrey, 1984). Ora, a questão, como apontam Phillips e Taylor está no fato de que o sexo daqueles(as) que realizam as tarefas, mais do que o conteúdo da tarefa, concorre para identificar tarefas qualificadas ou não qualificadas (1980:85).

Divisão sexual do trabalho e práticas sociais

O aporte mais importante que as pesquisas sobre a divisão sexual do trabalho trouxeram para as ciências sociais terá sido talvez o de apontar para a necessidade de uma metodologia que articule relações de trabalho e relações sociais, práticas de trabalho e práticas sociais.

As várias questões que a problemática da divisão sexual do trabalho suscita, envolvendo a dinâmica da força de trabalho feminina, os guetos ocupacionais, o mercado de trabalho, se de um lado nos levam à tentativa de pensar todas essas relações no feminino, de outro enfrentam obstáculos que retardam a construção da própria problemática, diluem as questões que devem ser colocadas, mascaram-nas.

Se o capitalismo depende de uma estratégia de "dividir para reinar", a configuração dessas divisões é construída socialmente através das relações de gênero, de classe, de raças e das práticas sociais. A superposição e articulação de distintas esferas da prática social, muito mais do que lógicas inerentes ao capital, à estrutura da família ou ao Estado constroem as práticas, reproduzem-nas, reconstroem.

Pudemos suscitar ao longo desta análise várias questões a partir da abordagem da divisão sexual do trabalho na indústria:

a) tanto no nível dos ramos industriais como no das tarefas no processo de trabalho, a divisão sexual do trabalho apresenta algumas constantes, inclusive em escala internacional;

b) dentro de um quadro com alguns parâmetros fixos, os fatores conjunturais são relevantes. No caso da indústria automobilística no Brasil ocorreu, por exemplo, uma modificação das regras da divisão sexual do trabalho;

c) as tradições de masculinização e feminização de profissões e tarefas se constitui, às vezes, por extensão de práticas masculinas e femininas: homens fazem trabalhos que exigem força, mulheres fazem trabalhos que reproduzem tarefas domésticas. Entretanto, mais do que a transferência das tarefas, são as regras da dominação de gênero que se produzem e reproduzem nas várias esferas da atividade social. Não existe forçosamente uma coincidência da divisão sexual do trabalho na esfera da produção e da reprodução, de tal forma que sempre as tarefas masculinas numa e noutra esfera tenham a mesma natureza. O mesmo ocorre com as tarefas femininas. A força de trabalho masculina aparece como força livre, a força de trabalho feminina como sexuada. Ou seja, as condições de negociação da força de trabalho não são as mesmas, o que nos permite concluir pela sexualização da força de trabalho e consequentemente das relações e práticas de trabalho.

As pesquisas têm evidenciado as assimetrias entre qualificação masculina e feminina, promoção masculina e feminina, salários masculinos e femininos. Tudo indica que essas relações se *inter-sustentam*. Ou seja, nem as práticas produtivas determinam as trajetórias da força de trabalho masculina, nem as práticas reprodutivas determinam com exclusividade as trajetórias da força de trabalho feminina, mas essas trajetórias são resultado de múltiplas práticas construídas social e historicamente através de modos de vida, representações e estratégias de sobrevivência.

Se, por um lado, a identificação de práticas masculinas e femininas é pertinente para a análise das trajetórias de operárias, é certo também que a generalização desta traz o risco de velar a interdependência de trabalho masculino e feminino, de relações e práticas masculinas e femininas contidas no conceito de divisão sexual do trabalho, e introduzir uma dicotomia de funções e papéis que evacua justamente a problemática da *relação* na divisão sexual do trabalho.

Paul Veyne (1983:11) observa que a historiografia depende dá problemática que formula e dos documentos de que dispõe, e que, quando a historiografia se encontra bloqueada, "isso se deve às vezes à falta de documentos, às vezes a uma problemática esclerosada". E conclui que frequentemente "a esclerose sobrevêm muito mais cedo do que o esgotamento dos documentos". Essa parece ser a situação que enfrentamos face às teorias que trabalham, de um lado, com a neutralidade das relações sociais, de outro, com sua funcionalidade. Os estudos sobre a divisão sexual do trabalho, ao modificarem as questões que formulamos, abrem caminho para explorar outros campos das práticas sociais.

Notas

[1.] Em particular Phillips e Taylor (1982), Aguiar (1983), Breuguel (1982), Kergoat (1984), Chabaud (1984).

[2.] A reflexão original é de Heidi Hartman e está citada em Phillips e Taylor (1982, 81).

[3.] Diz Brisolla: "A recuperação da participação feminina na população economicamente ativa do secundário realiza-se através de seu crescimento às expressivas taxas de 10,7% ao ano para a indústria de transformação e 10,9% ao ano para o conjunto do setor, estabelecendo um contraste marcado com as cifras relativas às décadas anteriores, de 2,3% e 2,5% anuais, respectivamente entre 1950 e 1970". (Brisolla, 1982, 61)

4. Sobre a sexualização das ocupações no Brasil ver Bruschini (1978).

5. Sobre divisão sexual e divisão internacional do trabalho há vários estudos que permitem comparações – (Le Doaré, 1984; Milkman, 1982; Guzman, 1982; Villarespe, 1981; Elson e Pearson 1982, Bruegel, 1979).

6. Cf. a expressão de Elson e Pearson (1982): "Nimble fingers make cheap workers".

7. Ver Kergoat (1982), Hirata e Humphrey (1984).

8. A expressão é título do livro *Le sexe du travail* (1984), vários autores.

9. A resistência à usura pelo trabalho através do absenteísmo, da rotatividade, da intermitência no mercado de trabalho, e ligados aos projetos de vida de operários e operárias para fugirem a seu destino social de máquinas produtivas é o objeto de um belo estudo de Alain Cottereau (1983).

Referências bibliográficas

Aguiar, Neuma (1983). "Mulheres na força de trabalho na América Latina", *BIB* 16.
Beltrão, Jane (1982). "Mulheres de castanha — um estudo sobre o trabalho e o corpo *in* Bruschini, Rosemberg (org.), *Trabalhadores do Brasil*. São Paulo, Brasiliense.
Brisolla, Sandra (1982). "Formas de inserção da mulher no mercado de trabalho: O caso do Brasil", Tese de Doutoramento, Unicamp.
Bruegel, Irene (1979). "Women as a reserve army of labor: a note on recent British experience", *Feminist Review* 73.
Bruschini, C. (1979). "Sexualização das ocupações: o caso brasileiro", *Caderno de Pesquisa da Fundação Carlos Chagas*, 28.
Chabaud, D. (1984). "Problématique de sexe dans les recherches sur le travail et la famille", CNRS, (mimeo).
Combes, D. e Haicault, M. "Production et reproduction, rapports sociaux de sexe et de classe", *in Le sexe du travail,* Grenoble, PUG.
Cottereau, Alain (1983). "Usure au travail, destins masculins et destins féminins dans les cultures ouvrières en France au XIX siècle", *in Le Mouvement Social,* 124.
Elson, Diane; Pearson, Ruth (1981). "Nimble fingers make cheap workers: an analysis of women's employment in the third world export manufacturing, *in Feminist Review,* 7.
Gitahy, L; Hirata H; Souza-Lobo E; Moyses R, (1982). "Operárias: Sindicalização e reivindicações 1970-1980", *in Revista de Cultura e Política,* 8.

Groupe d'Etudes sur la Division Sociale et Sexuelle du Travail (1984), texto coletivo, (mimeo).
Guilbert, Madeleine (1966), *Les fonctions des femmes dans l'industrie.* Paris, La Haye, Mouton.
Guillaumin, Colette (1978). "Pratique du pouvoir et idée de nature(l). L'appropriation des femmes" *in Questions Féministes,* 2, 1978.
Guzman, Virginia, (1982). "La mujer en la industria electronica", Lima, Peru, (mimeo).
Hirata; Humphrey, (1984). "Hidden inequalities: women and men in the labor process", (mimeo).
Humphrey, John (1984a). "Trabalho feminino na grande industria paulista", *Cadernos CEDEC,* 3, São Paulo.
_____ (1984b). "Gender, pay and skill: manual workers in Brazilian industry, (mimeo).
Kergoat, Daniele (1984). "Plaidoyer pour une sociologie des rapports sociaux. De l'analyse critique des catégories dominantes á la mise en place d'une nouvelle conceptualisation", *in Le sexe du travail,* Grenoble, PUG.
Le Doaré, Hélène (1984). "Division sexuelle et division internationale du Travail. Reflexions à partir des usines d'assemblage (Mexique-Haiti)", *in Le sexe du travail,* Grenoble, PUG.
Madeira, Felícia; Singer, Paul (1975). "Estrutura do emprego e trabalho feminino no Brasil 1920-1970," *in Cadernos CEBRAP, 13.*
Marglin, Stephen (1980). "Origem e funções do parcelamento das tarefas (para que servem os patrões?)" *in* Gorz, André. *Crítica da divisão do trabalho.* São Paulo, Martins Fontes.
Phillips, Anne; Taylor, Barbara (1980). "Sex and skill: notes toward a feminist economics", *in Feminist Review,* 6.
Saffioti, Heleieth (1981). *Do artesanal ao industrial: a exploração da mulher.* São Paulo, Hucitec.
Souza-Lobo E.; Higgs (1983). "As operárias, o sindicato e o discurso sociológico," ANPOCS, GT "Mulher na força de trabalho", (mimeo).
Vandelac, Louise (1981). "...Et si le travail tombait enceinte??? Essai féministe sur le concept de travail", *in Sociologie et Sociétés,* vol. XIII, 2, 1981.
Villarespe, Verónica (1981). "El processo de trabajo en las maquiladoras de exportación. (El caso de CRESCENT-Zacatecas, SA)", UNAM, Instituto de Investigaciones Económicas, (mimeo).
Veyne, Paul (1983). *O Inventário das diferenças: história e sociologia.* São Paulo, Brasiliense.

Do desenvolvimento à divisão sexual do trabalho
– estudos sobre os "trabalhos das mulheres"*

Os "trabalhos das mulheres" foram tema de pesquisas, seminários e polêmicas apaixonadas na América Latina desses últimos dez anos. Abordagens, tensões e revisões se sucederam. Delas recolhemos uma razoável quantidade de informações que nos permitem hoje compor um quadro aproximativo, ainda que parcial, das práticas e relações quase sempre invisíveis do trabalho feminino na América Latina.

O objetivo desta comunicação é refazer alguns dos caminhos que orientaram nossas pesquisas: as abordagens centradas nas problemáticas dualistas – mulher e desenvolvimento, mulher e dependência, modernização e marginalização – para situar a emergência e a extensão da problemática da divisão social, sexual e internacional do trabalho em países da América Latina, articulada à questão da subordinação das mulheres à hierarquia de gêneros.

Essa sistematização é o resultado parcial da reflexão que fizemos, um grupo de pesquisadores/militantes em torno da pesquisa sobre as mulheres e pesquisa feminista na América Latina, em Montevidéu, Uruguai, em dezembro de 1984. É mais um balanço de problemas do que um inventário, mais uma exposição do que a conclusão. Está ainda incompleta, faltando analisar as pesquisas sobre os trabalhos das mu-

---

* Apresentado no painel "Balance and perspectives on research on women's issue during the decade", coordenado por Suzana Prates (GRECMU-Uruguai), na Conferência Mundial do Decênio das Nações Unidas Para a Mulher, organizada pelas Organizações Não Governamentais, Nairóbi, Quênia, julho de 1985.

lheres no campo, fundamental em muitas realidades latino-americanas. Por isso não se pretende aqui chegar a um resultado definitivo, mesmo porque se parte da infinita heterogeneidade das realidades latino-americanas. *"Vamos a no llegar, pero vamos a ir."*[1]

Na América Latina dos anos 1960 e de parte dos 1970, a ideia de que as sociedades com "participação limitada", marcadas por baixas taxas de crescimento econômico e profundas distorções na distribuição da renda (CEPAL, 1969), designavam às mulheres um papel subordinado na sociedade se contemplava com a tradição economicista, presente no discurso das Ciências Sociais, que deduzia da subordinação econômica a subordinação das mulheres.

A assimetria nas relações de trabalho, masculinas e femininas, era frequentemente percebida como geradora de subordinação das mulheres nas diferentes relações sociais. Por sua vez, essa não parecia ser uma problemática legítima. Os trabalhos das mulheres eram pensados ou no marco teórico do "subdesenvolvimento", que diagnosticava "um dualismo social" nas sociedades latino-americanas, divididas em setor tradicional e moderno (Frank, 1967) ou no quadro da dependência estrutural que analisava o desenvolvimento latino-americano, salientando que "el modo de integración de las economias nacionales al mercado internacional supone formas definidas y distintas de interrelación de los grupos sociales de cada país entre si y con los grupos externos" (Cardoso e Faletto, 1969:28).

As diferentes abordagens guardavam pontos em comum, originados do privilegiamento da explicação estrutural na análise do trabalho feminino e na referência às dicotomias tradicionalismo-modernização, subdesenvolvimento-desenvolvimento. Segundo essa lógica, a subordinação das mulheres, própria às sociedades tradicionais e/ou subdesenvolvidas se resolveria pela modernização/desenvolvimento das forças produtivas. Ou, ao contrário, a modernização e o desenvolvimento capitalista acentuariam a subordinação das mulheres na sociedade de classes.

Talvez seja importante e sugestivo entender o contexto em que as pesquisas sobre os trabalhos das mulheres se realizaram na América Latina. "Num continente em que a miséria, o analfabetismo, o desemprego, a extrema concentração da renda, a ausência de liberdades civis, a exploração são questões principais porque atingem uma imensa maioria da população, a discriminação sexual em todos os seus aspectos, da forma como era apontada pelas feministas norte-americanas e européias de classe média, poderia ser facilmente relegada a questão secundária" (Navarro, 1979:114). Visto na perspectiva latino-americana, "o mal-estar" das mulheres latino-americanas parecia ter como causas exclusivas as desigualdades socioeconômicas, ainda que este "mal-estar" cedo se traduzisse numa "tensão" presente nas pesquisas em que as pesquisadoras permaneciam dilaceradas entre o diagnóstico da subordinação das mulheres na produção e de que o desenvolvimento pudesse por si só resolver as desigualdades entre os sexos (Stolcke, 1983).

Não menos significativo seria reconstituir a trajetória das mulheres que, nesse período, emergiram como agentes políticos, desenvolvendo discursos feministas, tratando de articulá-los com as questões locais, próprias às sociedades latino-americanas. Isso porque a emergência dos discursos feministas, mesmo se frequentemente restrita aos grupos de intelectuais, às acadêmicas e/ou militantes políticas, coincide com a participação das mulheres nas lutas pelas liberdades democráticas (no Brasil, Argentina, Uruguai, Chile), nas lutas pela moradia e por melhores condições de vida (no Peru e no Brasil), no movimento operário e camponês (na Bolívia).

Assim, os caminhos do feminismo latino-americano, desde seu início, são atravessados pela emergência das mulheres como novos agentes sociais, mesmo quando isso se dá a partir da situação tradicional de mulheres, mães, donas de casa, portadoras dos valores da paz e dos sentimentos humanistas face aos senhores do poder e da guerra.

Mas, se de um lado as mulheres estão presentes na cena social, o discurso das ciências sociais ignorou-as como objeto de investigação. Isso porque as insuficiências do instrumental teórico para a análise de trabalho no feminino, da dinâmica do mercado formal e informal quando se busca pensar os trabalhos das mulheres latino-americanas não são fruto apenas de sua inadequação para pensar as idiossincrasias do capitalismo periférico.

Se é certo que tanto no discurso econômico como no capital as categorias são sexualmente cegas, é evidente que, para que as relações de trabalho sejam perceptíveis quando no feminino, torna-se necessário instituir novas categorias que deem conta das relações invisíveis entre sexo e trabalho. E é aqui que a construção de novas problemáticas, tratando de articular a subordinação no trabalho e a hierarquia de gêneros, se faz necessária. É o momento das rupturas teóricas, para as quais os movimentos de mulheres, as novas práticas sociais e o desenvolvimento de reflexões feministas contribuem.

Se a eliminação das mulheres como sujeito social e histórico está na raiz e é parte integrante do discurso econômico (Vandelac, 1982) e o discurso econômico está construído para ser geral, o problema que se coloca sistematicamente para a pesquisa sobre o trabalho das mulheres é o de evitar a armadilha da dicotomia entre análise de relações ditas gerais e de relações ditas "específicas", como se existissem relações de trabalho neutras e relações de trabalho no feminino.

Creio que, de certa forma, os enfoques que tentaram isolar a dinâmica da participação das mulheres na força de trabalho na América Latina traziam subjacente a ideia da "especificidade" das mulheres numa relação de trabalho "geral".

Mais particularmente a hipótese da marginalização da força de trabalho feminina na industrialização capitalista coincide com a ideia da dicotomia integração-participação das mulheres no capitalismo (Saffioti, 1976). Da mesma forma, a hipótese da marginalização da força de trabalho feminina na industrialização capitalista retoma a ideia da marginalização social das mulheres e parece o corolário da tese sobre a marginalidade inevitável de setores da população não integráveis às relações capitalistas.

Na sua diversidade, as pesquisas sobre trabalhos femininos na América Latina apontaram para uma questão fundamental: a extrema heterogeneidade, regional e nacional, das experiências de trabalho das mulheres latino-americanas (Stolcke, 1983). Observou-se a permanência de ocupações tradicionais femininas: trabalho doméstico, remunerado ou não, trabalho domiciliar ao lado de processos clássicos de proletarização.

Por um lado, formas de organização da produção aparentemente destinadas ao desaparecimento são recriadas: é o caso do trabalho domiciliar nas manufaturas de calçados para exportação no Uruguai (Brates, 1984) ou na indústria do vestuário no Brasil (Paiva Abreu, 1980). Por outro lado, as transformações tecnológicas mudaram a natureza das tarefas na indústria e no setor terciário (Acero, 1983; Argenti, 1984) e reordenam as funções (Souza-Lobo, 1984). É o próprio conceito de trabalho e não trabalho (Jelin, 1977) para poder dar formas de atividades desenvolvidas pelas mulheres em casa (Aguiar, 1984).

As hipóteses generalizadoras sobre "a crescente marginalização de mulher por parte do modo de produção capitalista" (Saffioti, 1981:14) se veem contestadas. No caso brasileiro, essa afirmação fundava-se na análise da diminuição da força de trabalho feminina na indústria têxtil durante os anos 1950, 1960 e 1970. No entanto, esse é um caso particular em que as transformações tecnológicas reordenam a divisão sexual do trabalho (Acero, 1984). Nos outros setores da indústria, ocorre o contrário: durante a década de 1970 cresce a ocupação feminina e muda qualitativamente, penetrando em setores novos: metalurgia, farmacêutica (Gitahy *et alli,* 1982; Humphrey, 1984; Bruschini, 1985).

Assim, no Uruguai observa-se um aumento da participação feminina nas atividades econômicas, mas um decréscimo na indústria, certamente relacionado com as transformações ocorridas na economia uruguaia nos anos 1970 e início de 1980 (Melgar e Teja, 1984).

Também no que diz respeito às hipóteses sobre a diminuição do trabalho feminino no campo, com a capitalização da agricultura (Madeira e Singer, 1975; Deere, 1977), há hoje um consenso mais amplo de que se verifica, isto sim, uma reordenação das relações de trabalho segundo o sexo e que as mulheres deixam de trabalhar nas pequenas propriedades camponesas pelo trabalho como assalariadas nas grandes plantações (Stolcke, 1983).

As tentativas de compreender as razões desses processos suscitam vários níveis de questionamento. Em primeiro lugar, as hipóteses fundadas numa lógica capitalista geral que marginalizaria o trabalho feminino são insuficientes para dar conta dos vários casos mencionados. Em segundo lugar, a maior ou menor participação no mercado de trabalho não elimina a subordinação social das mulheres, evidenciada nas próprias relações de trabalho, baixos salários, persistência da segregação ocupacional. Em terceiro, evidencia-se a insuficiência e inadequação dos métodos e dos conceitos tradicionais no discurso econômico e das ciências sociais para avaliarem as modalidades dos trabalhos das mulheres (Madeira, 1978).

Divisão sexual do trabalho e sexualização das ocupações

As pesquisas que tentavam explicar as formas e relações dos trabalhos das mulheres a partir da estrutura do "modo de produção" apontam justamente para a heterogeneidade dessas formas e relações, para sua historicidade em contraposição a toda tentativa de dedução estrutural.

Ainda que centrada nas causas e efeitos do desenvolvimento sobre os trabalhos femininos, Boserup (1970) já apontava para a importância do sexo como fator na divisão do trabalho e para a explicação biológica e naturalizante que envolve essa determinação fundamental nas relações de trabalho. No entanto, como apontam Beneria e Sen (1982), Boserup não analisa as determinantes da divisão sexual mais além das opções de homens e mulheres ou da tendência das mulheres à submissão e aceitação de baixos salários.

A constituição dessa problemática passa pela afirmação da necessidade de integrar a análise das esferas produtivas e reprodutivas para se entender a sexualização do trabalho de homens e mulheres. Há aqui uma diferença com relação às abordagens centradas no tema das mulheres e o desenvolvimento, na medida em que já não é o estágio das forças produtivas que determina a subordinação das mulheres no trabalho, mas as próprias relações de trabalho que são sexualizadas e vistas como portadoras da hierarquia de gênero.

A importância dessa problemática reside em dois aspectos:
1. Permite romper a dicotomia capitalismo-trabalho feminino, integração ou marginalização, propondo-se a articular, de um lado, as estratégias capitalistas que incidem sobre o sexo do trabalho e, de outro, as formas da reprodução social que perpetuam ou rompem as relações de trabalho;
2. Aponta para a extensão da segregação ocupacional e da segregação de tarefas no processo de trabalho.

Observa-se com nitidez na América Latina a divisão entre trabalho masculino, predominante no setor chamado "formal", e feminino, no setor "informal" da economia. As causas dessa divisão apontam para a importância das tarefas "reprodutivas" assumidas pelas mulheres, que determinam a necessidade de conciliar emprego e trabalho doméstico no agrupamento familiar. Mas um segundo nível de argumentos começa também a ser analisado: as repercussões das funções reprodutivas, a naturalização e identificação das mulheres como responsáveis pela família e os filhos para a construção de sua identidade de trabalhadoras. Assim, as tarefas das mulheres no setor "informal" são efetivamente formalizadas, apenas as regras são outras e se adaptam a esse tipo particular de oferta de mão de obra, reproduzindo suas características. Por outro lado, as pesquisas mostraram a importância do trabalho doméstico feminino. Esse fenômeno tem raízes na debilidade das instituições da sociedade destinadas à sua reprodução e no distanciamento do Estado face à sociedade. Assim, de um lado, a sociedade não se oferece organização social e o Estado não assume tampouco as responsabilidades sociais que caracterizam o chamado Estado do bem-estar social. Esse fenômeno provoca uma divisão de tarefas em que as mulheres assumem efetivamente a reprodução social, seja sob a forma de trabalho doméstico não remunerado, seja de trabalho doméstico remunerado.

A dupla importância dessa atividade para a reprodução social e como estratégia de sobrevivência das mulheres das classes populares tem sido amplamente discutida (Todaro, 1985; Jelin, 1978).

As pesquisas apontam que em várias cidades latino-americanas o total de mulheres que trabalham como empregadas domésticas alcança até 30% do total da força de trabalho feminina (CEPAL, 1984), em Santiago do Chile, em 1982, correspondem a 23,3% da força de trabalho feminina e em São Paulo, em 1982, constituem 20% da PEA feminina (Bruschini, 1985).

No trabalho doméstico, identificado e naturalizado como papel feminino e não como trabalho (Todaro, 1984), a subordinação das mulheres enquanto gênero se realiza em sua plenitude. O trabalho doméstico não assalariado não é considerado trabalho e o trabalho doméstico assalariado é considerado um trabalho particular em que as relações não são regulamentadas da mesma forma que nas outras relações de empregos. Assim, a legislação brasileira não assegura às trabalhadoras domésticas os mesmos direitos que aos(às) outros(as) trabalhadores(as). As relações no trabalho doméstico são pensadas como formas específicas onde se daria uma apropriação pessoal identificando trabalho doméstico assalariado com o não assalariado, isto é, com o serviço reprodutivo familiar. A integração deste "não trabalho às estratégias de sobrevivência das mulheres nas famílias" constitui uma contribuição da pesquisa feminista.

Um outro aspecto importante no que se refere aos trabalhos das mulheres na América Latina, remete à concentração do trabalho feminino no setor terciário (Bruschini, 1978). Os critérios que determinam a divisão sexual de ocupações nesse caso remetem tanto ao nível das representações simbólicas que identificam as mulheres aos serviços sociais (educação, saúde, assistência social) quanto à desqualificação e fragmentação no processo de trabalho (setor bancário). Observa-se que, particularmente no setor bancário, a introdução de novas tecnologias (Argenti, 1984) deverá afetar consideravelmente o emprego feminino.

A sexualização das ocupações passa também por um outro recorte: o do setor público e privado. Em muitos países da América Latina assinala-se a importância do Estado como gerador de emprego (Argenti, 1984). As razões desse processo são ainda pouco analisadas, mas um estudo recente (CEPAL, 1985) relaciona a concentração feminina no setor público com a maior estabilidade oferecida no emprego público para as mulheres: o respeito às legislações sobre a maternidade, a não discriminação com as trabalhadoras que têm filhos etc.

A concentração das mulheres trabalhadoras nos serviços domésticos e no setor terciário em países da América Latina coloca duas questões:
1. As relações entre a dinâmica do mercado de trabalho e as práticas sociais das mulheres. Por um lado, as necessidades familiares determinam estratégias de sobrevivência em que as mulheres buscam no mercado de trabalho ocupações marcadas pela repre-

sentação de ocupações femininas que ao mesmo tempo possibilitem integrar atividade doméstica e atividade assalariada;
2. A precariedade das formas socializadas de reprodução social no nível da sociedade e do Estado reforçam o papel das mulheres nessa esfera sob um duplo aspecto: para as mulheres dos setores populares, o trabalho doméstico é estratégia de sobrevivência ao mesmo tempo em que se cria uma demanda privada de serviços domésticos assalariados.

A divisão sexual do trabalho na indústria

Na década de 1970 processa-se em alguns países da América Latina uma reformulação das estratégias de desenvolvimento industrial com a expansão de ramos de indústria que, por sua vez, provocam uma reorganização nas modalidades de divisão sexual do trabalho. Em São Paulo, em 1976, 30% de todo o emprego feminino nas indústrias de transformação localizavam-se em quatro setores metalúrgicos, enquanto 39% dos empregos femininos provinham dos setores têxtil, vestuário e produtos alimentares (Humphrey, 1984; Souza-Lobo, 1984).

Assim, de um lado observam-se modificações importantes no nível da organização do capital e de outro, reformulações nas práticas ocupacionais das mulheres. Trata-se, pois, de integrar os dois tipos de fatores rompendo as análises dualistas e articulando os fatores econômicos que influenciam a posição das mulheres na hierarquia da produção e os não econômicos, que operam de forma autônoma – as práticas das mulheres nas famílias, suas práticas com relação ao trabalho e aos empregos.

Os fatores econômicos implicam basicamente modificações no processo de trabalho onde a desqualificação e fragmentação de tarefas coincidem com a expansão do emprego feminino (Stolcke, 1981; Beneria, 1983). No caso brasileiro, o crescimento da oferta de emprego feminino nos anos 1970 pela expansão de ramos industriais, que tradicionalmente empregam mulheres, coincide com uma relativa escassez de mão de obra nos centros onde a expansão era mais acelerada – como no caso de São Paulo. Ao mesmo tempo, observa-se, no caso brasileiro, a degradação do salário mínimo e a consequente reformulação das estratégias de sobrevivência familiar: mulheres e menores integram-se ao mercado de trabalho industrial.

As pesquisas (Melgar e Teja, 1984; Souza-Lobo, 1984) mostram que a divisão sexual do trabalho assume formas conjunturais e históricas, constrói-se como prática social, ora conservando tradições que ordenam tarefas masculinas e tarefas femininas na indústria, ora criando modalidades da divisão sexual das tarefas. A subordinação de gênero, a assimetria nas relações de trabalho masculinas e femininas se manifesta não apenas na divisão de tarefas mas nos critérios que definem a qualificação das tarefas, nos salários, na disciplina de trabalho. No caso brasileiro, as tarefas femininas são consideradas desqualificadas, os salários femininos são 50% inferiores aos salários masculinos (Souza-Lobo, 1984; Humphrey, 1984; Humphrey e Hirata, 1984). Os estudos de casos nas fábricas apontam também as características de disciplinamento das operárias, baseados na representação da docilidade das mulheres e que encontra formas quase sempre invisíveis de resistência (Gitahy et alli, 1983).

Por outro lado, a descentralização da organização capitalista da produção através da fragmentação de desterritorialização do processo de trabalho em unidades situadas em espaços distintos institui novas formas de divisão sexual do trabalho dentro de fronteiras nacionais ou em nível internacional.

O fenômeno é particularmente importante no México, onde aproximadamente 75% da força de trabalho nas chamadas indústrias "maquiladoras" é feminina (Fernandes, 1982), no Haiti e no Caribe, no Uruguai e no Brasil, onde a fragmentação do processo de trabalho se dá no interior do país.

Essa nova estratégia capitalista parece encontrar nas mulheres uma força de trabalho jovem e dócil, disposta a trabalhar ganhando baixos salários, sem tradição sindical. Os objetivos econômicos integram as práticas sociais das mulheres onde a dependência do grupo familiar é dominante e justifica os baixos salários de apoio – a precariedade das relações de emprego fazendo parte do caráter provisório do emprego feminino (Safa, 1979).

A divisão sexual do trabalho se estende em nível internacional – é o caso das "maquiladoras", em que as mulheres mexicanas montam peças para indústrias americanas do ramo eletroeletrônico ou de vestuário. Aqui a desterritorialização no processo de trabalho aparece claramente como uma forma de expropriação do saber e controle das trabalhadoras face ao seu trabalho. Também, a partir da individuação da força de trabalho se constrói uma força de trabalho coletiva e sexuada, sem identidade profissional, que produz um produto final que não conhece. As condições ótimas de produtividade são socialmente recriadas através da hierarquia de gêneros, que faz das mulheres trabalhadoras "dóceis", "baratas", "disciplinadas".

Outra modalidade da fragmentação do processo de trabalho passa pela combinação do trabalho domiciliar – trabalho industrial. A pesquisa de Fernandes (1982) aponta que, no México, das 19,4% mulheres empregadas na indústria, apenas 0,7% trabalham como operárias diretas.

O trabalho em domicílio no setor industrial é objeto de várias pesquisas: no Brasil, Paiva Abreu (1980) pesquisou a indústria de confecção; no Uruguai, Prates (1984) estudou a expansão domiciliar na indústria de calçados para exportação. Diz Prates: "en el marco de la política económica del regimem militar, se buscó reinsertar el Uruguay en la división internacional del trabajo como plataforma exportadora de manufacturas" (Prates, 1984).

Os empresários da indústria de calçados se beneficiaram de facilidades para importação de maquinaria e rebaixamento dos salários. O setor passou a empregar massivamente mulheres trabalhadoras.

Aqui a combinação da estratégia capitalista com as práticas sociais femininas é claramente visível. A pesquisa de Suzana Prates mostra como a utilização do trabalho em domicílio recupera as estratégias familiares em que as mulheres tentam combinar o trabalho assalariado e o trabalho doméstico, especialmente o cuidado dos filhos. O *putting out system* é revivido como estratégia do capital e as características próprias à força de trabalho feminina são manipuladas em benefício, mais uma vez, dos patrões.

Por outro lado, também as mudanças tecnológicas ocorridas nos países latino-americanos nos últimos anos repercutem sobre a divisão sexual do trabalho. A pesquisa de Acero (1984) sobre o impacto de novas tecnologias na indústria têxtil brasileira aponta para uma redução proporcionalmente maior no emprego feminino em comparação com o emprego masculino nesse ramo. A modernização atinge basicamente funções realizadas por trabalhadoras, como operadoras de máquinas e auxiliares na fiação. Com as novas máquinas, a função de operadora passa a ser exercida por ambos os sexos e a função de auxiliar é reduzida, mas permanece feminina. Nessa função, ainda que realizando a mesma tarefa do operador, a auxiliar recebe um salário inferior em dois terços ao salário do operador (Acero, 1984:71).

As mudanças tecnológicas foram aceleradas na década de 1980 com o período de crise. Nesse aspecto, as pesquisas são ainda insuficientes para diagnosticar seu impacto sobre a divisão sexual do trabalho e sobre os trabalhos das mulheres em particular. Se, por um lado, alguns estudos de caso indicam que a divisão sexual das tarefas pode servir como um fator de proteção do emprego feminino na medida em que as tarefas femininas e masculinas são reduzidas mantendo-se as proporções (Hirata e Humphrey, 1984). Por outro lado, os mesmos pesquisadores apontam que a crise intensificou o controle social através das ameaças diretas de demissões para intensificar o rendimento da mão de obra e que nos critérios de demissão há uma discriminação em favor dos homens chefes de família e com filhos, favorecidos com maior estabilidade.

No caso das operárias, os critérios de demissão são menos definidos, não sendo possível apontar se as dispensas discriminam mais as trabalhadoras casadas, com ou sem filhos, ou as solteiras.

Um outro dado interessante, fornecido por uma pesquisa realizada na Grande São Paulo, indica que nos últimos três meses de 1984 as taxas de desemprego oculto[2] masculino e feminino são quase idênticas (5,4% para os homens e 4,8% para as mulheres), enquanto a taxa de desemprego aberto[3] é significativamente mais alta para as mulheres (10,1%) que para os homens (5,6%). Isso pode significar que a crise reestrutura as estratégias de sobrevivência das famílias e que há mais mulheres procurando emprego (Soares, Souza-Lobo, 1985).

A mesma pesquisa (Seade-Dieese, 1985) aponta que as taxas de desemprego total feminino no trimestre fevereiro-abril de 1985 é superior (18,1%) à taxa masculina (11,8%) e atinge mais intensamente os chamados "não chefes de domicílio" (20,4%), isto é, majoritariamente mulheres, do que os "chefes de domicílio" (6,1 %)[4]. Os dados não desagregados impedem relacionar taxas de desemprego por sexo com posição na ocupação, mas é possível observar que as porcentagens de desempregados com experiência anterior de trabalho atinge 10,3% nos serviços domésticos e entre assalariados em geral, 78,7%. Como as mulheres estão fortemente concentradas nos serviços domésticos, é possível formular algumas hipóteses:

1. As taxas de desemprego feminino são compensadas pelas baixas taxas de desemprego nos serviços domésticos. O desemprego pode atingir diferencialmente mulheres e homens nos diversos setores da atividade econômica;
2. As estratégias ocupacionais das mulheres devem sofrer modificações que compensem os obstáculos encontrados no mercado de trabalho reforçando a segregação ocupacional e a divisão sexual do trabalho;
3. A complexidade dos fatores para análise de uma só região aponta para a complexidade de análise para o conjunto da América Latina. Mais uma vez é a heterogeneidade o primeiro aspecto a ser considerado.

Divisão sexual do trabalho e hierarquia de gênero

A subordinação de gênero manifesta-se na divisão sexual do trabalho através das desigualdades de salários e da desqualificação das funções femininas. Assim, o salário médio feminino no Uruguai em 1979 era aproximadamente 55% inferior ao masculino (Melgar e Teja, 1984:28). Os dados para São Paulo indicam que, em 1978, o salário médio feminino era igual ou inferior a 60% do salário médio masculino em todos os ramos industriais (Gitahy *et alli*, 1982). Ainda no Brasil, 29,2% da População Economicamente Ativa (PEA) feminina ganha entre um e dois salários mínimos (Bruschini, 1985) enquanto a faixa salarial que concentra mais homens (36,9% da PEA masculina) está situada entre dois e cinco salários mínimos (Bruschini, 1985). Outra pesquisa citada por Bruschini (1985) mostra que "a discriminação salarial contra a mulher é ainda mais evidente nas ocupações em que a participação feminina é maior. Entre professores(as) e empregados(as) nas ocupações domésticas remuneradas e de serviço, a mulher não chega a ganhar nem a metade do que ganha o homem".

Em pesquisa realizada entre 1976 e 1980 nos estabelecimentos industriais com mais de 50 empregados em São Paulo, vê-se que 70% das operárias estão concentradas na produção e que entre elas 93,2% ocupam funções não qualificadas (Gitahy *et alli*, 1982).

A pesquisa pioneira de Madeleine Guilbert (1966) relacionava feminização com desqualificação: "a predominância das mulheres nos empregos que refletem em seu grau mais elevado as consequências da divisão e da simplificação do trabalho doméstico" (Guilbert, 1966:9). A explicação para este processo não se esgota no argumento de que o capitalismo persegue uma lógica de barateamento dos custos da força de trabalho visando aumentar seus lucros, e de que as mulheres, menos conscientes de seus direitos como trabalhadoras, menos participantes e politizadas, aceitariam salários mais baixos e substituiriam os homens operários. Ainda que essa substituição possa ocorrer, ela não pode ser fixada como regra geral, mesmo porque também a substituição da força de trabalho feminina pela masculina ocorre como vimos na pesquisa de Acero (1984).

O sexo do trabalho (Kergoat, 1982) pode se reproduzir por tradição cristalizada através da articulação de estratégias patronais e resistência operária (Milkman, 1982). A pergunta sobre a construção das tradições que fixam o sexo do trabalho, das ocupações ou das tarefas, remete, especialmente nas realidades heterogêneas da América Latina, à reconstituição tanto da história das trajetórias femininas e das tradições e representações simbólicas, como do comportamento do mercado de trabalho e da dinâmica das relações capitalistas.

A questão colocada por Stolcke (1983) sobre se a divisão sexual do trabalho é causa ou efeito da subordinação das mulheres aponta para a insuficiência das explicações que se fundam exclusivamente no desenvolvimento econômico para analisar as práticas de trabalho das mulheres. A divisão sexual do trabalho é também uma construção social e histórica. Se é certo que o capitalismo utiliza uma estratégia de "dividir para reinar", a configuração dessas divisões é construída socialmente através das relações de classe, de raça, de gênero e das práticas sociais. O capitalismo na América Latina não criou a subordinação das mulheres, mas certamente as relações de produção e reprodução social são aqui também sexuadas e assimétricas, marcadas por uma hierarquia que subordina as mulheres e seus trabalhos.

Conclusões

Muito mais que um balanço das pesquisas sobre os trabalhos das mulheres na América Latina, esta é uma tentativa de discutir problemáticas e questões presentes em nossas pesquisas.

Alguns anos depois da crítica aguda e pertinente de Marysa Navarro (1979) sobre o economicismo da pesquisa sobre mulheres na América Latina, como ela própria apontava naquele momento, "há indícios de que talvez algumas mudanças se esboçam" (Navarro, 1979:120).

As pesquisas sobre a divisão sexual, social e internacional do trabalho mostram que as modalidades de subordinação das mulheres nas suas experiências de trabalho são múltiplas e o ponto comum é justamente a persistência da subordinação. As práticas sociais, familiares, culturais e de trabalho das mulheres são simultaneamente aproveitadas nas relações de trabalho propriamente capitalistas ou não, formais ou informais. Ao mesmo tempo, essas práticas são constantemente reformuladas pelas mulheres, como estratégias de sobrevivência, mas também como estratégias de resistência à dominação e à subordinação.

Parece hoje mais claro que, de um lado, as relações capitalistas expropriam o trabalho e os saberes de mulheres e homens de forma assimétrica, individualizando-as(os), dividindo-as(os). Por outro lado, as relações que se estabelecem entre homens e mulheres não são puro reflexo das relações econômicas, mas se traduzem em representações e símbolos com que homens e mulheres enfrentam sua vida cotidiana. São relações também assimétricas porque são assimétricas suas relações com a sociedade. São também relações de poder, regidas por leis e normas, tradições e hábitos.

A necessidade de superar o dualismo analítico apontado por Roldan (1984) que delimita as análises em termos de determinações e efeitos é hoje mais clara.

A primeira geração de feministas latino-americanas preocupou-se em saber se o trabalho liberaria as mulheres da miséria e da subordinação, se o "desenvolvimento" resgataria o "segundo sexo". Dez anos depois vemos que tanto nos ciclos expansivos do capital como hoje no ciclo recessivo, a integração ao mercado de trabalho não eliminou a hierarquia de gênero. Mas, como observa Roldán (1984:24) em sua pesquisa, "o ingresso na 'maquiladora', embora reduzido, constitui uma mudança no controle mínimo de alguns espaços de interação conjugal". Por outro lado, as modalidades de trabalho das mulheres, particularmente o trabalho domiciliar, implicam certo isolamento doméstico, a inexistência de oportunidade para socializar seu sentido individual de opressão privada e desenvolver uma consciência de gênero "comum" (Roldán, 1984:24). Ao contrário, mulheres, donas de casa, dispõem de espaços e tempos comuns nos bairros, que favorecem formas de consciência e práticas reivindicatórias, reorganizando as relações de poder na família, como acontece entre mulheres nos movimentos populares no Peru, Brasil, Chile, Argentina, Uruguai e em quase todos os países da América Latina (Blondet, 1984; Bebb, 1984).

A divisão sexual do trabalho produz e reproduz a assimetria entre práticas femininas e masculinas, constrói e reconstrói mecanismos de sujeição e disciplinamento das mulheres, produz e reproduz a subordinação de gênero dominação.

As pesquisas apontam as formas da subordinação das mulheres na América Latina, mas só as mulheres latino-americanas podem definir seu próprio caminho e conquistar sua utopia. "Não existem respostas simples para interrogações tão complexas" (Roldán, 1984).

Notas

[1] Garcia Lorca: "Asi que pasen 5 años", citado por Vivian Motta. Montevidéu, 11/12/1984.

[2] Atinge pessoas que não possuem trabalho nem procuraram emprego nos últimos 30 dias, mas procuraram um ano antes.

[3] Atinge as pessoas que procuraram emprego nos últimos 30 dias.

[4] A mesma pesquisa calcula em 14,2% a taxa total de desemprego para o trimestre fevereiro - abril de 1985.

Referências bibliográficas

Aguiar, Neuma (1984). *Mulheres na força de trabalho na América Latina.* Petrópolis, Vozes.

Argenti, Gisèle (1984). *"Reflexiones preliminares a cerca del impacto de las nuevas tecnologias en el empleo feminino",* GRECMU, Seminario "Investigación feminista y investigaciones sobre la mujer en America Latina". Montevidéu.

Acero, Liliana (1984). *"Technical changes in a new industrializing country. A case study of the impacts on employment and skills in the Brazilian textiles industry",* Science Policy Research, Univ. of Sussex.

Beneria, Lourdes e Sen, Gita (1982). *Desigualdad de clase y de género y el rol de la mujer en el desarrollo económico: implicaciones teóricas y prácticas, in* Leon, Magdalena (org.), *Sociedad, subordinación y feminismo.* Bogotá, ALEP.

_____(1982b), *Acumulación, reproducían y el papel de la mujer en el desarrollo economico: una revisión a Boserup in* Leon, Magdalena (org.), *Las trabajadoras del agro.* Bogotá, ACEP.

Beneria, Lourdes (1983). "The Labor process and gender relations", Social Science Research Council, Workshop on Social Equality and Gender Hierarchy, Cidade do México, (mimeo).

Bruschini, Cristina. "Mulher e trabalho. Uma avaliação da década da mulher: 1975 a 1985", (mimeo).

Cardoso, F. H. e Faletto, E. (1969). *Dependencia y Desarrollo en America Latina.* México, Siglo XXI.

CEPAL (1969). *El Pensamiento de la CEPAL.* Santiago, Editorial Universitaria.

_____ (1984). *La mujer en el sector popular urbano,* ONU, Santiago.

Blondet, Cecília (1984). "Los movimientos de mujeres en Peru". Lima, (mimeo).

Deere, C. D. e Leon, M. (1982). "Producción campesina, proletarización y la división del trabajo en la Zona Andina" *in* Leon, M. (org.), *op. cit.*

Fernandes, Maria Patrícia (1982). "La maquiladoras y las mujeres en ciudad Juarez (Mexico): Paradojas de la industrialización bajo el capitalismo integral" in Leon, *op. Cit.*

Frank, A. G. (1969). "Sociologie du développement et sous développement de la sociologie", *in Cahiers Internationaux de Sociologie,* vol. XLII.

Gitahy, L., Humphrey, J., Lobo, E., Moyses, R. (1982). "Luttes ouvrières et luttes des ouvrières à S. Bernardo do Campo", *in Cahiers des Amériques Latines, 26,* Julho-Dezembro.

Guilbert, Madeleine (1966). *Les fonctions des femmes dans l'industrie.* Paris, La Haye, Mouton.

Hirata, H. e Humphrey, J. (1983). *O emprego industrial feminino e a crise brasileira de 1983,* (mimeo).

Humphrey, J. (1984). "Trabalho feminino na grande indústria paulista", *in Cadernos CEDEC,* 3, São Paulo.
Hartman, Heidi (1979). "The unhappy marriage of marxism and feminism. Towards a more progressive union", in *Capital and Class,* 8.
Jelin, E. (1978), "La mujer y el mercado de trabajo urbano", *in Estudos CEDEC,* vol. 1, nª 6.
Kergoat, Danièle (1982). *Les ouvrières,* Paris. Le Sycomore.
Leon, M. (1982), *Sociedad, subordinación y feminismo.* Bogotá, ACEP.
Madeira F. e Singer, P. (1975). "Estrutura de Emprego e Trabalho Feminino no Brasil (1920-1970)", in *Cadernos CEBRAP,* 13.
Madeira, F. (1978). "El trabajo de la mujer en Fortaleza», *Demografía y Economia* XII, 1.
Melgar, A. e Teja, A. M. (1984). "Participación feminina e ingresos salariales femininos», GRECMU, Seminário "Investigación feminista y investigaciones sobre la mujer en America Latina". Montevidéu.
Navarro, Maryza (1979). "Research on Latin American women", *in Signs,* vol. 5, I.
Paiva Abreu, Alice (1980). *O trabalho industrial a domicílio na industria de confecções,* Tese de doutoramento, Departamento de Ciências Sociais, USP, (mimeo).
Prates, Suzana (1984). "En el mundo nada se crea, nada se pierde, algo se transforma y algo sigue igual, GRECMU, Seminário "Investigación feminista y investigaciones sobre la mujer em America Latina". Montevidéu.
Roldan, Martha (1984). "Pautas de control del circuito monetario doméstico y formas de consciencia entre trabajadoras industriales domiciliares de la ciudad de Mexico", GRECMU, Seminário "Investigación feminista y investigaciones sobre la mujer en América Latina". Montevidéu.
Safa, Helen (1979). "Multinational and employment of women in developing areas: the case of the Caribbean", Reunion Anual de la American Anthropological Association, Cincinatti.
Soares V. e Lobo, E. (1985). "As trabalhadoras na CUT", (mimeo).
Souza-Lobo, Elizabeth (1984). "A divisão sexual do trabalho e as ciências sociais". VIII Reunião Anual da ANPOCS, GT "A mulher na força de trabalho", Águas de São Pedro, (mimeo).
Stolcke, Verena (1981). "Women's labours: the naturalization of social inequality and women's subordination", *in* Young G. K., Wolkowitz, C. e McCallgh, R. (orgs.). *Of marriage and the market.* London, CSE books.
_____(1982). "Los trabajos de las mujeres " *in* Leon, M. (edit.), *Sociedad Subordinación y feminismo.* Bogotá, ACEP.
_____ (1983). *Position paper for the SSRC Workshop on social inequality and gender hierarchy in Latin America,* México.

Homem e mulher:
imagens das ciências sociais*

Passado o tempo de um feminismo ingênuo em que a subjetividade revoltada substituía a teoria, passado o tempo de um feminismo político em que a pesquisa valia menos pelo rigor do seu método do que pelos objetivos que se colocavam, passado o tempo de pretensão de elaborar uma 'ciência feminina', passado o tempo da ilusão da novidade absoluta do feminismo, os caminhos abertos são ainda mais largos.[1]

As abordagens do tema "mulheres" nas Ciências Sociais brasileiras têm sido analisadas sob vários ângulos: na sua articulação com os movimentos de mulheres e o feminismo dos anos 1970, como parte da renovação teórica representada pelos temas da heterogeneidade, tão caros a pesquisadores e pesquisadoras "marcados pelo fato de terem tido 20 ou 30 anos em 1968" (Lindemberg, 1986:30). Para o bem ou para o mal, a emergência da problemática das "relações de gênero"[2] aparece indissoluvelmente ligada ao feminismo enquanto prática, movimento, "teoria".

Minha preocupação neste artigo[3] não é de fazer uma revisão bibliográfica, nem ainda um *échat des arts*, mas refletir sobre e através de uma abordagem das relações de gênero nas análises dos movimentos sociais.

---

* Publicado originalmente em *Mulheres, da domesticidade à cidadania – estudos sobre movimentos sociais e democratização*. E. M. de Oliveira (org.), ANPOCS/ Conselho Nacional dos Direitos da Mulher, 1987.

Visibilidades e invisibilidades

A emergência dos movimentos de mulheres e das mulheres nos movimentos (Blay, 1984) se insere no cenário dos movimentos sociais que ocuparam o espaço social e político a partir da segunda metade da década de 1970.

Independentemente das polêmicas sobre a natureza dos movimentos sociais, em que estes são analisados ou como expressão de carências e necessidades geradas nos processos de urbanização em que o Estado aparece como agente fundamental (Jacobi, 1986) ou daquelas que colocaram os movimentos como formas geradas pelo fechamento dos espaços políticos tradicionais durante o regime autoritário (Moysés *et alli,* 1982) ou ainda como indícios de novas formas de organização e de relações sociais (Jelin, 1985), permanece a interrogação sobre as causas da participação das mulheres nos movimentos e não em outras formas de mobilização ou organizações. A questão é colocada quase exclusivamente em termos da natureza dos movimentos portadores de reivindicações, referindo-se às carências e necessidades de consumo de bens públicos e às questões reprodutivas (Durhan, 1984; Evers *et alli,* 1982:110). Mas a constituição dos movimentos implica também uma problematização do processo de formação do coletivo, o agenciamento de vontades para a formulação das demandas e as implicações desse momento em que, ao mesmo tempo, uma necessidade é interiorizada e se transforma em reivindicação, voltando-se para fora do indivíduo, estendendo-se como reivindicação coletiva que supõe interação e solidariedade. Assim, antes do movimento como ator coletivo, interessa-me o movimento como *movimento de agenciamento, de formação de um coletivo de homens e mulheres,* para iluminar, como quer Evers (1984), uma outra face do movimento: a formação de identidades, de sujeitos sociais e políticos.

Tanto quanto a formação histórica de uma classe trabalhadora não é o efeito de relações de produção (Thompson, 1979), a formação do movimento não é o resultado de uma relação causal, miséria-demanda ou opressão-reivindicação ou ainda inversamente: expansão de serviços públicos-necessidades; mas a formulação de demandas, reivindicações ou necessidades coletivas passam pela construção de uma ideia de direitos, pelo reconhecimento de uma coletividade. É desse processo que a análise da participação das mulheres nos movimentos pode ser reveladora.

Algumas falas de mulheres identificam os momentos de construção de identidade do grupo: "A gente tinha a parte de tricô ou crochê.

Depois que terminava, a gente lia a Bíblia e refletia. Cada uma lia um trechinho e a gente depois comentava de acordo com o que está acontecendo na nossa vida... Hoje nós batemos mais no Evangelho a partir das necessidades do bairro"[4].

Por um lado, o bairro aparece como espaço em que se cruzam trajetórias e projetos, necessidades e vontades comuns. É muitas vezes para as donas de casa o único espaço de sociabilidade fora da família, e melhorar a vida implica para cada uma a melhoria da vida no bairro. Nesse sentido, a vida em construção nos bairros da periferia pode ser, ao mesmo tempo, a construção de um espaço privado e um espaço público: o espaço privado está configurado na casa própria, o espaço público, no bairro. A singularidade dessa convergência na construção de um espaço público e de um espaço privado para grupos sociais que se estão constituindo enquanto sujeitos coletivos, reconhecendo-se através de experiências e práticas comuns num espaço urbano, possibilita a emergência das mulheres. As condições de participação realizam-se pela formação de espaços em que as experiências individuais e coletivas são pensadas através das categorias que constituem o imaginário dessas mulheres, frequentemente enraizadas no discurso religioso.

Na fala das mulheres dos clubes de mães, o cotidiano aparece como espaço de reconhecimento das experiências e é dessa matéria que se constrói o envolvimento das mulheres. Não é só a natureza das reivindicações (próprias à reprodução e consequentemente próprias às mulheres), mas a modalidade de agenciamento coletivo que aponta para a construção de um campo social novo tanto quanto para a "reflexão sobre os atores e particularmente os atores dominados cujos movimentos impregnados de revolta e portadores de inovações constroem nossas sociedades (Wieworka, 1986:153). As formas de construção dos movimentos apontam para uma articulação do mundo privado sem o mundo público que rompe os modelos de fixação das mulheres nos espaços privados. A articulação entre vida privada, vida social e vida política se recoloca[5].

O interesse em problematizar a constituição dos movimentos a partir de uma problemática de gêneros reside justamente no fato de que sob esse ângulo se coloca a questão das relações entre os sujeitos e as práticas sociais. A dinâmica dos movimentos não só rompe com as formas institucionais de reivindicação, mas rompe também com as formas internas de constituição dos grupos em ação na sociedade, estabelecendo novas relações entre indivíduos, grupos e sociedade.

A presença de homens ou mulheres nos movimentos é frequentemente analisada na perspectiva dos seus interesses:

a) Questões ligadas à produção – homens;
b) Questões ligadas à reprodução – mulheres.

No entanto, por um lado, cada vez mais a própria separação produção/reprodução é contestada e percebe-se a articulação entre práticas produtivas e reprodutivas (Hirata, 1986). Por outro lado, mesmo privilegiando uma representação masculina das lutas sindicais e uma representação feminina das lutas nos bairros, permanecem algumas questões não explicadas. Em primeiro lugar, ainda que as mulheres estejam sempre nos bairros, e frequentemente em condições precárias, nem sempre formulam reivindicações ou participam de movimentos. Assim, a emergência dos movimentos se dá no quadro de um campo em que coincidem momentos de formação de uma identidade de grupo, experiências individuais e coletivas da vida política, tradições e culturas atualizadas pela conjuntura. Em segundo lugar, a participação das mulheres está certamente ligada à dinâmica interna dos movimentos, à sua forma participativa, pelo menos inicial, que não supõe uma direção já hierarquizada e estabelecida como no movimento sindical.

Sobre isso diz Michèle Perrot: "as mulheres se afirmam por outras palavras, outros gestos. Na cidade ou mesmo na fábrica possuem outras práticas cotidianas, formas concretas de resistência que desmontam a racionalidade do poder e que têm raízes no uso do tempo e do espaço que lhes são próprios" (Perrot, 1979:154).

Nesse sentido, a forma e a dinâmica dos movimentos têm a ver com a experiência dos sujeitos. Seguindo a linha de reflexão proposta por Laclau (1986:43), a categoria de sujeito deixa de ser uma "unidade racional e transparente", as práticas masculinas ou femininas moldam e são moldadas nas formas dos movimentos. O sujeito deixa de ter a figura masculina, e coloca-se a questão de como o imaginário social vai incorporando as figuras das mulheres como sujeitos das lutas diante da multiplicação da presença feminina nos movimentos (Blay, 1984).

As intrusas

A reflexão sobre as relações de gênero nos movimentos sociais remete ainda à questão do deslocamento das fronteiras da vida política, à extensão da cidadania política através da proliferação de espaços políticos (Laclau, 1986:47).

Ao articularem as experiências da vida privada com a vida pública, nas lutas cotidianas, as mulheres questionam a hierarquia de gênero não só no nível da família, mas no nível do discurso e nos espaços da política tradicional. Confrontado ao imaginário da mulher submissa e reclusa, se reforça a figura da "mulher do povo, rebelde" (Perrot, 1979). A emergência dessa rebeldia é também indicadora do esgotamento dos espaços políticos institucionais.

As conjunturas históricas em que surge a questão dos direitos da mulher ou da igualdade entre os sexos são marcadas pelos projetos de transformação social e política ou pelas grandes utopias revolucionárias (Perrot, 1979). Ao mesmo tempo, as mulheres desaparecem quando a ordem volta a reinar e a sociedade se disciplina. Assim, o mundo de cabeça para baixo de Cristopher Hill (1987) se recompõe quando "os latoeiros que se haviam tornado pregadores retornaram a suas aldeias, ou como Burnyan foram para a cadeia... Fox impôs a disciplina aos quacres: esses sucumbiram à ética protestante. A propriedade triunfou. Os bispos retornaram à Igreja estatal, as universidades e os dízimos foram mantidos. As mulheres conheceram de novo o seu lugar" (Hill 1987:360).

As mulheres estiveram presentes nas lutas populares da revolução industrial e da revolução francesa, nos movimentos abolicionistas. A questão da "igualdade entre os sexos" atravessou as correntes anarquistas e socialistas, e a revolução russa. A revolução sexual e a liberação das mulheres ressurgiu nas utopias dos anos 1960. Os movimentos, como as revoluções, podem ser institucionalizados e perder sua radicalidade, mas o tema da hierarquia entre os gêneros emerge a cada vez que as sociedades se colocam em questão e discutem democracia e direitos.

O significado dos movimentos de mulheres, da participação das mulheres no conjunto dos movimentos sociais (Blay, 1984) e das correntes feministas surgidas no final da década de 1970 no Brasil é indicador de que novas formas de relações sociais, novas formas de pensar a política e de definir espaços de participação estavam em jogo.

Os estudos detalhados da dinâmica dos clubes de mães[6] evidenciam um movimento de articulação entre vida privada e vida pública, e especificamente vida política, que me parece distinto de um processo de passagem de uma esfera para outra a partir de interesses que se manifestam por ciclos (Hirschmann, 1983). Essa articulação possui um duplo sentido na medida em que a luta pelas condições de vida e trabalho, ao instituir espaços e ao reformular hierarquias, coloca os temas políticos da participação e da representação, tanto quanto relaciona direitos sociais e políticos.

A singularidade dos movimentos, mesmo daqueles que são aparentemente redutíveis a reivindicações materiais, está em que também eles trazem embutido uma reformulação das práticas tradicionais de mulheres e homens, dos espaços que ocupam na sociedade, das relações instituídas entre sociedade e Estado. Características que não lhes asseguram, evidentemente, nem êxito inevitável, nem duração eterna.

Tanto quanto a história do movimento operário não pode ser lida como "uma evolução linear e racional" rumo ao Paraíso, os movimentos de mulheres ocorrem em espaços e tempos atravessados pelas experiências[7] cotidianas e pelas experiências históricas de vitórias e derrotas. As consequências e o alcance dos movimentos não se reduzem aos resultados imediatos, às reivindicações. Vários outros níveis necessitam ser analisados.

Num primeiro nível ocorrem modificações na esfera das relações familiares e da vida cotidiana, o que certamente gera novos *habitus*[8] na construção social do gênero. Em segundo lugar, de forma difusa e ambígua, mas relevante, se constitui uma imagem das mulheres como personagens nos espaços públicos.

O exemplo do aumento do número de mulheres no Parlamento (3,7 vezes maior do que na legislatura anterior) é indicativo de transformações. Mesmo sendo ainda apenas 5% do total. De nove mulheres parlamentares na legislatura anterior, passou-se a 26. Tal fato reflete tanto o aumento da participação das mulheres na vida pública quanto uma nova imagem de que a mulher pode e sabe fazer política (Rodrigues, 1987:67). A mesma tendência, ainda incipiente, já aparecia nas eleições de 1982 (Blay, 1984).

Não é meu objetivo aqui deter-me na análise das relações entre mulheres, partidos, regiões, idade etc. Mas algumas das hipóteses válidas para o estudo dos movimentos apontam muitas questões embutidas nos resultados eleitorais: a relação entre o número de mulheres e o perfil do partido (relacionando mulheres candidatas e mulheres eleitas), e também com a natureza e as propostas dos partidos. A relação entre o perfil das eleitas e o perfil do eleitorado que as elegeu.

Mas o que resta saber é se, na eventualidade de um aumento significativo do número de mulheres no Parlamento, não se produzirá o discurso de uma crise do Legislativo que terá entre outras causas a sua feminização.

Isso porque as imagens dos gêneros masculino e feminino são também imagens de poder nos vários registros e discursos das sociedades. Michèle Perrot aponta as dificuldades das operárias em ter reconhecido seu direito ao trabalho na França do século XIX, onde também a feminização do setor terciário, particularmente dos escritórios, foi vivida como intrusão (Perrot, 1986:79). Resistências semelhantes quanto ao trabalho fabril podem ser observadas no sindicalismo brasileiro (Souza-Lobo *et alli*, 1987), e, sempre guardando as precauções necessárias à reflexão sobre as relações de poder, a questão da inaptidão feminina é recorrente, tanto quanto da sua intrusão.

As mulheres nos movimentos invadem espaços políticos, as libertárias e feministas invadem os espaços públicos. Deslocam lugares e fronteiras, não sem resistência. Se para Flora Tristan foi difícil em 1843-4 entrar num café "club político" era porque isso estava em desacordo com a ideia de que lugares uma mulher poderia frequentar. Outro não deve ser o efeito de umas Ciências Sociais "(re)feminilizadas" e por isso mesmo enfraquecidas (Micelli, 1987) tal como aparece na recente produção científica brasileira.

Algumas conclusões impertinentes

Das reflexões sobre as relações de gênero, em particular nos movimentos de mulheres, duas ordens de conclusões se destacam:

A primeira delas remete às relações entre a emergência das mulheres nos movimentos e a conjuntura das transformações nas sociedades. Nesse sentido, a participação das mulheres nos movimentos está fortemente assentada nas ideias de igualdade de direitos que atravessam a história social.

A segunda ordem de questões destaca a particularidade dos movimentos como momentos de estruturação de novas relações entre vida pública e vida privada, e de novas configurações das relações de gênero nas relações sociais e políticas. Por suas conquistas, às vezes por sua simples presença, as mulheres nos movimentos subvertem a ordem dos gêneros vigente nos espaços da sociedade. Uma ordem que é material e fortemente simbólica, que distribui, através da história, lugares para homens e mulheres, que atribui qualidades e aptidões, estabelece hierarquias nessas mesmas qualidades, sejam elas consideradas naturais ou admitidas como construções sociais, sem serem no entanto questionadas.

Sobre as concepções das qualidades naturais de homens e mulheres, a história das ideias é rica. Perrot relembra Comte para quem existia "uma inaptidão radical do sexo feminino ao governo ainda que fosse de uma simples família" (Perrot, 1986:82). Mesmo sem voltar à biologização das diferenças que tanto marca os discursos sobre a divisão sexual do trabalho e sobre a prática política ou a prática científica, as imagens do masculino e do feminino não só consolidam diferenças, mas contém hierarquias. Trazem marcas de força ou debilidade.

Os movimentos são laboratórios para analisar essas imagens, para fazer o estudo das formas em mudança das relações entre os sexos, tanto na realidade social, quanto na imagem que cada sexo tem do outro (Hobsbawm, 1987:23).

Mas se essas imagens que atravessam a cultura de uma sociedade são também imagens de poder, a construção da problemática das relações de gênero remete necessariamente à inversão dessas imagens, às formas de confrontação. Assim, quando a participação das mulheres nos movimentos é atribuída a um prolongamento de sua atividade reprodutiva, ou simplesmente não é questionada, a continuidade ou invisibilidade também são imagens que colocam as mulheres nos seus lugares.

Ao contrário, a produção do conhecimento de um avesso, das mulheres fora do lugar, não pode cair na tentação de constituir um "corpus teórico", uma ciência feminista em separado (Rogerat, 1986:1), quando justamente a problemática de gênero remete às relações de gênero enquanto relações sociais que atravessam a história das sociedades e das mentalidades.

"Não se trata de constituir um novo território que seria o da história das mulheres, uma concessão tranquila em que elas se expandiriam à vontade, ao abrigo de qualquer contradição; trata-se muito mais de mudar a direção do olhar histórico colocando a questão da relação entre os sexos como central. A história das mulheres, em suma, só é possível a este preço" (Perrot, 1984:15).

Notas

[1] Louis, Marie-Victoire, (1986). "Recherches sur les femmes, recherches féministes" in Guillaumin, Marc (org.) *L'État de Sciences Sociales en France* Paris, Le Découverte, p. 460.

[2] Utilizo o conceito de gênero como conjunto de representações sociais construídas a partir das condições biológicas das diferenças entre os sexos.

[3] Este artigo retoma em parte a comunicação "Mulheres, feminismo e novas práticas sociais" apresentada no VI Seminário de Estudos Latino-Americanos, CLACSO/UFRGS, Porto Alegre, 1985, na perspectiva de um texto preparatório sobre o tema, inserido no projeto Movimentos Populares e Modernidade em elaboração pela área de sociologia/USP e Departamento de Ciências Políticas/Universidade de Quebec a Montreal.

[4] Ver GEP/URPLAN – Rede Mulher. *Que história é essa? "Clube de mães e grupos de mulheres de São Paulo"*, nº 3, outubro de 1985.

[5] Mantenho aqui as distinções tais como foram formuladas por Hannah Arendt em *A condição humana*. Rio de Janeiro, Forense Universitária, 1983.

[6] Ver GEP/URPLAN – Rede Mulher, op. cit..

[7] O conceito de experiência está aqui utilizado com o significado que lhe atribui Thompson (1981:15): resposta mental e emocional seja de um indivíduo ou de um grupo social a muitos acontecimentos interrelacionados ou a muitas repetições do mesmo tipo de acontecimento.

[8] Utilizo o conceito de *habitus* proposto por Pierre Bourdieu, como "sistema de disposições duráveis e transponível, estruturas estruturadas predispostas a funcionar como estruturas estruturantes, isto é, princípios geradores de práticas e organizadores de práticas e representações..." in *Le sens pratique*. Paris, Minuit, 1980, p. 88.

Referências bibliográficas

Arendt, Hannah (1983). *A condição humana*. Rio de Janeiro, Forense Universitária.

Blay, Eva (1984). *A participação da mulher na redemocratização*. São Paulo, Conselho Estadual da Condição Feminina.

Cardoso, Ruth (1983). "Movimentos Sociais urbanos: Balanço Crítico", in Sorj, Bernardo e Tavares de Almeida, M. H. (org.), *Sociedade e política no Brasil pós-64*. São Paulo, Brasiliense.

Durhan, Eunice (1984). "Movimentos sociais – a construção da cidadania, *Novos Estudos CEBRAP, nº 10*. Evers, Tilman (1984), "Identidade: a face oculta dos novos movimentos sociais", *Novos Estudos CEBRAP*, nº 4, vol. 2, p. 11-13.

Hill, Cristopher (1987). *O mundo de ponta-cabeça – Ideias radicais durante a Revolução Inglesa de 1640*. São Paulo, Companhia das Letras.

Hirata, Helena (1986). 'Trabalho, família e relações homem-mulher – reflexões a partir do caso japonês", *Revista Brasileira de Ciências Sociais, nº 2*, vol. l.

Hirschman, Albert (1983). *De consumidor a cidadão*. São Paulo, Brasiliense.

Hobsbawm, Eric (1987). *Mundos do trabalho*. São Paulo, Paz e Terra.

Jacobi, Pedro (1986), *Políticas públicas de saneamento básico e saúde e reivindicações sociais no Município de São Paulo – 1977/1984*. Dissertação de Doutorado. USP, FFLCH, Departamento de Ciências Sociais.

Jelin, Elisabeth (1985). *Los nuevos movimientos sociales*. Buenos Aires, Centro Editor de América Latina.

Laclau, Ernesto (1986). "Os novos movimentos sociais e a pluralidade do social", *Revista Brasileira de Ciências Sociais, nº 2*, vol. 1.

Lindemberg, Daniel. "Grandeur et misère des Sciences Humaines», in *L'Etat des Sciences Sociales en France*. Paris, La Découverte.

Louis, Marie-Victoire, (1986). Recherches sur les femmes, recherches féministes, in *L'État de Sciences Sociales en France*. Paris, La Découverte.

Miceli, Sérgio (1987). Política de filiação/política de representação na ANPOCS. São Paulo, ANPOCUS, (mimeo).

Moises, J. A. *et al.* (1982). *Cidade, povo e poder.* Rio de Janeiro, Paz e Terra.

Perrot, Michele (1979). La femme populaire rebelle, *in* Fraisse, Geneviève: *Histoires sens qualités.* Paris, Galilée.

_____ (1984). *Une histoire des femmes est-elle possible?.* Paris, Rivages.

_____ (1986). Histoire et pouvoir des femmes *in* Aubert *et al. Le sexe du pouvoir* (orgs.), Paris, Desclée de Brouwer.

Rodrigues, Leôncio Martins (1987). *Quem é quem na Constituinte. Uma análise sócio-política dos partidos e deputados.* São Paulo, Oesp-Maltese.

Rogerat, Chantal (1986). *Le mouvement des femmes en France et la recherche,un repérage de circonstance.* Paris, GEDISST/CNRS, (mimeo).

Scherer-Warren, Ilsee e Krischke, Paulo (orgs.) (1987). *Uma revolução no cotidiano? Os novos movimentos sociais na América Latina.* São Paulo, Brasiliense.

Souza-Lobo, Elisabeth *et al.* (1987). A prática invisível das operárias, *in O sexo do trabalho* (Kartchersky – Bulport *et al.).* São Paulo, Brasiliense.

Thompson, E.P. (1981). *A miséria da teoria ou um planetário de erros.* Rio de Janeiro, Zahar.

Wieviorka, Michel (1986). Le déploement sociologique, *in L'Etat des Sciences Sociales en France.* Paris, La Découverte.

Os usos do gênero*

Os estudos e pesquisas sobre o tema "mulheres" multiplicam-se na produção de ciências humanas nos últimos anos, constituindo objetos de pesquisa interdisciplinar e partindo de campos teóricos heterogêneos. Estudam-se as mulheres na sociologia, na antropologia, na história social, na ciência política com abordagens que remetem ao marxismo, à psicanálise ou a uma proposta de *ciência feminista*.

A extensão da temática das pesquisas nas diferentes disciplinas tem suscitado revisões bibliográficas e, sobretudo, revisões teóricas, interrogações e questionamentos. Alguns deles são particularmente significativos e inspiraram este texto[1].

Retomo aqui os fios de duas discussões em curso: a primeira delas diz respeito ao gênero como categoria analítica. A segunda remete à pertinência de um campo de estudos sobre "mulheres", partindo da interrogação de Michèle Perrot: "É possível uma história de mulheres?"[2]

---

* Esse texto retoma em parte a exposição feita no seminário "Relações de sexo – relações de gênero", USP, Departamento de Sociologia, 1987. Desde então, incorporei questões colocadas pelas interlocutoras ou discutidas na mesa redonda internacional "Les rapports sociaux de sexe", APRE, Paris, 1987, em que minha participação foi possível graças ao apoio financeiro da Fundação Ford. Publicado na coletânea *Relações de sexo – relações de gênero*, Codac–USP, 1989.

O gênero como categoria analítica

Dos estudos sobre mulheres emergem problemáticas: a divisão sexual do trabalho, a subordinação das mulheres, a separação das mulheres na esfera privada em contraposição à esfera pública, ocupada principalmente pelos homens, a dominação. A busca das causas da opressão caiu frequentemente na armadilha das origens da dominação: viria ela da necessidade de controlar a sexualidade feminina, como queriam algumas pesquisadoras, ou da necessidade de controlar a força de trabalho feminina para os fins da acumulação, como queriam outras?[3]

Essas abordagens constituem temáticas próprias: de um lado, aquelas cujo eixo de reflexão está na formulação de uma teoria do patriarcado, de outro, a corrente marxista, cuja principal problemática é a da divisão sexual do trabalho, embora frequentemente tente integrar as duas problemáticas. Os temas pesquisados permitiram constituir um saber extenso sobre a situação das mulheres nas sociedades, sobre as formas concretas e históricas da condição feminina, mesmo se a interrogação inicial sobre a origem da opressão muitas vezes conduzisse a uma desistoricização das questões, reduzidas à pergunta originária da causa da opressão – o que fazia das formas da subordinação feminina, meras aparências, portadoras de uma causa essencial.

Mas nos próprios itinerários das pesquisas feministas surgem as questões e impasses: as formas da divisão sexual do trabalho não são redutíveis à estratégia do capital e a causa da dominação original pouco ilumina a reflexão sobre mudanças e permanências nas relações entre homens e mulheres.

A definição clássica de patriarcado como "ordem hierárquica sexual do capitalismo, para o controle político" é criticada por Sheila Rowbothan[4] por reproduzir um conceito de sistema econômico – o capitalismo – separado de um sistema social-ideológico – o patriarcado –, que seria subordinado ao sistema econômico. Por outro lado, permanecem as interrogações sobre as origens da opressão, para as quais as explicações se apoiam inevitavelmente nos argumentos biológicos e obscurecem "a necessidade de reconhecer as muitas formas com que as sociedades definiram o gênero". Isso significa enfatizar que as representações de mulheres e homens, contidas nas formas históricas de suas relações, não são as mesmas. A sexualidade, a maternidade ou a força de trabalho foram objeto de concepções distintas e, consequentemente, as relações de controle ou dominação entre homens e mulheres configuram formas distintas.

Por outro lado, alguns dos argumentos que sustentam a teoria do patriarcado[5] apontam para os impasses e as dúvidas sobre as representações do "sexo biológico" que levaram as pesquisadoras feministas a teorizarem o gênero através de incursões na antropologia estrutural e na psicanálise, para analisarem justamente o significado social da masculinidade e da feminilidade.

Tais são, especificamente, as questões colocadas por um outro conjunto de abordagens, cujo eixo reside na construção do feminino e do masculino através das experiências vividas ou da linguagem[6].

A construção do gênero como categoria analítica certamente tem a ver com os impasses da teoria do patriarcado e das análises marxistas, tanto quanto com o desenvolvimento autônomo de abordagens psicanalíticas. O certo é que o eixo de reflexão nas pesquisas feministas passa a ser muito mais o da busca dos significados das representações do feminino e do masculino, as construções culturais e históricas das relações de gênero.

É nesse sentido que trabalha Joan Scott quando retoma uma citação de Michelle Rosaldo: "Parece-me que o lugar das mulheres na sociedade não é um produto direto do que ela faz, mas do significado que suas atividades adquirem através da interação social concreta"[7]. O inventário e a arqueologia desses significados desconstroem o gênero a partir dos vários espaços em que ele se constrói: a família, o mercado de trabalho, as instituições, a subjetividade. As dicotomias produção-reprodução, esfera pública e esfera privada se desfazem, uma vez que as relações de gênero permeiam as várias esferas, cujas demarcações são fluidas, historicamente situadas, diferenciadas nas culturas e nas sociedades.

Ao mesmo tempo, sintomaticamente, a construção da categoria analítica de gênero atualiza uma outra questão: a da relação de gênero como relação de poder. Assim, na definição de Joan Scott, a categoria de gênero implica dois níveis:

1. O gênero como elemento constitutivo das relações sociais, baseado nas diferenças perceptíveis entre os sexos.
2. O gênero como forma básica de representar relações de poder em que as representações dominantes são apresentadas como naturais e inquestionáveis.[8]

A relação de gênero remete, pois, a espaços primários das relações familiares e implica a construção de uma subjetividade sexuada e de identidades de gênero – e por isso a contribuição das abordagens psicanalíticas é fundamental. Por outro lado, os itinerários de homens e mulheres não podem ser reduzidos a simples efeitos mecânicos de uma identidade cristalizada de uma vez para sempre, ou não haveria história. Daí a importância das análises que têm por objeto as práticas sociais e as instituições, onde as relações de gênero se constroem.

A inquestionável importância da contribuição psicanalítica para a construção do conceito de gênero encontra seus limites na redução desse processo ao espaço das experiências individuais, da família, do inconsciente, enquanto os espaços da experiência coletiva não são problematizados a partir de análises das relações de gênero e tampouco se desenvolve um instrumental teórico que torne possível esse tipo de abordagem.

Mas a questão principal continua sendo a de que essas relações implicam não apenas diferenças, assimetrias, mas hierarquias, e que são relações de poder que fazem parte dos mecanismos de constituição dos poderes nas sociedades. Sintomaticamente, essa não é uma questão colocada exclusivamente por Joan Scott, mas está presente em outras reflexões não menos pertinentes e qualificadas, como a de Michèle Perrot[9].

O deslocamento do foco que buscava as causas da dominação para os significados e as condições de construção das relações de gênero se completa. Mais ainda, constitui um fio condutor que articula os estudos sobre as relações de gênero com os estudos sobre as condições de permanência e mudança das relações sociais, ou ainda com os que tratam das formas de construção de poderes nas sociedades.

Enquanto relação de poder, a dominação de gênero é tão inexplicável em sua origem biológica quanto a dominação racial. As teorias raciais se preocupam em fundamentá-la a partir da biologia, o mesmo que fizeram aqueles que tentaram construir uma explicação natural para a dominação dos homens na sociedade. Michèle Perrot relembra Comte, para quem existia "uma inaptidão radical do sexo feminino ao governo ainda que fosse de uma simples família"[10].

Mesmo sem voltar à biologização das diferenças que marca tanto os discursos sobre a divisão sexual do trabalho quanto aqueles sobre as práticas políticas ou práticas científicas de homens e mulheres, as imagens do masculino e do feminino não só consolidam diferenças como contêm hierarquias:[11] são imagens de poder. Por isso mesmo os estudos sobre relações de gênero remetem a hierarquias, formas institucionais e mudanças nas práticas das sociedades e, nessa medida, estão questionando também as configurações de poder nas sociedades. Um exemplo particularmente pertinente na produção sociológica brasileira é o das relações de gênero nos movimentos sociais. Durante algum tempo analisaram-se os movimentos sociais separando movimentos de mulheres (reivindicando creches, por exemplo) daqueles que não tinham uma reivindicação feminina específica (como a ocupação do solo urbano) e ainda os movimentos feministas assim definidos a partir da origem de classe das participantes ou dos temas e propostas (quando o eixo articulador fosse a ideia da opressão-discriminação das mulheres na sociedade).

A análise da presença de mulheres nesses movimentos estabelecia relações de identificação entre reivindicações reprodutivas-mulheres, relações produtivas-homens. No entanto, os estudos mais atentos à problemática das relações de gênero, e não apenas à descrição do sexo dos atores sociais, suscitariam a questão da articulação entre vida privada e vida pública, focalizando as práticas tradicionais de mulheres e homens nos espaços que ocupam na sociedade e nas relações que estabelecem com as instituições e o Estado[12].

Reencontramos aqui as duas questões que orientaram esta reflexão: de um lado a historicidade das relações de gênero na sociedade e as modificações por que passam ao mesmo tempo em que tecem os fios das relações de poder.

Os estudos sobre gênero e os guetos teóricos

Em seu artigo sobre o gênero como categoria analítica, Joan Scott faz um balanço de algumas explicações atribuídas à mudança dos estudos e pesquisas sobre mulheres em estudos sobre gênero. Um dos argumentos significativos remete à busca da legitimidade que o conceito propiciaria enquanto categoria não identificada com o tema específico das mulheres e, portanto, mais apropriada para se incorporar aos campos teóricos das disciplinas, sem se restringir aos "estudos sobre mulheres".

A observação é tanto mais interessante se compararmos a situação institucional consolidada dos *women studies* nos Estados Unidos e a situação dos estudos sobre mulheres no Brasil, onde não existem propriamente estruturas curriculares de *women studies* – o que pode ser correto, mas não justifica o fato de que as pesquisas sobre relações sociais, práticas sociais e culturais simplesmente ignorem as relações de gênero como parte constituinte de seus objetos. Joan Scott adverte para os perigos de um gueto teórico que, ou se desenvolve paralelamente à produção teórica das diferentes disciplinas, ou tenta integrar um tema no corpo teórico das disciplinas sem questionar suas categorias, alheias à problemática de gênero, o que ocorre com grande parte das pesquisas sobre movimentos sociais no Brasil.

Assim, surge o problema da constituição de um campo teórico à parte – uma história das mulheres, uma sociologia das mulheres, enfim os estudos sobre mulheres como *disciplina* autônoma. Na medida em que as pesquisas feministas trouxeram uma contribuição à construção do gênero como relação social-histórica que implica relações de poder e que atravessa o tecido social, esse não pode ser um campo à parte do contexto das relações sociais. A menos que se trate apenas de uma estratégia defensiva que, nas palavras de Michele Perrot, criasse "um novo território, concessão tranquila que as mulheres expandissem à vontade, ao abrigo de qualquer contradição".[13] Essa seria também uma estratégia errada, pois, se as relações de gênero são relações de poder, relações institucionais e interdisciplinares o são igualmente. Por isso mesmo os estudos sobre mulheres estão também submetidos a relações de poder e não são poucos os exemplos que demonstram como as pesquisas feministas receberam apoio editorial e institucional enquanto foram atrativas, ou para mercado, ou para captar financiamentos internacionais, deixando de constituir área prioritária tão logo tenha mudado o "comportamento do mercado", para usar uma expressão "competente".

Menos do que as razões estratégicas ou mercadológicas, é muito mais a pertinência teórica da proposta dos estudos de gênero que orienta as preocupações de Joan Scott. Ao apontar a coincidência entre a formulação do conceito e o período de perturbações teóricas nas ciências humanas, quando ocorrem entre os cientistas sociais deslocamentos dos paradigmas científicos para os paradigmas literários, da ênfase às causas à ênfase aos significados, do debate entre os que sustentam a transparência dos fatos e os que insistem em que a realidade é construída. "É nesse espaço que as pesquisadoras feministas desenvolveram um discurso teórico próprio, que encontra interlocutores políticos e acadêmicos."[14] É nesse espaço que se coloca a problemática do gênero como relação social que atravessa a história e o tecido social, as instituições e as mentalidades, objeto interdisciplinar por excelência, ao mesmo tempo do domínio das teorias sobre família, mercado de trabalho, processo de trabalho, cidadania, partido político e movimentos sociais, tanto quanto da subjetividade. Filha bastarda, ilegítima desse processo de perturbações que atingiu as ciências humanas, muito contra a vontade de alguns, a problemática das relações de gênero se constrói entre o gueto e a invisibilidade.

Notas

1. Scott, Joan. "Women's history and the rewriting of history, in history", in Famham Christi, *The impact of feminist research in Academy,* Indiana University Press/BIoogmington/Indiana-polis, 1987; e "Gender, A useful category of historical Analyses", (mimeo).
2. Perrot, Michèle. *Une histoire des femmes est-elle possible?.* Paris, Rivage, 1986.
3. Rowbothan, S. "Lo malo del patriarcado", *in* Samuel. R. (ed.), *Historia popular y teoria socialista.* Barcelona, Crítica, 1984, p. 248-56.
4. Rowbothan, *op. cit.*
5. Alexander, Sally e Taylor, Barbara. "En defensa del patriarcado", *in* Raphael Samuel, *op. cit.,* p. 257-61.
6. Gilligan, C. *In a different voice,* Cambridge, Mass. – London, Harvard University Press, 1983.
7. Scott, J., *op. cit.,* p. 1067.
8. Scott, J., *op. cit.,* p. 1067.
9. Perrot, Michèle. "Histoire et pouvoir des femmes", *in* Auber *et al., Le sexe du pouvoir,* Desclée de Brower, 1986, p. 79-88.
10. Perrot, *op. cit.,* p. 82.
11. Souza-Lobo, E. "Homem e mulher: imagens das ciências sociais", ANPOCS, GT "Mulher e Política". Águas de São Pedro, 1987.
12. Perrot, Michèle, *op. cit.,* p. 15.
13. Scott, Joan, *op. cit.,* p. 1069.
14. *Idem.*

O trabalho como linguagem:
O gênero no trabalho*

Este texto percorre um itinerário dos estudos sobre o trabalho feminino em suas várias problemáticas e abordagens, privilegiando algumas e as discutindo-as à luz dos enfoques que iluminaram a produção no campo da sociologia e da história social brasileira.

Em primeiro lugar, situo os espaços do tema na sociologia do trabalho, relacionando-o às problemáticas dominantes. Em segundo lugar, trato de reconstituir as configurações e problemáticas nos estudos sobre trabalho feminino e trabalhadoras, na sua particularidade ou nas relações com as abordagens da sociologia do trabalho e da história social, a saber: (a) do desenvolvimento e modernização à divisão sexual do trabalho; (b) divisão sexual do trabalho: qualificação, carreiras e subjetividade; (c) trabalhos do gênero na sociologia do trabalho.

Cada uma dessas três vertentes implica questões e enfoques próprios ou articulados uns aos outros. Trato de discutir pelo menos alguns, sem pretender um levantamento extensivo. Para concluir, volto a uma questão: o gênero será mesmo uma categoria de trabalho[1] na sociologia do trabalho?

---

* A presente versão foi apresentada no XVI Encontro Anual da ANPOCS, em outubro de 1990, quando obteve aprovação para publicação pelo Conselho Editorial do BIB. A autora preparava a versão definitiva quando foi colhida pelo acidente que resultou em sua morte. Em respeito ao zêlo e à maneira criteriosa que Elisabeth Lobo sempre imprimiu aos seus trabalhos, a Editoria do BIB solicitou pequenos esclarecimentos a Helena Hirata, Regina Morel, Paola Cappellin, Elina Pessanha, Alice Abreu e Marco Aurélio Garcia (N. E.).

O trabalho feminino na Sociologia do Trabalho brasileiro

Talvez em algum momento nos fins dos anos 1970 e início dos 1980 tivesse sido possível afirmar que havia no Brasil um debate político e cultural intenso sobre o tema do trabalho feminino e até mesmo que, se a produção sociológica não era impactante no conjunto da disciplina, pelo menos poderia ser considerada promissora[2].

Mas se nem do ponto de vista quantitativo a produção sociológica sobre trabalho feminino se multiplicou, como no caso de outros países, do ponto de vista qualitativo aconteceu aqui o mesmo problema diagnosticado por B. Becalli: "a variável sexo não tem um estatuto central na sociologia do trabalho",[3] e nem o tem tampouco para a economia do trabalho, o que também ocorre na Itália, conforme o mesmo diagnóstico.

A comparação com outras observações de Bianca Becalli pode ser sugestiva. Ela argumenta que, para a antropologia, para a economia do trabalho e até mesmo para a psicologia, o tema se coloca no centro da pesquisa empírica e da teorização. Seria impensável um antropólogo que ignorasse a divisão sexual do trabalho ao estudar sociedades em que o funcionamento da família e da economia se sobrepõem ou, no caso dos economistas do trabalho, seria impossível ignorar as conexões entre segmentação do mercado, diferenças salariais e divisão sexual do trabalho. Na psicologia, o recente debate internacional sobre os mecanismos de formação do juízo moral no masculino e no feminino leva até ao questionamento dos paradigmas da disciplina. Nada disso parece ocorrer na sociologia do trabalho italiana, que permanece em grande parte pouco permeável às discussões suscitadas pela produção sobre o trabalho feminino.

E na sociologia do trabalho brasileira?

Os argumentos de Bianca Becalli assinalam que o núcleo forte da sociologia do trabalho – o estudo da fábrica, dos postos de trabalho – não incorporou a problemática do trabalho feminino. Na sociologia do trabalho brasileira o núcleo forte terá sido, até quase o final dos anos 1970, o dos estudos sobre o sindicalismo corporativo[4]. Os estudos posteriores sobre industrialização e atitudes operárias não se detiveram sobre o trabalho feminino. A exceção mais importante terá sido o estudo clássico de Aziz Simão, que não por acaso será o orientador de uma das primeiras teses sobre trabalho feminino[5].

Pensar por que os estudos clássicos sobre a industrialização e a estrutura da classe operária brasileira permaneceram impermeáveis a sua composição sexuada exige uma discussão teórica. Na verdade, essa composição foi uma característica bem nítida na classe trabalhadora da Primeira República, onde as operárias têxteis e as costureiras constituíam um percentual importante[6] e, além de tudo, presente nas lutas operárias e na imprensa do período, principalmente anarquista.

A questão da "invisibilidade" das operárias foi objeto de diferentes abordagens: num primeiro momento pensou-se que a visibilização seria possível a partir da multiplicação dos estudos sobre as mulheres trabalhadoras. J. Scott apontou as dificuldades da historiografia positivista para explicar por que a história operária ignorara as mulheres e como a multiplicação dos estudos sobre as operárias não modificou as definições estabelecidas das categorias analíticas[7].

De fato, a análise da questão supõe a interpelação de categorias e metodologias que orientaram tanto a história social quanto a sociologia do trabalho. Em primeiro lugar, coloca-se a questão quase consensual de que é um falso problema buscar uma causa original da subordinação das mulheres. Isso significa o abandono de uma lógica causal fundada numa estrutura fatalmente determinante, por uma análise compreensiva que constrói significações. Trata-se, pois, de pesquisar como a subordinação das mulheres se construiu historicamente nas práticas, nas culturas, nas instituições[8].

Sociólogos e historiadores trabalharam com um conceito de classe construído através de uma representação masculina do operário e, embora tenha sido afirmado incansavelmente que "a classe operária tem dois sexos",[9] na verdade era preciso reconhecer que a classe era masculina, ou seja, que o conceito remetia a uma posição estrutural. A análise das práticas diferenciadoras permanecia num segundo nível de explicitação. Apesar de o conceito apontar para um paradigma que se pretendia universal – de classe –, os estudos sobre as práticas e a consciência operárias vão tornar evidente que se fundava numa generalização das práticas masculinas.

O campo da sociologia marxista está balizado por alguns marcos bem definidos: sociedade de classes, a industrialização capitalista e a luta de classes. A classe, pensada como sujeito, tem uma situação estrutural e posições apenas matizadas pela luta de classes que, por sua vez, expressa as formas de consciência de classe. A universalidade da relação de classe apenas admite uma situação específica das mulheres enquanto mais exploradas frente ao universal masculino. Mas sua situação ambígua no trabalho produtivo, na medida em que são precariamente operárias, as exclui da classe operária[10].

Essa não é uma abordagem cronologicamente datada, mas atravessa uma linha de análise marxista ortodoxa, fundada no estudo das contradições capital-trabalho e na consciência de classe como "consciência global do seu ser social"[11].

O segundo campo importante na sociologia do trabalho está constituído pelas abordagens sobre industrialização, desenvolvimento e modernização dominantes até os anos 1960-1970. Se esses estudos só ocasionalmente incorporam de forma descritiva o trabalho feminino é, no entanto, dentro de seu campo teórico que se situam as teses e pesquisas pioneiras sobre o trabalho feminino realizadas nos anos 1970[12].

A problematização do trabalho feminino

a) Do desenvolvimento e modernização à divisão sexual do trabalho:
No Brasil dos anos 1960 e de parte dos 1970, a ideia de que as sociedades com "participação limitada", marcadas por baixas taxas de crescimento econômico e profundas distorções na distribuição de renda, designavam às mulheres um papel subordinado na sociedade se articulava com a tradição economicista, presente no discurso das ciências sociais, que deduzia a subordinação econômica da subordinação social das mulheres[13].

Essas abordagens guardavam pontos em comum, originados do privilegiamento da explicação estrutural na análise dos trabalhos femininos e na referência às dicotomias tradicionalismo-modernização, subdesenvolvimento-desenvolvimento. Segundo sua lógica, a subordinação das mulheres, própria das sociedades tradicionais, se resolveria pela modernização-desenvolvimento das forças produtivas, ou, ao contrário, a modernização e o desenvolvimento capitalista acentuariam a subordinação das mulheres na sociedade de classe e sua exclusão do mercado de trabalho industrial (tese de Saffioti) e da produção agrícola (tese de Madeira e Singer).

A análise do trabalho feminino partia de uma evidência empírica – a diminuição da mão de obra feminina na indústria têxtil durante os anos 1950, 1960 e 1970 – e da aplicação da hipótese de Marx sobre a força de trabalho feminina como parte do exército industrial de reserva. A hipótese parecia pertinente, uma vez que efetivamente se observou um decréscimo da mão de obra feminina na indústria e que as características da inserção das mulheres no trabalho industrial correspondiam a um perfil de intermitência, baixas qualificações e baixos salários, um perfil que Cheiwa Spindel caracterizara como o de "trabalhadores de menor valor", utilizados pelo capitalismo como excedente de mão de obra submetido a altas taxas de exploração[14].

Essas pesquisas contribuíram largamente para o processo de "visibilização" do trabalho feminino, e suas hipóteses sobre as mulheres como exército industrial de reserva só foram contestadas quando a problemática da divisão sexual do trabalho foi desenvolvida já nos anos 1980.

No entanto, o quadro explicativo da "modernização", como "processo complexo e contraditório de mudanças ocorridas no país, nas estruturas produtivas, nas formas de organização do trabalho e nas relações sociais (entre classes, entre sexos) e que conduziram a sociedade brasileira à configuração predominantemente capitalista e industrial"[15] permaneceu constante num segundo tipo de abordagem sobre o trabalho feminino – dessa vez pelo ângulo da "reprodução das desigualdades" e das "estratégias de sobrevivência".

A formulação dessa problemática reflete já a preocupação que invade as ciências sociais no Brasil dos anos 1970 em torno das transformações nas relações econômicas e sociais – migração, degradação dos salários reais, industrialização acelerada. Elas estão na raiz da expansão do trabalho feminino e infantil, perceptível no final da década. Mas o objetivo fundamental é a indagação sobre o significado do trabalho feminino para a organização familiar[16].

Esses estudos trazem uma contribuição fundamental, pois associam família e trabalho. No entanto, a reflexão tende a privilegiar a organização familiar e seu projeto estratégico, subsumindo integralmente as mulheres como atores sociais. Permanece, isto sim, a relação entre vida familiar e mercado de trabalho e a diferenciação na formulação das estratégias familiares segundo as diferenciações dos grupos sociais. Novamente não se trata de uma linha de abordagem datada, mas que informa fundamentalmente as pesquisas sobre mercado de trabalho. Uma pesquisa recente sobre mercado de trabalho na Grande São Paulo retoma algumas teses sobre a articulação trabalho produtivo e espaço da reprodução – a família – e do trabalho feminino como parte da estratégia familiar, sendo organizado pelo grupo familiar, acrescentando como terceira característica básica e estrutural sobre a natureza do trabalho feminino o fato de que se insere no quadro da divisão sexual do trabalho decorrente da divisão sexual dos papéis na sociedade[17].

A importância desta abordagem em termos de visibilização é novamente indiscutível. No entanto, o problema consiste na visão estrutural sobre a natureza do trabalho feminino, que impede a problematização das formas históricas e culturais da divisão sexual do trabalho e fixa-as em termos de reprodução dos papéis sociais.

b) Divisão sexual do trabalho: as metamorfoses de uma problemática

As pesquisas sobre o trabalho feminino articuladas à dinâmica do mercado de trabalho apontaram a segregação ocupacional – os grandes "guetos ocupacionais" da mão de obra feminina[18]. Esse problema se vê reforçado pelas teses sobre a segmentação do mercado de trabalho que incluiu as mulheres nos grupos de mão de obra secundária caracterizados pela instabilidade, baixos salários e desqualificação[19].

Os estudos sobre mercado de trabalho incluem a variável feminina, mas só aquelas(es) mais particularmente preocupadas(os) com o trabalho feminino vão se interrogar mais detidamente sobre a relação sexo-mercado.

Por outro lado, no contexto da sociologia do trabalho brasileira, se desenvolve no início dos anos 1980 a pesquisa sobre processo de trabalho e organização do trabalho fabril. Não se trata aqui de analisar em detalhe como esse núcleo duro da sociologia do trabalho se constitui e se expande, as influências e trajetórias de sua constituição como campo de pesquisa. O certo é que passa a ser uma temática importante em que os estudos sobre o trabalho feminino fabril encontram um espaço.

A tentação positivista sempre pode sugerir que, uma vez dentro da fábrica e diante da diferenciação entre operárias e operários, pesquisadores(as) foram levados(as) a problematizar essa diferenciação, mas os muitos exemplos em que o sexo dos(as) operários(as) permanece oculto afastam a ilusão positivista. Na verdade, foram muito mais as(os) pesquisadoras(es) que já estudavam o trabalho feminino que problematizaram a divisão sexual do trabalho na fábrica[20].

Os aportes teóricos mais imediatos incidem no questionamento das teorias do exército industrial de reserva e da segmentação do mercado de trabalho, no estudo das qualificações e da gestão da mão de obra. As pesquisas de Hirata e Humphrey sobre as trajetórias profissionais operárias no período da crise de 1981 a 1983 e durante a retomada econômica após o Plano Cruzado permitiram relacionar divisão sexual do trabalho e dinâmica do mercado de trabalho, concluindo que as operárias não são simplesmente substituídas por operários, nem estes por aquelas. A divisão sexual do trabalho tende a preservar o equilíbrio entre emprego feminino e masculino, conforme a dinâmica de emprego dos distintos setores empregadores de mão de obra feminina ou masculina. Por outro lado, as trajetórias profissionais se articulam diferentemente com qualificações, para operários e operárias. Estas tendem a voltar ao trabalho industrial, passada a crise, na razão direta de sua qualificação. Já os estudos da repartição dos pontos de trabalho e das qualificações masculinas e femininas mostram que "o conjunto da mão de obra feminina não está marcado pela precariedade e a instabilidade e que as teorias de segmentação, ao analisarem a ocupação feminina, sobrestimam os mecanismos de mercado e subestimam as formas de segregação no processo de trabalho"[21].

Paralelamente, o questionamento e a redefinição das qualificações – que se tornará uma questão central para a sociologia do trabalho face às mudanças tecnológicas no processo de trabalho – estão igualmente suscitados pela divisão sexual do trabalho ao apontarem os critérios de qualificação masculinos e femininos – "os talentos das mulheres e a qualificação dos homens". Outro tema forte da sociologia do trabalho, as estratégias da gestão, apontam as diferenciações entre mecanismos destinados a uma mão de obra masculina e feminina: a importância diferenciada da formação de mão de obra, dos incentivos sociais, da estabilidade quando dirigidos a operários ou operárias.

Mas muito mais do que as precisões pontuais que a problematização em termos de divisão sexual do trabalho permitiu para a análise empírica nas pesquisas da sociologia do trabalho, parece-me fundamental a problematização das qualificações, das trajetórias ocupacionais e das formas de gestão como construções históricas e sociais, como apontavam os primeiros trabalhos de Ruth Milkman, ao estudar a indústria elétrica e automobilística. É certo, no entanto, que parte da produção, especialmente a brasileira, que problematizou a divisão sexual do trabalho, o fez ainda relacionando divisão sexual do trabalho e patriarcado.[22] A formulação do patriarcado, mesmo relativizada pelas diferenciações históricas, permanece no quadro de referências a uma estrutura determinante, fundada nas bases materiais. De certa forma, o patriarcado funda a divisão sexual do trabalho e é por sua vez fundado nas bases materiais da sociedade. Ou, o que me parece seguir um raciocínio semelhante: as relações sociais organizam as divisões da sociedade, e esta divisão é um locus fundamental das relações entre os sexos. A historicidade da divisão sexual do trabalho e seu conteúdo de construção cultural me parecem aqui perdidos, na medida em que se restabelecem relações de determinação estrutural. Como aponta Sheila Rowbothan, a palavra "patriarcado" coloca muitos problemas: remete a uma forma universal e histórica de opressão, com fortes marcas biologizantes, ou ainda produz "um modelo feminista de base – superestrutura", uma estrutura fixa, enquanto as relações entre homens e mulheres são tanto mutáveis quanto fazem parte de heranças culturais e institucionais, implicam reciprocidades tanto quanto antagonismos[23].

Como conceito pertinente para pensar as relações no trabalho, que são um aspecto das relações sociais entre homens e mulheres, a divisão sexual do trabalho não esgota a problemática dessas relações, na medida em que elas comportam construções culturais e históricas, interdependentes e complementares. As relações entre homens e mulheres são vividas e pensadas enquanto relações entre o que é definido como masculino e feminino – os gêneros. Nesse sentido, a divisão sexual do trabalho é um dos muitos *locus* das relações de gênero. Por que o uso dos gêneros como categoria analítica? Porque justamente constrói ao mesmo tempo uma relação social-simbólica sem estabelecer uma mecânica de determinação[24].

De fato, a problemática da divisão sexual do trabalho se articula com a categoria gênero e abre espaço para se pensar as novas questões que preocupam a sociologia do trabalho: as "metamorfoses" do trabalho e o seu questionamento, a subjetividade no trabalho, e as identidades no trabalho, o problema de igualdade e diferenças e as formas contemporâneas da gestão e de políticas sociais.

c) Os trabalhos do gênero na sociologia do trabalho
A categoria não é própria da sociologia do trabalho. Para chegar a ela, seja-me permitido percorrer um caminho duplamente heterodoxo – ao campo da sociologia do trabalho e a um conjunto de conceitos.

Por um lado, o conceito remete à construção de significados culturais. No campo específico das relações de trabalho, esses significados foram construídos na multiplicação dos estudos da história social e dos estudos de cultura. Foram esses estudos que geraram uma nova linguagem para falar da subjetividade no trabalho, aponta Cynthia Cokburn, remetendo talvez mais precisamente ao percurso da produção anglo-saxônica, uma vez que o percurso da produção francesa, por exemplo, passa talvez mais pelas formulações da psicopatologia do trabalho. Não existem áreas separadas institucionalmente da vida social nas quais as formas de consciência se constituem: mentalidades e subjetividades se formam e se expressam em cada esfera da existência – inclusive no trabalho e inclusive no trabalho tecnológico[25].

Vários caminhos apontam para as formas históricas e culturais das relações de trabalho, e mais ainda para a relação de trabalho como interação que envolve subjetividades. O gênero é uma das dimensões dessas subjetividades. Quando a relação de trabalho se cristaliza ou universaliza, as estratégias empresariais e as práticas de trabalho tornam-se efeitos de lógicas abstratas apenas adjetivadas pela vida cotidiana.

Mas se o trabalho deixa de ser uma operação física que envolve uma "força de trabalho e se torna uma prática comunicativa, nem os gestos, nem a linguagem da gestão e das(os) trabalhadoras(es) pode ser generalizada. E a gestão mesmo compreende isso quando trabalha cada vez mais com linguagens individualizadas, quando apela à participação". O gênero aponta então para essa nova questão que persegue a sociologia do trabalho: a redefinição da própria relação (ou melhor, interação) do trabalho[26].

Aqui se colocam várias questões relativas à formação de coletivos e à possibilidade de práticas coletivas. Tradicionalmente se apontam as dificuldades de ações coletivas entre as trabalhadoras – seja nos estudos de greves, seja nos estudos de caso. As práticas coletivas são, mesmo que involuntariamente, sexualizadas, assim como as relações com a tecnologia, com a formação profissional ou com as carreiras.

Aqui, novamente, mais além da descrição empírica das diferenças, abre-se o caminho para uma problematização de diferenças e igualdades.

Se as relações com o trabalho e com o emprego são diferentes entre homens e mulheres, isso significa que se devem cristalizar carreiras diferentes, mesmo que paralelas, em termos de qualificações, postos, salários, promoções? Os estudos de caso apontam essa como a solução mais frequente.[27] Por outro lado, no contexto brasileiro, a problemática da igualdade-diferença no trabalho, é ainda quase uma referência teórica, atualizada apenas no tema da diferenciação pela legislação do trabalho sobre a maternidade e sobre a aposentadoria. Quando é necessário contemplar diferenças entre trabalhadores e trabalhadoras, quando é necessário evitar cristalização de diferenças que criem situações de desigualdade? A tendência de uma legislação protetora das mulheres trabalhadoras, especialmente no que diz respeito à maternidade, é enraizada na legislação trabalhista brasileira e, ambiguamente, a possibilidade da aposentadoria mais cedo reforça essa proteção mesmo se sob o justo argumento do reconhecimento da "dupla jornada" das mulheres.

O gênero fornece aqui os critérios para a definição de políticas sociais tanto quanto para as estratégias de gestão e organização do trabalho, mesmo se a diferença de gênero não está explicitada nos discursos. Logo, a noção de gênero remete ao discurso sobre o masculino e o feminino naquilo que parecia ser exclusivamente uma relação técnico-organizativa. Nesse sentido, o uso do gênero na sociologia do trabalho coincide com a problematização das subjetividades e também com as identidades presentes no mundo do trabalho. Mas, observa Bianca Becalli, "a ideia de que a identidade coletiva feminina possa ser um aspecto significativo da identidade de classe permanece em geral ausente do debate político ou da investigação dos estudiosos". Cynthia Cokburn, por sua vez, avança a hipótese de que "a luta em que muitas mulheres estão hoje engajadas buscando obter competência técnica na ciência, na engenharia, nas salas de aula ou nos locais de trabalho é uma luta muito mais 'pela desmasculinização' do que pela qualificação"[28].

O que ocorre é que trabalhamos ainda, especialmente na sociologia do trabalho brasileira, com conceitos fundados em relações estruturais, onde as representações simbólicas, as linguagens são neutras: tanto as linguagens de classe como as do trabalho.

Mas se chegarmos a conceituar as linguagens do trabalho, talvez o gênero por definição tenha finalmente um lugar na sociologia daquilo que virá a ser o trabalho na sociedade brasileira.

Notas

[1] Remeto ao título do artigo de Scott (1988).
[2] Ver Becalli (1989).
[3] *Idem*, p. 187.
[4] Mesmo que alguns dos estudos clássicos tenham relacionado mais estreitamente industrialização e composição da força de trabalho, e por isso mesmo tenham sido levados a apontar a presença das mulheres, assinalando sua segregação no mundo fabril. Ver Simão (1981).
[5] Blay (1978).
[6] 33,7% do proletariado industrial segundo o Censo de 1920, citado por Pena (1981:92).
[7] Scott (1988:17).
[8] Ver também Cokburn (1990) e Milkman (1987). Observa-se a mesma abordagem – ainda que com implicações diferentes – em Kergoat (1990).
[9] Ver os trabalhos de Kergoat (1978) e Rodrigues (1978).
[10] Quando não ignora o sexo dos operários, a análise separa as operárias da classe: "o frágil vínculo que a mulher mantém com a condição operária produz um estado, por assim dizer, de apatia profissional. Em nenhum momento da pesquisa pôde-se constatar a participação feminina nos conflitos trabalhistas. Pelo contrário, as operárias sempre aparecem como um grupo à parte, desinteressado e ausente dos problemas da classe": (Frederico, 1979:58).
[11] Ver, entre outros, Antunes (1988:176). A citação é de Mészáros, I, 197.

[12] Ver em particular os trabalhos de Saffioti (1976), Blay (1978), Madeira e Singer (1975:13).
[13] CEPAL (1969) e ONU (1984). Ver também Lobo (1985) e Hirata (1988).
[14] Spindel (1983).
[15] Hirata (1988).
[16] Bilac (1978).
[17] Ferreira (1989). Para uma perspectiva mais diferenciada, ver Montali (1990:58-69) e Silva Telles (1986, Cap. VI e Conclusão).
[18] Bruschini (1988).
[19] Saffioti (1981).
[20] Hirata (1981), Humphrey (1984), Abreu (1986) e Lobo e Soares (1986).
[21] Hirata e Humphrey. (1988), e Hirata (1990), Silva (1985) e Neves (1983).
[22] Milkman (1987). Elida Rubini Liedke no seu detalhado e rico estudo remete ao patriarcado na sua definição clássica de "estruturação de relações sociais entre homens e mulheres cujas bases materiais encontram-se nos modos como as sociedades historicamente dadas organizam suas vidas, as formulações ideológicas do patriarcado fazem parte da hegemonia cultural nessas sociedades" (Liedke, 1989:12).
[23] Kergoat (1990) e Rowbothan (1984:248-256).
[24] Varikas (1990). E sobre os usos do gênero ver especialmente Scott (1988: 28). Uma tentativa de análise nesses termos está em Lobo e Soares (1986) e Lobo (1989:275-294).
[25] Cokburn (1990). A citação é de Johnson (1979). Para a discussão inglesa ver Scott (1988) e Samuel (1984). Para uma síntese de discussões na França ver Dejours (1988).
[26] Philippe Zarifian (1990) e Hirata (1990).
[27] A existência de carreiras paralelas está apontada na pesquisa de Liedke, Hirata e Humphrey (1988) e Lobo e Soares (1986).
[28] Becalli (1989:196) e Cokburn (1990:12).

Referências bibliográficas

Abreu, Alice Rangel de Paiva (1986). *O avesso da moda*. São Paulo, Hucitec.
Antunes, Ricardo (1988). *A rebeldia do trabalho – O confronto operário no ABC paulista*: as greves de 1978-80. São Paulo, Ensaio-Unicamp.
Becalli, Bianca (1989). II lavoro femminile in Italia: linee di tendenza de la analisi sociológica, *in Sociologia del lavoro*, n° 35-36, p. 187-199.
Bilac, Elizabeth Dória (1978). *Famílias de trabalhadores: estratégias de sobrevivência*. São Paulo, Símbolo.

Blay, Eva (1978). *Trabalho domesticado: a mulher na indústria paulista.* São Paulo, Ática.

Bruschini, Cristina (1985). *Mulher e trabalho: uma avaliação da década da mulher.* São Paulo, Nobel-Conselho Estadual da Condição Feminina.

CEPAL (1969). *El pensamiento de la CEPAL.* Santiago do Chile, Editorial Universitária.

CEPAL (1984). *La mujer en el sector popular urbano.* Santiago do Chile, Nações Unidas.

Cokburn, Cynthia (1990). Technical competence, gender identity and women's autonomy, XII World Congress of Sociology, Madri.

Dejours, C. (org.) (1988). *Plaisir et souffrance dans le travail.* Paris, Aocip.

Ferreira, Jussara M.N. (1989). A participação da mulher no mercado de trabalho da Grande São Paulo – 1985-87, *in Mercado de Trabalho na Grande São Paulo.* São Paulo, SEADE/DIEESE, março.

Frederico, Celso (1979). *Consciência operária no Brasil.* São Paulo, Ática.

Hirata, Helena (1981). Division sexuelle du travail et le rôle de L'État: l'exemple Brésilien, *Critiques de l'Economie Politique*, n° 17.

_____ (1988). Processos de modernização: a mulher na produção industrial, ANPOCS, GT. A mulher na força de trabalho, setembro.

_____ (1990). Notes sur les apports d'une problématique en termes de rapports sociaux de classes et de sexes (et/ou de division sociale et sexuelle du travail) à ma recherche. Paris, Gedisst, (mimeo).

Hirata, Helena e Humphrey, John (1988). 'Trajectoires et activité, Cahiers *APRE,* n° 7, vol. I, Paris.

Humphrey, John (1984). Trabalho feminino na grande indústria paulista». São Paulo, *Cadernos do CEDEC*, n° 3.

Johnson, R. (1979). Three problematics: éléments of a working class culture, *in* Clarke J. (ed.) *et al*, Working class culture, Hutchinson.

Kergoat, Daniele (1978). Ouvriers-Ouvrières?, *Critiques de l'Economie Politique*, n° 5, out-nov.

_____ (1990). Des rapports sociaux de sexe et de la division sexuelle du travail, Paris, Gedisst, Journée d'Etude, junho (mimeo).

Liedke, Elida Rubini. (1989). A diferenciação da força de trabalho na empresa. Um estudo de caso na indústria eletrônica, Programa de Pós--Graduação em Sociologia, 1, n° 1, UFRGS, julho.

Madeira, F. e Singer, P. (1975). Estrutura de emprego e trabalho feminino no Brasil 1920-1970, *Cadernos CEBRAP*, n° 13.

Mészáros, I. Conciencia de clase contingente y necessaria, *in* Mészáros, I. (org.), *Aspectos de la historia y la conciencia de clase.* UNAM, Serie Estúdios 32, México, p. 197.

Milkman, Ruth (1987). *Gender at work.* Urbana and Chicago, University of Illinois Press.

Montali, Lilia (1990). Arranjos familiares: o esforço coletivo para viver na Grande São Paulo, *Cadernos de Pesquisas*, n° 72, Fundação Carlos Chagas.

Neves, Magda M. Bello de Almeida (1983), Condição feminina, condição operária: um estudo de caso sobre operárias têxteis, Dissertação de Mestrado, Departamento de Ciência Política, UFMG.

INU, La mujer en el sector popular urbano. Santiago do Chile, Nações Unidas.

Pena, Maria Valéria Junho (1981). *Mulheres e trabalhadoras : presença feminina na constituição do sistema fabril*. Rio de Janeiro, Paz e Terra.

Rodrigues, Arakcy Martins (1978). Operário, operária. São Paulo, Símbolo.

Rowbothan, Sheila (1984). Lo maio del 'Patriarcado', in Raphael Samuel (ed.), Historia popular y teoria socialista. Barcelona, Crítica.

Saffioti, Heleieth (1976). A mulher na sociedade de classes: mito e realidade. Petrópolis, Vozes.

_____ (1981). Do artesanal ao industrial: a exploração da mulher. São Paulo, Hucitec.

Scott, J. (1988). Gender: a useful category of historical analysis, *in* Gender and the politics of history, Nova York, Columbia University Press.

_____ (1988). Women's history, *in* Gender and the politics of history, Nova York, Columbia University Press.

Silva Telles, Vera (1986). A família e seus personagens, *in* Projeto, modo e condição de vida. Uma análise das desigualdades sociais na região metropolitana de São Paulo, CEDEC/DIEESE.

Silva, Lorena H, Mulheres trabalhadoras: problemas e conquistas, *Cadernos de Estudos*, n° 15. Curso de Pós-Graduação em Antropologia, Política e Sociologia, UFRGS.

Simão, Aziz (1981). *Sindicato e Estado*. São Paulo, Ática.

Souza-Lobo, Elisabeth (1985). Do desenvolvimento à divisão sexual do trabalho – estudos sobre 'os trabalhos das mulheres', Montevidéu, GRECMU. Paper apresentado na Conferência Mundial do Decênio das Nações Unidas para a Mulher, organizada pela ONU, em Nairóbi, Quênia, julho.

_____ (1990). Trabalhadoras, trabalhadores: o dia a dia das representações *in* Anais do Seminário Padrões Tecnológicos e Política de Gestão: Comparações Internacionais, maio-agosto, 1989, CODAC, USP.

Souza-Lobo, Elisabeth e Soares, Vera (1986). Masculino e feminino na linha de montagem, ANPOCS, 1985, GT, Processo de trabalho e reivindicações sociais. *In* Anais do Seminário de Relações de Trabalho e Relações de Poder: Mudanças e Permanências, UFCE/FTNEP/ANPOCS/CNPq, vol. II.

Spindel, Cheiwa (1983). O uso do trabalho da mulher na indústria do vestuário, *in* Carmem Barroso e Albertina Oliveira Costa (orgs.), Mulher, Mulheres. São Paulo, Cortez-Carlos Chagas.

Varikas, Eleni (1990). Quelques reflexions en vrac à propôs de l'usage de genre. *Rapports sociaux de sexe et division sexuelle du travail*, Paris, Gedisst, lournée d'Etudes, junho.

Zarifian, Philippe (1990). As novas abordagens da produtividade, *in* Rosa Sales de Melo Soares, *Gestão da empresa – automação e competitividade*, Brasília, IPEA/IPLAN.

III

MOVIMENTOS SOCIAIS DE MULHERES.
IGUALDADE E DIFERENÇA

III

Um movimento no feminino
(notas sobre uma política das mulheres)*

A discussão sobre a emergência do movimento de mulheres no Brasil obedece frequentemente a uma codificação simplificadora. Vincula-se o movimento à ascensão dos movimentos populares a partir de 1975, à contribuição de feministas acadêmicas, aos ecos do feminismo internacional. Mas essas não são relações de causa e efeito e nem sempre relações de conhecimento. Daí nos propormos, nesse momento, a ampliar as informações e ouvir outras palavras.

Tanto mais porque, como já se disse, este é um país sem memória. E a parte que coube a nós, mulheres, na história do movimento, é pouco conhecida, o que torna fácil sua apropriação indevida justamente por aquelas e aqueles que negam ao movimento sua própria razão de existir. E se o passado é importante, também as experiências recentes colocam em questão nossa própria prática.

A história do movimento de mulheres não é uma história linear. Os primeiros passos das mulheres foram dados em busca de sua emancipação enquanto cidadãs: a luta pelo voto, por igualdade na educação, por igualdade civil.

Paralelamente ao feminismo liberal, um feminismo de classe, estreitamente vinculado ao movimento e aos partidos socialistas, toma corpo na Europa.

---

* Primeira versão de um artigo posteriormente publicado em colaboração com M. C. Paoli em Desvios, 1, nov. de 1982, p. 46-7.

As operárias, feministas da época denunciaram, é certo, as condições de exploração da força de trabalho feminina: os baixos salários, a opressão sexista exercida pelos patrões, mas não se restringiram a isso. Também lutaram contra os sindicatos que discriminavam as mulheres e contra a opressão na família operária.

Essas denúncias, no entanto, foram silenciadas – desde 1880 – em nome da tese de que a opressão das mulheres é produto da sociedade e de que, por conseguinte, a revolução social significará automaticamente o fim da sua opressão[1].

Assim, enquanto o feminismo liberal insistia na emancipação das mulheres, o feminismo socialista tinha como eixo a participação política das mulheres trabalhadoras.

Em 1889, no Congresso da II Internacional, Clara Zetkin e seis outras militantes defenderam o trabalho da mulher na indústria, a necessidade de sua independência econômica como parte da luta do proletariado pela revolução socialista. Disse Clara Zetkin: "Não reconhecemos nenhuma questão especificamente feminina, nenhuma questão que diga respeito exclusivamente às trabalhadoras... Por conseguinte, só resta as mulheres que desejam sinceramente sua liberação aderir ao partido socialista, o único que luta pela emancipação das trabalhadoras"[2].

Até então os partidos marxistas não propunham organizações de massa separadas para as mulheres. Apenas o Partido Social Democrata alemão manteve um jornal para as trabalhadoras: *A Igualdade*.

No III Congresso da Internacional Comunista (Moscou, julho de 1921), as teses sobre a propaganda entre mulheres analisam a situação da mulher: "Em toda parte onde a questão da conquista do poder se coloca claramente, os partidos comunistas devem saber apreciar o grande perigo que representa para a revolução, massas inertes de operárias, donas de casa, empregadas e camponesas não liberadas das concepções burguesas, da Igreja, dos preconceitos, e não vinculadas de alguma forma ao grande movimento de libertação que é o comunismo"[3].

Mais adiante, as teses propõem que o Partido Bolchevique e os partidos irmãos se deem como tarefa "estender a influência do Partido e do comunismo às massas de mulheres", criando "seções femininas nos partidos comunistas e nos sindicatos, associações e comitês ligados ao Secretariado Internacional de Mulheres, com sede em Moscou"[4].

Os limites das análises sobre a opressão das mulheres feitas pelas esquerdas nesse período eram bem preciosos:
1. A opressão das mulheres refletia a exploração de classe na sociedade capitalista, deixando, pois, de existir numa sociedade socialista;

2. A desigualdade entre homens e mulheres se fundava no acesso ao trabalho assalariado. Tratava-se, pois, de integrar as mulheres ao mercado de trabalho e incentivar sua participação política;
3. A questão organizativa – as associações, departamentos femininos – como a maioria das organizações de massa criadas e propostas pelos PCs do período, padeciam de um monolitismo rigoroso, imposto pelo Komintern, que limitava, quando não paralisava, sua ação.

Vozes isoladas, nas esquerdas, chegaram a quebrar esses limites. A anarquista Emma Goldman escrevia, já em 1906, que nem o direito ao voto, nem a igualdade no trabalho são suficientes para modificar a situação das mulheres na sociedade, se não for rompida pelas próprias mulheres a relação de submissão, de opressão, e as práticas sociais de homens e mulheres[5]. Essa perspectiva permanece, porém, marginal na história das relações entre a esquerda ortodoxa e a chamada "questão feminina" até a ruptura de 1968.

Nesse momento, o feminismo liberal, especialmente nos Estados Unidos, retomava a luta pela igualdade de direitos civis. Outra luta, no entanto, se impõe e faz explodir um novo feminismo, centrado no reconhecimento de uma opressão específica das mulheres: a sujeição de sua sexualidade à maternidade.

Esse feminismo revisitado surgiu à margem da esquerda, tanto da nova esquerda como da ortodoxa, mas acabou por envolvê-las. O processo que formou o núcleo substantivo desse novo feminismo havia começado alguns anos antes, na base de reuniões de mulheres que debatiam sua posição como mulheres no cotidiano, na sociedade e nos movimentos políticos. As participantes desses grupos, nos Estados Unidos e em alguns países da Europa, eram mulheres já comprometidas politicamente com lutas definidas, mas cansadas de ter voz política submissa no interior das organizações que militavam; e mulheres educadas de classe média, cansadas de seu isolamento e confinamento na esfera doméstica e de sua subordinação na esfera pública e profissional.

Desse processo emergiram simultaneamente novos temas, que nomeavam a condição feminina oprimida, e uma nova prática política, que punha em questão as relações do movimento com a política tradicional, com a política das esquerdas. Os novos temas – o direito ao aborto e à contracepção, a consciência da sexualidade, o trabalho doméstico, a educação mutilada, a cidadania de segunda classe, as profissões subalternas, a estética imposta, a participação política secundária formavam um campo onde se delineava o quadro da opressão própria à mulher, levando necessariamente a uma consciência crítica das formas tradicionais de organização hierárquica e de liderança dos movimentos políticos: estas excluíam, ao reproduzir reiteradamente suas concepções de luta, uma prática política que se quer renovada.

A partir de 1968, os novos temas e as novas práticas se multiplicaram em atividades diversas. Alguns grupos feministas se dedicaram à elaboração dos debates iniciais e produziram um grande número de textos e documentos que analisavam, descreviam e denunciavam a opressão da mulher. Outros se concentravam na atividade política direta, e outros ainda retomavam a luta pela igualdade dos direitos civis. Todas essas atividades juntas, no entanto, tinham algo de distintivo perante o modo tradicional de se organizar a política das esquerdas: a ausência de uma distinção ordenada entre o que era político, o que era reflexão e o que era pessoal. Essa constante dissolução da divisão tradicional do trabalho político, dissolução das fronteiras entre o pessoal, o político, o teórico e a prática, tornou-se o principal desafio do movimento das mulheres daí em diante: uma exigência de recriação continuada de suas práticas.

O processo tem sido longo e acidentado. Em primeiro lugar, vem marcado pela atualização de uma proposta de autonomia do movimento, como uma lição tirada da própria história do movimento operário e do movimento de mulheres. Em segundo lugar, para se adequar a uma dinâmica autonomista, precisa recriar constantemente seus objetivos e seus métodos de luta, na medida em que suas propostas não se esgotam nas reivindicações econômicas ou na disputa pelo poder na sociedade de classes. Por isso, "falar em movimento, e não em organização, implica necessariamente, onde quer que nos situemos no interior do movimento, reconhecer, em níveis distintos, uma liberdade de estruturas"[6]. Daí por que o feminismo autonomista propõe a prática de coordenação horizontal de campanha e grupos, hostil a uma organização centralizada, hierarquizada.

Por último, é a própria prática política das mulheres e das esquerdas que está aqui posta em questão. Militantes de ambos os sexos, em seu fazer político, carregam as marcas das práticas sociais diferenciadas de homens e mulheres. Para onde nos levam tais diferenças?

A consciência da diferença não pode ser confundida com assumir uma forma de identidade feminina que acabe por legitimar o fundamento opressivo dessa diferença. Não se trata de elaborar uma identidade própria, que vise a ocupar a posição de poder exercida pelos homens, mantendo as relações de dominação-subordinação com sinais trocados.

Nem se trata de perceber o espaço de poder ocupado como encarnado num autoritário masculino, diante do qual o ressentimento ocupe o espaço da imaginação política. Também não se trata de sonhar com uma forma de poder que feminizaria a política, onde o afeto, a intimidade e a solidariedade, qualidades vistas como inerentes às mulheres, se projetariam espontaneamente na prática política. Dessa forma acabar-se-ia por construir a mulher como entidade mítica, uma forma privilegiada de agente político, que terminaria por negar tanto outras práticas como a própria ação política numa sociedade concreta.

Nesse processo, noções como prática, militância e política são revistas tanto à luz de uma consciência feminista como de uma consciência de classe, forjadas coletivamente, "na tentativa de reconciliar o cotidiano e o cenário político-social", nas palavras de Geneviève Fraisse[7]. Essa é uma tentativa de ir mais além de nossos vários fragmentos: mulheres-homens, privado-político, casa-trabalho, geral-específico e de atualizar a utopia de homens e mulheres livres numa sociedade livre.

Emancipação e participação: feminismo liberal e feminismo de classe

No Brasil, desde o fim do século passado, sinhás e iaiás publicaram jornais femininos, em que se preocupavam, sobretudo, com a possibilidade de se educar profissionalmente, para que se pudessem tornar "independentes dos maridos, conhecer melhor a realidade, educar melhor os filhos".[8] Mais tarde, as várias correntes de feminismo se desenvolvem: questionam-se desde os problemas da educação feminina até os da posição legal da mulher, além de relações familiares, privilégios profissionais e, finalmente, a questão do voto.

O sufragismo brasileiro é registrado como a primeira luta organizada das mulheres. A luta pelo direito ao voto foi levada, especialmente, por Bertha Lutz, que funda a Federação Brasileira pelo Progresso Feminino, em 1922. Foi um movimento centrado na conquista da cidadania plena, e limitou-se a lutar pela participação no interior do sistema vigente. Formado por mulheres proeminentes, não raro profissionais universitárias e pertencentes à elite política e social da época, o movimento pelo voto questionou a predominância exclusivamente masculina na esfera política, intelectual e profissional.

Paralelamente, desenvolviam-se as lutas das mulheres operárias. O movimento operário do começo do século, de orientação predominantemente anarquista, enfrentou como uma de suas questões a exploração da força de trabalho feminina: baixos salários e a opressão sexista exercida pelos patrões. No entanto, essa participação não parece ter qualificado a mulher para uma participação política em pé de igualdade na política operária: embora consciente dos efeitos provocados pelas condições de exploração do trabalho feminino, o movimento não propiciou a prática política feminina, autônoma e organizada. Afastadas das lideranças, "ausentes dos processos de negociação das greves, desorganizadas e imediatistas que fossem, elas estavam lá",[9] no entanto. O anarquismo, muitas vezes impregnado de um moralismo conservador, frequentemente quis um lugar para a mulher apenas como "companheira", a que descobre e participa das lutas políticas através das descobertas e ações de seus homens. Houve mulheres anarquistas que ultrapassaram esses limites, como Maria Lacerda de Moura, cujo questionamento intuía a condição feminina como formada, historicamente, sob opressão:

> O problema humano, no seu caráter social, é um problema sexual. E a solução só pode ser encontrada na liberdade sexual, na maternidade consciente [...] Donde se conclui a necessidade imprescindível da educação sexual a fim de que se capacite de que não é a filantropia, não é a caridade, não é a instrução superior nem o direito de voto e nem são os direitos civis e nem é o esporte, nem o mundanismo elegante ou o sacrifício inútil da castidade absoluta que resolverão os problemas humanos, ou os problemas individuais.[10]

Assim, feminismo liberal e feminismo libertário serão duas vertentes não integradas e parciais.

Depois de 1930, o projeto de mobilização das mulheres aparece atrelado a um projeto político-partidário, enquanto "frente de massas". Em 1934, forma-se a União Feminina, movimento auxiliar da Aliança Nacional Libertadora, que criticava o papel secundário da mulher na sociedade brasileira. Nem por isso ficaram isentas de críticas na medida em que rompiam com a imagem vista como adequada para a mulher:

> As mulheres da diretoria eram atacadas por seu comportamento imoral e espalhafatoso. Se a maior parte das mulheres membros se conformava com os padrões normais de conduta, algumas na verdade faziam-se vulneráveis a tais críticas defendendo o amor livre e adotando afetações como cabelo curto e charutos baianos.[11]

Mais tarde, nas lutas pela redemocratização, as mulheres ligadas ao PCB fundaram associações regionais e o jornal *Movimento Feminismo*. Em 1949, fundaram a Federação das Mulheres do Brasil. Os programas das associações e da Federação centraram suas lutas nos bairros, para resolver os problemas locais; pela paz; contra a elevação do custo de vida; pelos direitos da mulher; pela defesa e proteção à infância. Essas lutas, embora representassem uma movimentação ativa, inseriam as mulheres fundamentalmente como colaboradoras das grandes causas nacionais, definidas de modo externo à vivência particular feminina e segundo a lógica da política estatal. O eixo das questões e mobilizações se dava em torno da democracia – como forma de fortalecer as forças que haviam lutado contra o fascismo derrotado – e das condições de vida das classes populares. Embora tais temas pudessem, em princípio, abrir possibilidade para a participação de mulheres diversas, eles foram instrumentalizados na luta política definida segundo a lógica partidária. As entidades que organizavam as mulheres não eram autônomas em sua própria prática e se orientavam, sobretudo, pela sua vinculação às estruturas partidárias. Secundárias no conjunto das forças sociais, as mulheres continuaram a ser mobilizadas em torno dos mesmos pontos até os anos iniciais da década de 1960, quando foram fechadas as associações e a Federação, esta última pelo golpe de 1964.

Ao programa, dessas entidades se pode aplicar o comentário de Sheila Rowbothan:

> As organizações de esquerda, especialmente desde os bolcheviques, adotaram uma espécie de pirâmide de níveis de atividade. Próximo ao topo estão as lutas pelo poder político e os conflitos nos locais de trabalho. Seguem-se as lutas comunitárias, tradicionalmente vistas como a questão da habitação [...] depois delas os temas de educação, do bem-estar e da cultura, e por último a política sexual e a ecologia.[12]

Hierarquização das lutas, hierarquização das organizações, subordinação das lutas específicas às lutas gerais. As mesmas questões se colocam para o movimento hoje.

Autonomia x hierarquia

Desde 1975, voltou-se a falar em movimento feminista. Vencido o obscurantismo, com a ajuda acima de qualquer suspeita da ONU, as mulheres reaparecem.

É de início um movimento de mulheres marcado pelo participacionismo: anistia, custo de vida. Aos poucos, temas proibidos ganham legitimidade: violência sexual, contracepção, aborto, ao lado das reivindicações concernentes ao trabalho e à cidadania.

Nem bem o movimento toma corpo, jogam-se sobre ele partidos, grupos e organizações. Novamente as questões gerais são opostas às chamadas questões específicas. Cria-se um etapismo: primeiro a revolução na economia e no Estado; segundo, a revolução social.

Tirou-se do bolso a velha fórmula da Federação – que lutou pela paz, contra a carestia e fez a campanha do petróleo é nosso...

Há uma tentativa de esvaziar o movimento de mulheres da problemática da qual só ele é portador: a dominação sexual característica de uma forma de sociedade de tipo patriarcal que se expressa na desigualdade política e social entre primeiro e segundo sexo e se articula com a exploração de classe.

Outra vez as questões principais das mulheres são "democraticamente" esquecidas em nome das reivindicações gerais – isto é, aquelas que remetem à economia e ao poder do Estado. Novamente não se reconhece o direito à expressão das questões "menores" – aquelas que remetem à política social.

A proposta da Federação desconhece a preocupação de autonomia do movimento como possibilidade de que o movimento decida sobre suas lutas e seus objetivos, e sobretudo que desenvolva uma prática sem vinculação partidária. Ao contrário, a proposta é que o Partido "pense, elabore, planeje e execute" o trabalho das mulheres. Mesmo porque, dizem as neo-stalinistas, autonomia é "xaropada teórica",[13] haja visto a Polônia.

Por último, repete-se o projeto hierarquizado das lutas e dos grupos, sob a égide da Federação Internacional das Mulheres, correia de transmissão da burocracia soviética.

"Quando se sabe que a história do feminismo desde 1930 é uma série de emergências e ocultamentos, explica-se o fato de temermos que nossa revolta se perca no emaranhado das instituições políticas ou da recuperação comercial".[14]

As mulheres querem se reapropriar dos fragmentos dessa história sem memória, não para cristalizámos e fabricar novas múmias, mas para que estejam presentes na nossa consciência e nas nossas práticas cotidianas, para que façam parte da nossa revolta, nossas experiências, nossos sonhos.

Notas

1. Kergoat, Daniéle. *Les ouvrières.* Paris, 1981, p. 17, (mimeo).
2. Mahaim, Holt, Heinen. *Femmes et mouvement ouvrier*, Paris, La Brèche, 1979, p. 43.
3. Manifestes, *Thèse et résolutions des 4 premiers congrès mondiaux de l'Internationale Comuniste* (1919-1923), ed. fac-símile, Paris, Maspero, 1970.
4. *Idem.*
5. Goldman, Emma. *La tragédie de l'mancipation féminine suivi du mariage et de l'amour*, Paris, Syros, 1978.
6. Fraisse, Geneviève. "La solitude volontaire (à propos d'une politique des femmes)" *in* Les Révoltes Logiques, n° especial, maio 1978.
7. *Idem.*
8. Ver Hahner, June. *A mulher brasileira e as suas lutas sociais e políticas* (1850-1937), São Paulo, Brasilense, 1981.
9. Paoli, M. Celia. "Mulheres, o lugar, a imagem, o movimento", (mimeo).
10. Lacerda de Moura, Maria. *Amai... e não vos multipliqueis*, Rio de Janeiro, Civilização Brasileira, 1932.
11. Levine, Robert. *O regime de Vargas – os anos críticos* 1934-38, Rio de Janeiro, Nova Fronteira, 1980, p. 117.
12. Rowbothan, Sheila. *Além dos fragmentos*, São Paulo, Brasiliense, 1981, p. 11.
13. MR-8: *A mulher e a revolução brasileira*, Quilombo, 1981, p. 24
14. Fraisse, *op.cit.*, p. 57.

Mulheres, feminismo e novas práticas sociais*

Repensar o movimento de mulheres no Brasil sob o ângulo de suas práticas e de seu papel social e político provocou-me a sensação de estar, na expressão de Toni Negri (1985), fazendo arqueologia de uma problemática e de uma utopia da qual sou parte. No entanto, justamente porque à primavera dos novos movimentos sociais parece ter sucedido uma espécie de outono bem comportado, em que os velhos aparelhos partidários, "reconvertidos para a ocasião em engrenagem da máquina do Estado" (Guattari, 1986), se pretendem novamente donos da sociedade e da verdade, essa arqueologia será mais uma tentativa de tornar visível o invisível, buscar a face oculta dos movimentos (Evers, 1984), aquela que se teima em esconder e esquecer.

Este artigo coloca duas questões:

a) o que são as novas práticas dos movimentos de mulheres;

b) a especificidade dos movimentos de mulheres em relação aos movimentos sociais.

A partir desses dois pontos tento pensar a singularidade da experiência dos movimentos de mulheres.

Novas e velhas práticas

No Brasil, cada vez que falamos nos movimentos de mulheres somos obrigados a abrir parênteses e explicar subcategorias: o movimen-

---

* Publicado originalmente na *Revista de Ciências Sociais*, Porto Alegre, UFRGS vol. 1, n° 2, p. 221-9, 1987.

to popular de mulheres, as feministas, os movimentos por creches, os clubes de mães. Apesar de incômodo, o procedimento é necessário. Na medida em que "os novos movimentos sociais estão inseridos no contexto social e político dominante de seus respectivos países" (Evers, 1984:16), os movimentos de mulheres emergem nos espaços e franjas do tecido social brasileiro, com a heterogeneidade de um *patchwork* que combina desenhos e cores variados.

A pergunta que imediatamente se segue, uma vez apontada a emergência dos novos movimentos sociais, especialmente na década de 1970, remete à origem desses movimentos. Seriam respostas ao fechamento do espaço político tradicional, seriam indícios de novas formas de organização e de relações sociais? (Jelin, 1985).

Dirigidas aos movimentos de mulheres, tais perguntas suscitam muitas questões. Isso porque, vista em perspectiva, parece claro que a emergência das mulheres na cena social e política tem vários significados e várias faces.

Por um lado a formação de movimentos em que as mulheres reivindicam melhorias nas condições de vida está ligada à necessidade de superar carências sociais (Durhan, 1984) agudizadas pela intensificação da migração, urbanização selvagem, omissão do Estado. Faltava água, faltavam esgotos, postos de saúde, transportes. Certamente os movimentos foram (e são) portadores de necessidades de consumo de bens públicos. Mas a constituição do movimento implica a problematização do processo mesmo de formação do coletivo, a formulação da demanda e as implicações desse momento em que, ao mesmo tempo, uma necessidade é interiorizada e se transforma em reivindicação, voltando-se para fora do indivíduo, estendendo-se como reivindicação coletiva que supõe uma solidariedade.

Assim, a passagem de uma análise dos movimentos e de seus atores mulheres e homens como portadores de necessidades e consumidores de bens públicos para outra que problematiza a constituição dos atores introduz uma nova lente que ilumina, como quer Evers (1984), uma outra face dos movimentos – a formação de identidades, de sujeitos sociais e políticos. Esse aspecto é particularmente importante para entender a emergência das mulheres e seus movimentos, para responder também a pergunta sempre recolocada: por que as mulheres?

A análise dos movimentos como portadores de demandas, e das mulheres como consumidoras estabelece uma relação de causalidade: a miséria provocaria o movimento reivindicatório ou a expansão dos serviços públicos estimularia a demanda (Jacobi, 1986). Mas a própria reconstituição dos movimentos mostra em que medida a emergência da demanda supõe a formulação coletiva da demanda – que já não é mais uma reivindicação imediata e isolada, mas passa pela construção da noção de direito, pelo reconhecimento de uma coletividade de iguais. São essas várias faces inseparáveis que, juntas, fazem do movimento não apenas um portador de reivindicações, mas um sujeito político.

Por outro lado, os movimentos de mulheres nos bairros significam também a rebelião do coro, daquelas que ocupam, como na tragédia grega, o espaço subalterno e sem rosto reservado à vida cotidiana, junto com as crianças, os escravos, os velhos, os mendigos, os inválidos (Nun, 1983). As mulheres são o símbolo da vida cotidiana e dela partem para uma experiência de autorreconhecimento na igualdade e na solidariedade.

A fala desse coro merece ser ouvida:

> Uma das coisas que a gente fez nesses anos foi se reunir toda segunda-feira. Nesse dia a gente discute todos os assuntos, inclusive aqueles que a gente diariamente vê na TV. Num outro dia a gente tem reunião de diretoria.
>
> A gente tinha a parte de tricô ou crochê. Depois que terminava a gente lia a Bíblia e refletia. Cada uma lia um trechinho e a gente depois comentava de acordo com o que está acontecendo na nossa vida.
>
> Hoje nós batemos mais na reflexão do Evangelho a partir das necessidades do bairro (Rede, 1985:8)

O cotidiano é, pois, o espaço de reconhecimento dessas mulheres, suas falas se constroem a partir dessa experiência. Mas as mulheres sempre viveram no cotidiano. O que tornou subitamente visível? Como os problemas sociais do cotidiano deixaram a obscuridade e se transformaram em problemas também políticos?

No que diz respeito às mulheres é evidente que a emergência dos movimentos não pode ser reduzida nem a um efeito mecânico das necessidades, nem ao resultado de estratégias políticas.

É possível identificar várias vertentes das novas práticas. Por um lado, está a experiência coletiva da igualdade no dia a dia do bairro – espaço em que se cruzam trajetórias e projetos, necessidades e vontades comuns. Para as donas de casa, o bairro é muitas vezes o único espaço das relações sociais e melhorar de vida em casa e para cada um implica a melhoria do bairro. Não se trata apenas de construir uma esfera pública de ação, mas a construção da vida privada depende de ação social. O projeto da casa própria é ao mesmo tempo uma solução para os problemas econômicos de sobrevivência e um mecanismo de construção de identidade: ter o seu lugar no mundo.

A experiência do cotidiano está também estreitamente ligada ao discurso e à prática da Igreja. O espaço da Igreja é muitas vezes aquele que articula as experiências e fornece instrumentos para sua interpretação. A memória das mulheres que começaram os clubes de mães mostra em que medida a possibilidade de discutir sua vida e seus problemas contribui para uma ideia de igualdade, de comunidade:

> Depois da missa os padres organizavam reuniões, primeiro na Igreja, com o tempo nas casas. As primeiras discussões foram sobre o Evangelho por meio de cochichos... Depois os grupos se reuniam nas casas e discutiam sobre a participação do Evangelho na vida: as relações entre marido e mulher, pais e filhos, os problemas locais: o lixo era jogado na Baixada, a falta de água encanada, as favelas, os transportes muito difíceis... (Camargo *et alli*, 1980).

A prática coletiva emerge da vida privada e a fala guarda a informalidade da conversa. Nesse território a fala das mulheres encontra legitimação.

A Igreja faz parte da experiência coletiva do bairro. É ao mesmo tempo uma presença familiar, parte da cultura dessa população e um ponto de referência que articula as experiências dando-lhes sentido. Outro depoimento é significativo:

> Eu costurava muito pra fora, não tinha tempo pra nada. Quando ia à missa aos domingos, o padre tinha a mania de apontar o dedo e perguntar: você, o que fez durante a semana? Aquele você caía sempre em cima de mim e minha consciência doía muito. Um dia soube de um grupo de mulheres que se reunia e decidi ir. Cheguei lá e as mulheres estavam tricotando e fazendo croché e eu pensei: "Isso aí eu não quero. Eu já estou cheia de costura". Depois veio a reflexão e eu achei interessante porque cada um falava alguma coisa sobre o Evangelho. Era a primeira vez que eu discutia o Evangelho com pessoas comuns. Antes era sempre na Igreja, onde só o padre falava. No final da reunião, a irmã pediu para alguém assumir a reunião da semana seguinte e eu me ofereci (Rede, 1985:2).

Frequentemente é a Igreja que propõe um território público onde as vidas privadas deixam a obscuridade da sobrevivência cotidiana e instituem um espaço novo de discussão. Da discussão surgem novas práticas: "[...] entramos em outros trabalhos, como a luta por escolas, por creches, que superaram tudo e acabaram tomando nosso tempo. Foi a partir dessas pequenas lutas que as mulheres começaram a participar e foram tendo uma visão maior das coisas" (Rede, 1985:8).

A finalidade das práticas reivindicativas estava por certo na satisfação de demandas mas, independentemente de sua duração, o movimento se construía como sujeito que articulava projetos e práticas. A visão do movimento como portador de demandas ignora essa estruturação do discurso, da igualdade, da solidariedade, da identidade, processos que permitem o autorreconhecimento como movimento, a identificação dos interlocutores, dos aliados, dos inimigos. É nesse sentido que o movimento passa a ter uma ação política.

As novas práticas são, portanto, de um lado, novas formas de organização social e implicam um tratamento particular e próprio da relação entre vida privada e vida pública. As mulheres nos movimentos populares estavam colocadas no limite dessa relação. Para elas a privacidade confundia-se com as necessidades de ordem social e a formação de novos espaços permitia práticas que articulam as várias esferas da experiência cotidiana (Blondet, 1984).

Para a construção desse discurso sobre a importância da vida cotidiana e a construção das práticas a partir do espaço desta vida cotidiana certamente também contribuiu a "experiência da derrota" (Telles, 1985) das esquerdas. Aquelas e aqueles que redescobriram o bairro como espaço alternativo de ação coletiva constroem também o discurso que organiza as práticas sociais.

Não se trata aqui de reproduzir nem as ilusões de espontaneidade dos que pretendem inventar movimentos em estado puro, nem as investigações conspiratórias dos que detectam agentes externos na dinâmica ou na origem de cada movimento. Os movimentos se constituem na medida em que se constrói uma identidade de experiências e práticas. Os movimentos se desarticulam, frequentemente, quando ocorrem tentativas de sujeitá-los a projetos que se lhes escapam. A ascensão e o desaparecimento do movimento contra a carestia e, mesmo de alguns clubes de mães, tem muito a ver com esses impasses, ainda que essas não sejam as únicas causas de desagregação dos movimentos.

Só há movimento onde ocorre a agregação, o sentimento da experiência comum, a constituição de um discurso e a possibilidade da igualdade – o processo de construção do movimento não é separável em fatores internos, ou externos, mas remete à articulação de experiências consumindo um coletivo.

Práticas e discursos das feministas

As novas práticas das mulheres nem sempre coincidiram no tempo e no espaço com o que veio a ser feminismo no Brasil dos anos 1970. Discursos e práticas das feministas estão no ar. São herdeiros da contestação dos anos 1960: questionam a redução das formas de discriminação social ao exclusivo conflito de classes, condenam as hierarquias, as estratégias que subordinam as reivindicações e lutas das mulheres nas plataformas partidárias em função de épicas alvoradas revolucionárias, sempre distantes. Recuperam a participação direta em lugar da representação centralizada, os grupos como espaços de reflexão e ação coletivas em torno das questões da vida cotidiana, antes reduzidas ao espaço privado e nele naturalizadas. Questionam a privatização das mulheres na sua vida e nas lutas.

No Brasil, novamente um contexto particular marca a emergência dos feminismos: as lutas democráticas, a influência das esquerdas.

Na verdade, a coincidência entre feminismo e questões democráticas não é nova – retoma a tradição das feministas americanas pelo voto. Mais tarde o papel político das mulheres é associado aos valores da paz, da anistia, no pós-guerra. Nos feminismos dos anos 1970 essas vertentes são visíveis e se associam às práticas dos grupos de esquerda, sobreviventes da repressão do início da década. Os primeiros grupos feministas, na sua maioria, tentam articular questões de gênero e de classe, se defrontando frequentemente com as objeções da esquerda ortodoxa que identifica as feministas como *burguesas*, reivindicando mulheres *femininas* e rejeitando certos temas como a violência, o aborto, a contracepção, a sexualidade, porque supostamente não interessam às mulheres das classes populares. Assim será preciso articular sexualidade, creche e liberdade democrática às chamadas *lutas gerais* e às *lutas específicas*.

Talvez seja necessário distinguir três momentos nas práticas das feministas. Num primeiro momento, em grupos ou individualmente, essas práticas foram parte de um amplo e heterogêneo movimento que articulava as lutas contra as formas de opressão das mulheres na sociedade brasileira com as lutas pela redemocratização. Nos movimentos se diluíam os discursos estratégicos, o Estado era o inimigo comum.

Num segundo momento (1980-2), a reorganização partidária começa a descaracterizar as práticas autônomas dos movimentos, os grupos se dividem e desfazem. Na divisão, muitas feministas se concentram nos partidos, outras permanecem somente no movimento. Os discursos feministas invadem os discursos partidários, mas as práticas autônomas se reduzem.

Num terceiro momento (após 1982), a criação dos Conselhos dos Direitos da Mulher em alguns estados e cidades, e mais adiante o Conselho Nacional dos Direitos da Mulher configuram novos interlocutores na relação com os movimentos. Duas posições polarizaram as discussões: de um lado as que se propunham a ocupar os novos espaços governamentais, de outro as que insistiam na exclusividade dos movimentos como espaços das feministas. Entre os dois polos ocorreram algumas tentativas de pensar qual a relação possível entre movimento e Estado. Do confronto e da experiência dos primeiros anos, avanço algumas conclusões.

Por um lado é certo que o Estado não é um espaço neutro e vazio, mas tem suas regras e mecanismos que ferem a autonomia dos movimentos, impõem tempos e alianças, subordinam lutas e propostas. Por outro lado, é evidente que os espaços no governo foram conquistas, num primeiro momento, simbólicas, mas que se transformam num instrumento para canalizar e elaborar políticas. Se os espaços se dividem, o problema reside não na diversificação das práticas, mas na submissão voluntária ou não dos movimentos à iniciativa dos órgãos estatais ou na substituição dos movimentos pelo Estado ou na confusão entre movimento e Estado, visível na forma dos Conselhos que, no discurso de algumas, seria um representante dos movimentos.

Parece evidente que o enfraquecimento ou a desapropriação dos movimentos não podem ser atribuídos aos desígnios maquiavélicos de feministas ocupando postos no governo. Mas é visível que a vigência de um discurso feminista que atende as razões de Estado, assim como do feminismo partidário introduzem nas práticas dos movimentos formas antes rejeitadas de hierarquia de temas e pessoas, de representação em vez de participação, de subordinação a políticas gerais.

Em favor dos Conselhos sempre se poderá invocar a elaboração de uma política com relação à violência contra as mulheres – através das delegacias de mulheres. As práticas introduzidas e desenvolvidas pelos SOS são institucionalizadas com êxito, sem que isso exclua as especificidades das práticas que só os SOS podem desenvolver em termos de autorreconhecimento, de reflexão das mulheres sobre suas práticas familiares.

O exemplo da submissão das lutas das mulheres às razões de Estado, por outro lado, ficou evidenciado no abandono das propostas do movimento de creches em São Paulo em favor de uma política privatizante para a rede de creches. Parte do movimento foi desarticulada para apoiar a proposta do governo. O movimento como sujeito de suas reivindicações se viu substituído e descaracterizado como interlocutor.

Concluindo, as práticas e discursos das feministas reforçaram a importância dos temas do cotidiano na configuração de políticas não mais restritas "a imagem heroica da política que não era em nada estranha ao marxismo moreno..." (Nun, 1983), questionaram a falsa dicotomia entre geral e específico, questionaram as formas da ação política. A especificidade da contribuição dos movimentos de mulheres autodefinidos ou não como feministas reside nessa proposta de uma nova articulação entre política e vida cotidiana, entre esfera privada, esfera social e esfera política[1], na reafirmação da necessária heterogeneidade das experiências a partir da relação de gênero.

Ao final dessa reflexão arqueológica, nas trilhas de Negri (1985: 18), "a prática social como agenciamento de singularidades" reaparece no horizonte, promessa de primaveras revisitadas que trazem o brilho da experiência feminista.

Nota

[1] Utilizam-se aqui as categorias tal como foram definidas por Hannah Arendt, 1983.

Referências bibliográficas

Arendt, Hannah (1983). *A condição humana*. Rio de Janeiro, Forense Universitária.
Blondet, Cecília (1984). *Apuntes metodológicos sobre las memorias de un barrio*. Lima, Centro de Estúdios Peruanos, (mimeo).
Camargo, Candido Procopio; Souza, Beatriz Muniz de; Pierucci, A. Flávio de Oliveira. "Comunidades Eclesiais de Base", *in* Singer, Paul e Brandt, Vinicius Caldeira (orgs.) (1980). *São Paulo, o povo em movimento*. Petrópolis, Vozes-Cebrap.
Cardoso, Ruth. "Movimentos sociais urbanos: balanço crítico", *in* Sorj, Bernardo e Tavares de Almeida, M. H. (orgs.) (1983). *Sociedade e Política no Brasil pós-64*. São Paulo, Brasiliense.
Corten, A.; Sadria M.; Tahon, M. B1. (1985). *Les autres marxismes réeles*. Paris, Christian Bourgois.

Durhan, Eunice (1984). "Movimentos sociais: a construção da cidadania", *Novos Estudos CEBRAP*, São Paulo (10): 24-30.

Evers, Tilman (1984). "Identidade: a face oculta dos novos movimentos sociais". *Novos Estudos CEBRAP*, São Paulo, 2 (4) 11-23.

Rede Mulher, São Paulo, *Que história é esta?* Clube de Mães e Grupos de Mulheres de São Paulo (1983), São Paulo, GEP/URPLAN.

Guattari, Felix (1986). *Les années d'hiver*. Paris, Barrault.

Guattari, Felix e Negri, Toni (1985). *Les nouveaux espaces de liberté*, Paris, Dominique Bedou.

Jacobi, Pedro (1985). Política pública de saneamento básico e saúde e reivindicações sociais no município de São Paulo 1974-1984, São Paulo, Universidade de São Paulo, Faculdade de Filosofia, Letras e Ciências Humanas. Departamento de Ciências Sociais, (mimeo), Tese de Doutorado.

Jelin, Elisabeth (1985). Los nuevos movimientos sociales, Buenos Aires, Centro Editor de América Latina.

Negri, Toni (1985). "Lettre archéologique", *in* Guattari, Felix e Negri, Toni, *Les nouveaux espaces de liberté*, Paris, Dominique Bedou.

Nun, José (1983). "A rebelião do coro", *Desvios*, São Paulo (2) 104-18, agosto.

Telles, Vera Silva (1985). A experiência do autoritarismo e práticas instituintes: os movimentos sociais em São Paulo nos anos 1970, São Paulo, Universidade de São Paulo, Faculdade de Filosofia, Letras e Ciências Humanas, Departamento de Ciências Sociais, (mimeo). Dissertação de Mestrado.

A cidadania das mulheres na nova Constituição brasileira*

Quando em 8 de março de 1979, as mulheres reunidas no *Segundo Congresso da Mulher Paulista* encerraram dois dias de discussões com um longo texto em que declararam: "De repente, pela primeira vez, sentimo-nos orgulhosas de nossa condição de mulher – já não mais mulheres isoladas e impotentes ante a situação que nos é imposta, mas mulheres decididas a mudar a própria sorte[1]", certamente não imaginavam as dimensões da história que estavam inventando.

Os itinerários dos movimentos de mulheres, dos grupos feministas e das mulheres através dos espaços públicos da sociedade brasileira pode ser analisado sob vários ângulos e em vários tempos. O fio condutor dessa análise passa pela construção da cidadania das mulheres através das reivindicações de igualdade e diferença, presentes nos discursos e práticas dos movimentos, e tematizadas no texto da nova Constituição de 1988. As conclusões do texto remetem aos significados dessa cidadania em construção.

As mulheres nos movimentos

Uma periodização dos movimentos de mulheres, que se volte menos para a cronologia e mais para sua temporalidade simbólica, permite identificar um momento de emergência dos discursos sobre a condição

---

* Redigido em colaboração com Maria Blanche Tahon e apresentado no Congresso da Associação Latino-Americana de Sociologia, Montevidéu, 1988.

feminina, centrados na denúncia das formas de discriminação e na articulação entre as chamadas reivindicações específicas (creches, contracepção, igualdade salarial) com as reivindicações "gerais de justiça social e liberdades democráticas".

Num segundo momento, emerge à noção dos *direitos*: o direito à igualdade entre homens e mulheres, o direito à diferença, os direitos sociais e políticos das mulheres, tematizados nas reivindicações "específicas"[2].

Os movimentos se consolidam enquanto sujeitos coletivos e se veem também confrontados com o Estado na medida em que, através dos novos governos da oposição democrática, a condição feminina passa a ocupar um lugar no discurso e nas políticas governamentais. A questão dos *direitos* já não é apenas tema de reivindicações, mas passa a ser objeto de políticas públicas: as relações entre gêneros deixam a esfera da naturalidade, enquanto questões da vida privada,[3] para ocupar espaços públicos e visíveis onde são discutidas. A violência doméstica, a contracepção, a divisão sexual do trabalho, o aborto, a educação diferenciada configuram as várias faces da dominação das mulheres ao mesmo tempo como objeto de denúncia e como tema de demandas e questões de política social colocadas ao Conselho da Condição Feminina, criado em São Paulo, ou ao Conselho Nacional dos Direitos da Mulher.

Se o tempo dos Conselhos colocou as relações de gênero como um desafio à racionalidade institucional e administrativa, consolida-se também, para o bem e para o mal, um feminismo oficial, institucionalizado, muitas vezes acusado de cooptar os movimentos, outras efetivamente empenhado em transformar estruturas e mentalidades[4].

Mas as ambiguidades e dificuldades das políticas governamentais valorizaram as possibilidades que o processo constituinte abria como espaço de intervenção dos movimentos através das emendas populares, dos grupos de pressão e da manifestação dos movimentos.

Ao mesmo tempo, a Constituinte recolocava a questão dos direitos, da igualdade e da diferença entre cidadãos e cidadãs, a definição de uma "cidadania das mulheres diferente da cidadania de segunda categoria" apontada nos primeiros textos feministas.

Apesar das dúvidas que o processo constituinte suscitou no momento de sua instalação, algumas conquistas regimentais, embora limitadas, permitiram que ele se abrisse a formas de participação popular[5] através das emendas populares e das audiências públicas realizadas pelas comissões de trabalho, ouvindo personalidades representativas da sociedade, dos movimentos sociais[6].

Assim, as mulheres, através de emendas populares e de depoimentos individuais, colocaram alguns dos temas fundamentais: o aborto, a reformulação do atendimento de saúde, a igualdade jurídica, a extensão da licença-maternidade e o tema polêmico da aposentadoria em limite de idade ou tempo de trabalho sempre inferior aos dos homens.

O resultado da confrontação entre as propostas das mulheres, as propostas feministas, aquelas apresentadas pelos mais diversos setores sociais e as mentalidades representadas nos parlamentares está expresso no texto final da Constituição.

As mulheres na Constituição

Na nova Constituição promulgada no Brasil em 5 de outubro de 1988 – sob o *slogan*: "Constituição democrática é a união do povo com o Estado" –, admite-se que o "povo" é composto de duas categorias. Estas apoiariam-se no gênero: "homens e mulheres são iguais em direitos e obrigações, nos termos desta Constituição". Essa formulação aparece somente no texto final; nos projetos preparatórios, é a igualdade de todos que era posta em primeiro plano. Tomar esse artigo ao pé da letra implica admitir que a noção de cidadania é uma noção neutra do ponto de vista do gênero, igualmente exercida por cidadãs e cidadãos. Neutralidade defensável, pois os constituintes reconhecem a existência dos dois sexos. Quando se afirma que "todos são iguais", podemos sempre nos perguntar se alguns não são mais iguais do que outros. Se se afirma que "homens e mulheres são iguais", a diferença, baseada no fato de se pertencer a um gênero, estando inscrita, logo reconhecida, não será mais fonte de desigualdade. Admitida a diferença, a igualdade *va de soi*.

O projeto de julho de 1987 era menos otimista, já que previa:

> Ressalvada a compensação para igualar as oportunidades de acesso aos valores da vida e para reparar injustiças produzidas por discriminações não evitadas, ninguém será privilegiado ou prejudicado em razão de nascimento, etnia, raça, cor, idade, sexo, orientação sexual, estado civil, natureza do trabalho, religião, convicções políticas ou filosóficas, deficiência física ou mental, ou qualquer outra condição social ou individual.

Essa referência desaparece depois, mas, no projeto de novembro de 1987, um dos objetivos fundamentais do Estado era assim formulado: "promover a superação dos preconceitos de raça, sexo, cor, idade e de outras formas de discriminação", enquanto no texto final lemos: "promover o bem de todos, sem preconceitos de origem, raça, sexo, cor, idade e quaisquer outras formas de discriminação". Podemos nos perguntar se a forma afirmativa empregada no texto final não tem menos peso do que a forma negativa. Promover a supressão de preconceitos parece menos abstrato, mesmo o sendo, do que promover o bem de todos sem preconceitos. No primeiro caso, leva-se em conta a existência desses preconceitos, no segundo, nos arriscamos a não fazê-lo. Isso dito, é somente no texto final que podemos ler: "homens e mulheres são iguais em direitos e obrigações, nos termos desta Constituição".

Pertencer à comunidade nacional, à cidade – uma das definições descritivas da cidadania – é uma noção problemática quando aplicada às mulheres. Poderíamos dizer rapidamente – muito rapidamente, pois algumas categorias masculinas foram excluídas: os escravos desde a Grécia antiga, os proletários até grande parte da época moderna – que a noção de cidadania é natural para os homens quando não o é para as mulheres. Para os homens, aqueles que podem pretender tal título, a cidadania é algo natural, quando essa noção é parte integrante do sistema jurídico sobre o qual se edifica uma nação, uma cidade; para as mulheres, ela requer um desvio por outra instância, que não o simples fato de se pertencer ao gênero humano. Para elas, a cidadania deve ser justificada.

Essa justificação pode se dar de diversas formas: as mulheres são cidadãs porque são mães, porque são celibatárias, porque são casadas, porque são trabalhadoras etc. A necessidade de justificação repousa sobre o fato de que historicamente as mulheres foram colocadas no domínio do privado. Ou seja, utilizando uma definição de Hannah Arendt, elas estavam do lado das "coisas que devem estar escondidas", "levavam uma vida 'laboriosa', dedicada às funções corporais". A "emancipação das mulheres" só pode advir em "uma época que já não crê mais na necessidade de dissimular as funções corporais nem as preocupações materiais". No prolongamento dessa ordem de ideias, podemos avançar que a cidadania das mulheres no Estado-providência não está mais submissa à justificação, pois este não é mais administrador de indivíduos livres e iguais, mas sim de seres vivos. Desde então, a integração das mulheres ao mesmo título dos homens se torna necessária para que nada, nem ninguém, escape ao governável.

O motivo pelo qual as mulheres são reconhecidas cidadãs, quando a cidadania repousa sobre a igualdade, não é certamente neutro. As mulheres não são integradas da mesma maneira na nação, se sua integração repousa, por exemplo, na maternidade ou no trabalho assalariado. Essa justificação não é evidentemente aleatória e também não depende somente de um estado de desenvolvimento da ideia de nação. Ela é um indício da forma do Estado. Dessa maneira, por exemplo, na Argélia, a cidadania das mulheres repousa no fato de que elas são mães. Não poderia ser diferente em um Estado corporativo-populista onde o poder só se impõe colocando frente a ele organizações de massa (trabalhadores, jovens, operários etc), com cada uma das quais ele mantém uma relação singular. O funcionamento do sistema repousa no fato de essas organizações serem incompletas. As mulheres só são incorporadas à sua organização e, portanto, a uma relação com o Estado, porque são (potencialmente) mães. A história lhes atribui, sempre porque mães, um lugar importante na luta de libertação nacional, contribuindo fortemente para tornar impensável um posicionamento outro das mulheres que, caso contrário, arriscariam pôr em perigo a noção fundamental de incompletude. Os recentes acontecimentos nesse país e suas eventuais consequências na reestruturação do Estado deveriam ser analisados nessa perspectiva.

No índice estabelecido para facilitar a leitura da Constituição brasileira de 1988, o tema "mulher" remete a duas entradas: "gestante; licença e dispensa" e "mercado de trabalho; proteção". Essas duas entradas, que fazem parte do capítulo "Dos Direitos Sociais" – como que para dar razão a Arendt, que vê na época moderna uma oposição do privado mais ao social do que ao político –, são todo um programa: de um lado, as mulheres são mães e trabalhadoras; de outro, aquilo que chama atenção a propósito de seu lugar no mercado de trabalho é a proteção. Nós nos encontraríamos então na presença de um texto legislativo que registra a necessidade de uma "discriminação positiva" para permitir às mulheres serem as iguais aos homens. Essa é demasiado rápida, ela merece, no entanto, alguns aprofundamentos.

Como dissemos, a primeira entrada trata da maternidade no quadro do trabalho; é às trabalhadoras, ocupadas, que se reconhece a "licença à gestante sem prejuízo do emprego e do salário, com a duração de cento e vinte dias" (art. 7; XVIII). Esse artigo se aplica, portanto, às mulheres que, eventualmente, estão grávidas e devem se dedicar a esse acontecimento, momentaneamente incompatível com o exercício de um trabalho remunerado. Notemos que está também prevista uma "licença-paternidade, nos termos fixados em lei". Atualmente essa licença está fixada em cinco dias.

O tema maternidade remete a dois artigos: o primeiro se encontra na seção III, "Da Previdência Social" do capítulo "Da Seguridade Social", e estipula: "proteção à maternidade, especialmente à gestante" e o segundo está enunciado na Seção IV, "Da Assistência Social", do mesmo capítulo: "a proteção à família, à maternidade, à infância, à adolescência e à velhice". Em ambos os casos, trata-se mais da maternidade como estado físico do que como função social. Esse fato é confirmado pelo exame da evolução dos projetos constitucionais. No projeto que data de julho de 1987, podíamos ler no lugar de "proteção à maternidade, especialmente à gestante": "proteção à maternidade e à paternidade, naturais e adotivas, notadamente à gestante, assegurado descanso antes e após o parto". Nos projetos de novembro de 1987 e de julho de 1988, já podemos ler: "proteção à maternidade, notadamente à gestante". Constatamos dessa maneira que a paternidade e a adoção – registrando, ambas, um fato social e não biológico – desaparecem, enquanto a maternidade biológica se vê reduzida à gravidez e o parto desaparece. Nós assistiríamos então, nos prendendo aos próprios textos, a uma passagem da reprodução social da descendência à reprodução biológica dessa mesma. A cidadania das mulheres brasileiras só repousaria na sua capacidade de ser útil ao Estado pela sua descendência.

Que essas mulheres tenham filhos só está codificado para aquelas que têm um emprego assalariado. Nessa perspectiva, a Constituição prevê também no capítulo dos direitos sociais "assistência gratuita aos filhos e dependentes desde o nascimento até seis anos de idade, em creches e pré-escolas" (art. 7º, XXV). O art. 13, XXVI, do projeto de julho de 1987 era mais circunscrito quanto ao emprego: "garantia de assistência, pelo empregador, aos filhos e dependentes dos empregados, pelo menos até seis anos de idade, em creches e pré-escolas, nas empresas privadas e órgãos públicos". Uma precisão do texto final, por menor que seja, pode talvez estender esse direito a todos e não somente aos empregados. A ausência de responsabilização precisa comporta, no entanto, o risco de que ele se torne letra morta.

A outra entrada contém o art. 7º, XX, que se lê da seguinte maneira: "proteção do mercado de trabalho da mulher, mediante incentivos específicos, nos termos da lei". Esse parágrafo não figurava no texto de julho de 1987, nem no de novembro do mesmo ano. Essa "proteção" está combinada, na Constituição, com o inciso XXX: "proibição de diferença de salários, de exercício de funções e de critério de admissão por motivo de sexo, idade, cor ou estado civil". Leva-se aqui em conta que para conter as discriminações das quais as mulheres são vítimas é necessário tomarem-se medidas "específicas". A Constituição não vai mais além. Assim, podemos deduzir que os constituintes têm uma visão unificada do mercado de trabalho, em outras palavras, que eles consideram as condições nas quais os homens trabalham a norma e que devem se tomar medidas para que as mulheres possam se integrar segundo essas mesmas normas. Isso feito silencia-se a necessidade na qual se encontra a maioria das trabalhadoras: gerir ao mesmo tempo sua inserção no mercado de trabalho e seu trabalho de produção doméstica e maternal.

É, no entanto, talvez, a consciência dessa dupla gestão que leva os constituintes a, sem o justificar, prever na seção da Previdência Social:

> É assegurada aposentadoria, nos termos da lei, calculando-se o benefício sobre a média dos trinta e seis últimos salários de contribuição, corrigidos monetariamente mês a mês e comprovada a regularidade dos reajustes dos salários de contribuição de modo a preservar seus valores reais e obedecidas as seguintes condições:
> I – aos sessenta e cinco anos de idade, para o homem, e aos sessenta, para a mulher, reduzido em cinco anos o limite de idade para os trabalhadores rurais de ambos os sexos e para os que exerçam suas atividades em regime de economia familiar, nestes incluídos o produtor rural, o garimpeiro e o pescador artesanal;
> II – após trinta e cinco anos de trabalho, ao homem, e, após trinta, à mulher, ou em tempo inferior, se sujeitos a trabalho sob condições especiais, que prejudiquem a saúde ou a integridade física, definidas em lei;
> III – após trinta anos, ao professor, e, após vinte e cinco à professora por efetivo exercício de função de magistério.

Essas disposições estavam previstas no projeto de novembro de 1987 e no de julho do mesmo ano, menos, neste último, para os professores. A antecipação da aposentadoria para as mulheres aparece como um presente de despedida. É somente no fim de suas vidas que, quando seus filhos já são adultos, as mulheres recebem uma compensação por terem conjugado durante 25 ou 30 anos o trabalho assalariado ao trabalho doméstico e maternal.

O que precede só concerne às trabalhadoras assalariadas. No entanto, no projeto de novembro de 1987, estava previsto (sob a rubrica "invalidez") que "lei complementar assegurará aposentadoria às donas de casa, que deverão contribuir para a seguridade social". Esse ponto não é retomado no texto final. O que confirma a impressão de que na Constituição só são incluídas as trabalhadoras assalariadas.

Outro indício do desinteresse dos constituintes pelas "coisas escondidas", pela "intimidade" – esse desinteresse não é certamente prejudicial, em si, aos brasileiros e às brasileiras – se lê no capítulo sobre a família. Está previsto que, "para efeito da proteção do Estado, é reconhecida a união estável entre homem e mulher como entidade familiar", mesmo se este parágrafo se estende por "devendo a lei facilitar sua conversão em casamento". O parágrafo seguinte define a entidade familiar "como a comunidade formada por qualquer dos pais e seus descendentes".

"Os direitos e deveres referentes à sociedade conjugal são exercidos igualmente pelo homem e pela mulher". A divisão do trabalho e dos papéis permanece então bem "escondida" no seio da "sociedade conjugal", ela não diz respeito ao legislativo que se contenta em homologar a igualdade. Também está precisado que "o planejamento familiar", concebido como "fundado nos princípios da dignidade da pessoa humana e da paternidade responsável", "é livre decisão do casal", ficando a cargo do Estado "propiciar recursos educacionais e científicos para o exercício desse direito, vedada qualquer forma coercitiva por parte de instituições oficiais ou privadas". O projeto de julho de 1987 aborda igualmente "o planejamento familiar". O registro é, no entanto, diferente, já que o artigo 418 previa: "Os órgãos públicos e privados somente poderão implantar programas de planejamento familiar que tenham também em vista a melhoria das condições de trabalho dos cônjuges, e de habitação, saúde, educação, lazer e segurança das famílias". O intervencionismo está, portanto, contido no texto final, em relação ao de julho de 1987. O que não é um mal em si, se as limitações à liberdade de que fala o projeto de são efetivamente restringidas. É interessante sublinhar que a formulação abstrata do texto final, contrariamente àquela do projeto, fundamenta o exercício do planejamento familiar nos princípios da dignidade da pessoa humana e na paternidade responsável enquanto, nós o vimos, ele subtraiu a referência à paternidade na seção "Da Previdência Social". O que pode ser percebido como uma nova afirmação da maternidade como fato biológico.

Retira-se de uma leitura, de certo não suficientemente minuciosa, da última Constituição brasileira que, na nova democracia que tenta se afirmar, as mulheres são cidadãs porque elas são (potencialmente) trabalhadoras assalariadas. Essa maneira de se interpelar as mulheres se origina muito provavelmente da força dos movimentos populares que conseguiram, após uma importante mobilização durante o período de transição democrática, impor que o acesso à cidadania repousa na autonomia, na individualização: autonomia e individualização que, para as mulheres e os "excluídos" do "milagre econômico brasileiro", requerem a possibilidade de se pretender um trabalho remunerado.

A inclusão dos assalariados na sociedade democrática deve aumentar o número de inclusos. Ela se apóia mais em direitos sociais do que em políticos. Ela mantém alguns excluídos. Mas a noção de cidadania não carrega nela mesma a exigência de exclusão? O princípio de inclusão baseado no assalariamento não barra automaticamente o caminho às mulheres, particularmente em um país onde a taxa de atividade das mulheres é elevada (entre 35% e 40%). Muitas mulheres continuam, entretanto, excluídas, aquelas que se dedicam em particular às "preocupações materiais e às funções corporais". É muito sintomático constatar-se que os trabalhadores domésticos, na ocorrência essencialmente de trabalhadoras, não tenham reconhecidos uma série de direitos sociais como os de trabalhadores urbanos e rurais, a não ser a "garantia de salário, nunca inferior ao mínimo, para os que percebem remuneração variável" e que nenhum limite de tempo de trabalho seja para eles fixado. Entende-se, portanto, que o trabalho doméstico é um labor que se confunde com o tempo biológico e por isso dificilmente pode ser limitado em termos de jornada de trabalho. Se tal é o caso para as "trabalhadoras", não é necessário codificá-lo para as donas de casa.

Conclusões

O texto da Constituição de 1988 é pois, uma cristalização de mentalidades e o produto das trajetórias percorridas pelas mulheres, seus discursos, suas práticas, confrontadas às instituições e ao Estado.

Apesar das restrições evidentes no tratamento reservado a questões como o aborto, os debates e o próprio texto trazem embutidos os temas colocados pelas mulheres nesses quase 30 anos de movimentos. Se da cidadania de segunda categoria passamos a uma cidadania de trabalhadoras e de mães, se ainda estamos divididas entre a lógica da igualdade e a da diferença, reconhece-se uma sociedade em que "homens e mulheres são iguais em direitos e obrigações". A Constituição avançou na construção de uma cidadania social das mulheres, e nisso coincidiu com o espírito do conjunto do texto, marcado pela preocupação de alguns em remover as fundas desigualdades sociais que limitam a possibilidade de igualdade política na sociedade brasileira.[7]

Mas, quem sabe mais cedo do que imaginamos, também a cidadania política seja reconhecida como representação de uma nova cidadania que emerge dos sonhos dos excluídos e excluídas, ocupando os espaços públicos da sociedade brasileira.

Notas

[1] Jornal *Brasil Mulher* (encarte especial), São Paulo, junho, 1979.
[2] Souza-Lobo, Elisabeth. "As mulheres nos espaços públicos: os movimentos populares na sociedade brasileira contemporânea", 1987, mimeo.
[3] *Idem*.
[4] Souza-Lobo, Elisabeth. "Las feministas, los feminismos y Estado", Santiago, ISIS Internacional, 1986.
[5] Muçouçah, Paulo Sérgio. "Os novos limites da cidadania", São Paulo, Cedec, 1988, (mimeo).
[6] As "emendas populares, sugestões encaminhadas por entidades da sociedade civil eram patrocinadas por no mínimo três entidades representativas e subscritas pelo menos por trinta mil eleitores. Foram apresentadas 122 emendas populares com um número de assinaturas que representavam cerca de 17% do eleitorado brasileiro". Cf. Muçouçah, Paulo Sérgio, *op. cit*., p. 8 e 33.
[7] Weffort, Francisco. "Notas sobre o desenvolvimento político do Brasil – Texto preliminar", São Paulo, CEBRAP, 1988.

Questões a partir de estudos sobre o movimento de mulheres no Brasil*

Uma releitura da literatura sobre "movimentos de mulheres-movimentos feministas" no Brasil enfrenta uma primeira dificuldade que reside no próprio recorte que separa movimentos de mulheres e movimentos feministas. Por movimentos de mulheres entendem-se os movimentos populares, por movimentos feministas entende-se o movimento das mulheres de "classe média". Esse recorte classista é precário e traz embutido um recorte temático-reivindicatório. Os movimentos de mulheres remeteriam às reivindicações socioeconômicas; os feministas remeteriam às questões socioculturais que são clássicas nos movimentos feministas: sexualidade, aborto, violência.

Numa segunda ordem de dificuldades se coloca: a literatura sobre os movimentos populares é ampla, embora nem sempre se preocupe em identificar se são homens ou mulheres que fazem os movimentos. Mas há estudos importantes sobre os movimentos de mulheres.

Já a literatura sobre o movimento feminista está ainda dispersa em teses e artigos. Faltam reflexões mais abrangentes, que incorporem detidamente algumas fontes pouco exploradas como a própria imprensa feminista.

Terceira ordem de dificuldades: aquela que talvez seja a problemática mais polêmica, ainda pouco estudada. Penso nas relações entre movimentos populares de mulheres e movimento feminista.

---

* Apresentando no seminário "O retorno do ator", Faculdade de Educação – USP, julho de 1989.

Feitas essas ressalvas, proponho uma releitura centrada em três eixos:
1. As problemáticas que orientaram os estudos sobre os movimentos de mulheres;
2. As "questões" do movimento feminista;
3. As relações entre movimentos de mulheres e movimento feminista.

Os movimentos de mulheres

Muitos foram os estudos sobre os movimentos sociais no Brasil, poucos se perguntaram por que, nesses movimentos, os atores eram, principalmente, atrizes. Foram analisados os movimentos sociais, e só mais particularmente aqueles que remetiam a questões definitivamente femininas ou que eram exclusivamente de mulheres, foram chamados movimentos de mulheres. Mas as mulheres estavam nas ocupações de terrenos, nos movimentos de saúde e transporte, nas Comunidades Eclesiais de Base (CEBS).

As análises dos movimentos remetem a três questões principais:
1. Os movimentos são respostas às carências e necessidades geradas nos processos de urbanização em que o Estado aparece como agente fundamental;
2. Os movimentos são formas de ação geradas pelo fechamento dos espaços políticos tradicionais durante o regime autoritário;
3. Os movimentos são indícios de novas formas de organização das relações sociais.

A questão privilegiada para a compreensão dos movimentos de mulheres e das mulheres nos movimentos foi a da sua relação com as reivindicações e carências próprias à esfera da reprodução, logo feminina.

Outra problemática que orienta as análises pensa a participação das mulheres como resultado da necessidade de abrir novos espaços para a prática política – face aos limites institucionais impostos pela ditadura. As mulheres participam dentro de seus "papéis" tradicionais de mãe, esposa, filha ou irmã de presos e desaparecidos – no movimento da Anistia, ou nas lutas pela democratização.

Talvez porque a distinção entre ações coletivas e movimentos sociais não tenha sido clara, não se distinguiu a participação nas lutas democráticas dos movimentos que, mesmo quando originalmente centrados em reivindicações, constituíam novos sujeitos coletivos, que propunham novas formas de relações sociais.

Os estudos sobre os movimentos de mulheres nos bairros apontaram também para a formação de sujeitos coletivos formados em torno de articulações muito particulares entre questões da vida privada e práticas públicas.

Esse é o fio condutor nas análises sobre os movimentos: a experiência cotidiana pensada e discutida nas comunidades de base, nos clubes de mães, nos grupos informais, onde as reivindicações se confundem com o desejo de mudar a vida, mudar as relações familiares.

Outras análises sobre os movimentos de mulheres privilegiaram o confronto reivindicatório com o Estado em torno da expansão dos bens de consumo coletivo, dentro de uma problemática que identifica mulher-reprodução.

Finalmente, os movimentos de mulheres foram analisados, ou melhor, mencionados como parte das formas de participação não institucionalizadas surgidas como resposta ao bloqueio institucional do Estado autoritário.

Nas duas alternativas, os movimentos são agentes portadores de reivindicações, no primeiro caso, são parte das firmas pontuais das lutas políticas, o que não significa necessariamente uma proposta crítica para a prática política. O segundo eixo da releitura que proponho enfoca os estudos sobre o movimento feminista.

Também o feminismo tem várias versões brasileiras. As análises sobre o feminismo são ainda parciais. Recortam os grupos no exílio, os grupos de autoconsciência que se formaram no Brasil, ou ainda os grupos mais próximos ao que na França se chamou de tendência "luta de classes", ou ainda os grupos próximos do feminismo radical, como os SOS. As pesquisas apontam o caráter regional e conjuntural dos recortes — são fragmentos do movimento feminista, cujas práticas diferem.

Os estudos sobre o movimento feminista centram-se:
a) na formação dos grupos, nas influências;
b) nas suas trajetórias e nas práticas;
c) na relação com o Estado e com os partidos.

Sobre a origem e formação dos grupos, a questão mais particular no caso brasileiro terá sido talvez a importância do feminismo "luta de classe" – que fez com que Anette Goldberg usasse a expressão de um feminismo "bom para o Brasil". Na origem dos grupos estavam, pois, as vivências do exílio tanto quanto a resistência ao autoritarismo e uma busca renovada de fazer política, mesmo se esse novo campo da política não fosse ainda pensado em ruptura com as práticas tradicionais da esquerda.

Dos vários grupos e várias vertentes creio que se pode dizer que se forma um movimento social, com propostas de reformular as relações sociais e culturais, as relações entre homens e mulheres na sociedade brasileira. Mas, as questões feministas são também reivindicações e sociais – as creches, o direito à saúde, forma pela qual a contracepção e o aborto são tratados. O próprio tema da violência visto como "feminista" é adotado pelos movimentos de mulheres.

As trajetórias e práticas das feministas se confundem com o movimento de mulheres: nos congressos, nas tentativas de um trabalho "de mulheres" nos sindicatos.

As pesquisas acentuam a fragmentação dos grupos feministas, paralela à formação de instituições como os conselhos e as delegacias contra a violência. Novamente o tema da participação organiza as análises (ver os trabalhos de Eva Blay).

O feminismo bom para o Brasil chegou a ser um movimento. A pergunta não está explicitada, mas a resposta embutida seria afirmativa. As condições de sua emergência são complexas – nem é o efeito de influências externas, nem resposta mecânica às carências econômico-sociais, mas dessa vez, às carências político-culturais. Na sua formação, o movimento reuniu a afirmação de diferenças e identidades tematizadas também na vivência do cotidiano do exílio, da prisão, da repressão e da militância, da maternidade, articuladas em projetos e lutas que se propunham a mudar as relações sociais.

O tema da renovação das práticas políticas está também presente nas análises do movimento. Mas as próprias propostas das feministas, preocupadas em traduzir institucionalmente suas reivindicações, diluem, comparativamente, a importância da crítica às práticas políticas.

Essa foi uma questão do discurso político que a produção acadêmica pensou pouco – se compararmos sua importância para outras reflexões feministas como a de Julieta Kirkwood. Já o confronto movimento-Estado aparece com clareza nos estudos sobre os SOS – sintomaticamente os espaços dominados pelo feminismo radical.

As teses terminam na fragmentação do movimento. Conquistada a abertura, aumentada a participação política, constituídas as instituições ainda precárias dos conselhos e delegacias, estaria terminado o feminismo?

O terceiro eixo de análise que proponho interpela tanto as pesquisas sobre os movimentos de mulheres quanto àquelas centradas nos grupos feministas, buscando as relações embutidas entre as duas vertentes.

Como disse anteriormente, esta não é uma questão principal. Por um lado, as pesquisas se defrontam com a fragmentação já apontada do movimento feminista e com o desenvolvimento do movimento de mulheres.

O argumento que talvez permita compreender essa ausência está no fato de que efetivamente a vertente feminista no movimento de mulheres deixa de ser um ator social e que o feminismo bom para o Brasil dá lugar a um feminismo que tenta superar suas questões, transferindo-as para a esfera das políticas públicas, ou que se esconde num feminismo envergonhado – o pós-feminismo.

Paradoxalmente, o feminismo seria nos anos 1980 uma matriz discursiva que organiza as práticas dos movimentos de mulheres que não se definem como feministas, nem são analisadas sob essa perspectiva.

O discurso da igualdade assume um conteúdo social e cultural e informa o questionamento das relações de dominação na família, o direito à saúde ou à posse da terra, ou questionamento da divisão sexual do trabalho. Se isso é ser feminista, então sou feminista, observava uma camponesa do Bico do Papagaio. Por outro lado, os dez anos de prática das mulheres nos movimentos sociais e nos partidos resultam num incipiente discurso crítico da prática política, feito sob a óptica da diferença e da subjetividade das mulheres.

Mas essas me parecem ser as questões dos anos 1980, quando a temática da participação abre espaço para a reflexão sobre as formas particulares de articulação da vida privada e vida pública que os movimentos refazem e quando, talvez, a relação com a vida política começa a ser questionada pelas mulheres, modificando também as formas da representação política.

Para um certo imaginário acadêmico e político essa é ainda uma temática de "minorias". As pesquisas que pautaram tal reflexão indicam muito mais que as mulheres estão presentes de forma efetiva entre os atores que "lutam pela direção social da historicidade" no Brasil, e o fazer-se desse movimento remete a uma articulação particular entre vida privada e vida pública, entre questões clássicas dos direitos sociais e políticos e questões feministas.

Mulheres: uma nova identidade*

A emergência das mulheres no espaço público é sempre um tema fascinante quando se trata de entender as muitas mudanças nas formas de sociabilidade, nas práticas e mentalidades ocorridas nesses 20 últimos anos da história brasileira. Contrariamente às teses que insistiam na descrição de uma sociedade conservadora, dominada pelo machismo, as imagens das mulheres nos movimentos, na administração pública, no Parlamento já se tornam familiares. Mudaram as mulheres ou mudou a sociedade? Ambas mudaram. Mas nem sempre se percebeu a profundidade dessas transformações.

De um lado, alguns índices são evidentes: a população economicamente ativa feminina triplicou entre 1970 e 1985. Mas esse é um indicador ambíguo, e muitas vezes a análise que se fez a partir dele foi de que, forçadas pela queda dos salários reais, as mulheres foram obrigadas a trabalhar fora para aumentar a renda familiar.

Outros indicadores de mudanças apareceram – em particular a presença visível das mulheres nos movimentos populares. Frequentemente as análises ignoraram que os principais atores nos movimentos populares eram, de fato, atrizes. Outras explicações relacionaram a presença das mulheres com a natureza das reivindicações dos movimentos populares, voltadas em especial para a reprodução social: creches, saúde, transporte, tudo passou a ser "luta das mulheres".

---

* Publicado inicialmente na revista *Tempo e Presença*. São Paulo, CEDI, 1989.

Essas hipóteses traziam embutidas uma análise que privilegiava as explicações econômicas: as mulheres trabalhavam e lutavam unicamente movidas pela necessidade material, enquanto agentes consumidoras, na linguagem de uma certa ciência social.

Mas, significativamente, no nível da história das mentalidades, daquilo que se pensou, discutiu e viveu nesses últimos anos, também aparecem novos temas. Entre eles, o da submissão e da discriminação das mulheres. Esses temas estiveram presentes também nos discursos das mulheres que reivindicavam melhores condições de vida.

Se, de um lado, as novas práticas econômicas, o trabalho fora de casa, o trabalho informal podem ser analisados como fazendo parte do papel tradicional das mulheres, de outro, a experiência cotidiana da ditadura, da repressão, suscitou também formas tradicionais de resistência das mulheres. As mulheres, esposas e mães, lutaram pela democracia, pela anistia, a partir de seus papéis de mães e esposas.

Mas no contexto dessas novas práticas em que a organização da vida privada, as melhores condições de vida para a família dependiam da ação nos espaços públicos e de lutas organizadas, a emergência das mulheres como personagens públicas era ao mesmo tempo acompanhada da descoberta de cada uma como mulher, como corpo sexuado, como pessoa, tanto quanto cidadã.

Como surgiram e de onde vieram essas novas problemáticas?

Foram ideias contraditórias, vindas de matrizes discursivas heterogêneas. De um lado, estava a proposta da Igreja progressista propondo integrar a mulher no mundo através das lutas sociais e da participação na comunidade, propondo a igualdade na família e o respeito em lugar da submissão. De outro, através das várias correntes de pensamento que se reclamaram do feminismo, os temas das mulheres como pessoas iguais e, no entanto, diferentes no seu corpo, na maternidade, mas subordinadas na relação com a sociedade e na relação com os homens.

A primeira vista parece contraditório ver objetivos e resultados comuns nas práticas feministas e na Igreja progressista. Mas os textos e os depoimentos das mulheres que participaram dos anos dourados de emergência da questão das mulheres na sociedade brasileira (final da década de 1970 e primeiros anos de 1980) mostram essa curiosa coincidência das preocupações, que se confrontaram nos congressos de mulheres, nos muitos encontros de trabalhadoras industriais, de camponesas, nos grupos e encontros feministas, nas lutas e campanhas contra a violência, pelo acesso à saúde e mais tarde também nos conselhos de mulheres regionais e nacional.

Não são discursos iguais, mas o importante é que ambos valorizam as mulheres como pessoas, com direitos e deveres e, sobretudo, interpelam tudo aquilo que parecia para sempre definido: a submissão das mulheres em casa, no trabalho e na vida pública. Nesse aspecto coincidem.

As ideias que perpassam os movimentos, as mulheres nos movimentos ou mesmo aquelas que ainda isoladas têm apenas os meios de comunicação para se relacionar com o mundo interpelam aquilo que parecia para sempre definido: o papel doméstico das mulheres, a servidão voluntária a que se submetiam frequentemente na família e no trabalho, os modelos masculinos na vida pública opostos aos modelos femininos de objeto sexual.

É difícil tentar compreender esse processo evitando as explicações mecanicistas. Não foi só porque saíram para trabalhar fora, para estudar, que as mulheres descobriram seu corpo, sua sexualidade, as relações de poder a que se submetiam mesmo no espaço pessoal das relações amorosas. Mas tudo isso aconteceu porque ao mesmo tempo foram interpeladas por esses novos discursos, opostos e contraditórios.

Por um lado, os discursos feministas foram importantes para chamar a atenção para a discriminação social tanto quanto para a subordinação pessoal das mulheres, na sua sexualidade e nas relações familiares. Por outro, o discurso da Igreja progressista foi fundamental para que as mulheres se descobrissem enquanto pessoas, e pessoas sexuadas, que por isso estavam implicadas em relações de obediência, de submissão, muitas vezes de negação de sua individualidade.

Os dois discursos interpelaram as mulheres individualmente, enquanto pessoas sexuadas que, por isso mesmo, vivem experiências que são próprias à mulheres, mas que são definidas na relação entre feminino e masculino. Se as pessoas são sexuadas e isso implica que vivem diferentemente suas vidas, são vistas diferentemente pela sociedade e pelos outros. Se as pessoas não são neutras, se são diferentes, são também iguais em seus direitos humanos... A novidade nessas trajetórias das mulheres nos anos 1970 e 1980 está não só no fato de saírem às ruas descobrindo seus direitos sociais, mas no fato de que tenham redescoberto seus corpos, suas experiências, seus direitos.

Por mais execrada que seja, por mais equivocada que possa ser, a fala feminista põe em questão a naturalidade da relações entre homens e mulheres. Faz com que muitas percebam que divisão sexual do trabalho, dupla jornada, desigualdade, não são imutáveis. Como Cícera, camponesa do Araguaia, ao descobrir que trabalhar na terra e trabalhar em casa enquanto o marido descansava não era uma coisa natural, "que podia ser de outro jeito".

A descoberta dos direitos passa a ser um motivo para mobilizar as mulheres para a vida pública, onde elas começam a exercer uma vontade política e intervir nos seus destinos. Da mesma forma, a descoberta do corpo dá às mulheres a possibilidade de controlá-lo.

Mas se as novas práticas sociais das mulheres se tornam visíveis nos movimentos, as novas práticas individuais permanecem mais difíceis de perceber. A queda nas taxas de fertilidade, as percentagens na utilização dos anticoncepcionais, o número sempre crescente de mulheres chefes de família indicam que também na vida privada as mulheres estão mudando e a defasagem entre suas práticas e os recursos disponíveis para ajudarem nessas mudanças têm efeitos perversos, dos quais os altos índices de esterilização das mulheres ou a situação de empobrecimento das chefes de família são apenas um dos indicadores. Mesmo se na falta de opções as mulheres recorrem a práticas perversas ao mudarem suas práticas reprodutivas, o certo é que estão tentando ser donas de seu destino e tudo indica que nessa movimentação compreenderam também que, para escapar a seus papéis tradicionais, precisam que a sociedade também mude.

Há indicações interessantes de mudança de comportamento político das mulheres em que ficam bem claras as relações entre escolaridade, profissionalização, de um lado, e interesse pela política e participação, de outro.

Mas não só as que estudam ou trabalham fora são confrontadas com novas experiências. Também são espaços públicos os clubes de mães, as associações, as comunidades de base onde as mulheres transitam para a vida pública, se informam e se transformam.

A nova identidade das mulheres surge de experiências em que se descobrem como cidadãs e pessoas, elas que eram objeto sexual e doméstico. Há muitos momentos dessa descoberta. O momento da solidariedade e o momento da competição dolorida que divide as mulheres. Há também o momento em que as relações entre homens e mulheres aparecem claramente como relações de poder e onde as práticas, a fala das mulheres, parecem estar sempre fora do lugar, inadequadas, incompetentes. Saídas do espaço doméstico, onde não há competição, é muitas vezes difícil viver os confrontos dos espaços públicos frente a um modelo que não corresponde à experiência das mulheres. E não resolve tentar ser diferente porque a diferença, às vezes aceita de forma paternal, termina sendo motivo de marginalização. As mulheres militantes fazem diagnósticos amargos sobre a hierarquia nas qualificações masculinas e femininas para a militância: entre o trabalho das "formiguinhas" e o efeito de um belo discurso, que elas muitas vezes não sabem fazer.

Mesmo assim, como no trabalho, as mulheres entraram na vida pública com disposição de quem veio para ficar. Não estão somente lutando por reivindicações, mas adquiriram essa consciência mais profunda de que existem, de que sua vontade e seus desejos também têm espaço no mundo dentro e fora de suas casas. Os caminhos de construção dessa nova identidade podem ser dolorosos, mas as práticas surpreendentes das mulheres indicam que, quando os velhos modelos são postos de cabeça para baixo, quaisquer que sejam as razões que desencadearam as mudanças e apesar dos efeitos perversos que acompanham muitas "opções", as mulheres já não são mais as mesmas. Se foram trabalhar por necessidade, se viraram chefes de família porque foram abandonadas, se são donas de casa porque não conseguem se profissionalizar, o importante é que muitas também se descobriram como pessoas, como sujeito de suas vidas e, por isso mesmo, estão dispostas a deixar o conforto ambíguo da esfera privada para enfrentar o mundo lá fora e para inventar novos sonhos.

A igualdade imaginada*

Trazida pelos ventos das comemorações do bicentenário da Revolução Francesa, a discussão sobre igualdade e diferença, direitos e cidadania embutida no processo constituinte e, antes mesmo, em algumas leituras que relacionaram os movimentos sociais emergentes e os direitos, foi reatualizada no cenário das ciências sociais brasileiras.

Compreender a emergência de uma problemática é sempre um desafio. É preciso apreender aquele momento em que "as evidências se confundem, as luzes se apagam, a noite se faz e as pessoas começam a perceber que agiram cegamente e que é preciso uma nova luz, uma iluminação nova e novas regras de comportamento. Então aparece um objeto, um objeto que aparece como problema"[1].

Uma análise mesmo apressada dos anos 1980 não pode deixar de identificar um movimento difuso dos vários grupos sociais, um debate mais ou menos articulado em torno dos direitos de cidadania. À medida que grupos subjetivamente se percebem como diferentes, proporcionam, como observa Eleni Varikas, um ângulo privilegiado para se interrogar sobre a genealogia das ambíguas, quando não contraditórias, relações entre a noção de igualdade, elaborada pelos atores, e a de diferença[2].

Mesmo se na República estivera ausente o povo masculino e muito mais ainda o povo feminino, como observa José Murilo de Carvalho,[3] é significativo que em 1900, em *A Mensageira* – revista literária dedi-

---

* Publicado originalmente em *São Paulo em Perspectiva*, vol. 4, nº 3/4 jul/dez. 1990.

cada à mulher brasileira –, um artigo via na recente decisão do Supremo Tribunal Federal de reconhecer o direito da mulher ao exercício da advocacia uma conquista no sentido do reconhecimento de "uma justa aspiração de igualdade"[4] por parte das mulheres brasileiras.

O tema da cidadania dos excluídos(as) estivera presente nas lutas de trabalhadores(as) na Primeira República e fizera parte do discurso de algumas mulheres que, ainda no fim do século, apontavam a necessidade de educar as mulheres para que elas pudessem se humanizar. Mais tarde, na República Nova, a "cidadania regulada" assegurava uma igualdade formal cuja realização parecia estar no horizonte do possível – o direito ao voto, o lento acesso sempre formal às profissões, a regulamentação dos direitos trabalhistas. No entanto, se o acesso à vida pública era real, permanecia invisível, isto é, não problematizado, salvo quando algumas mulheres de vanguarda pretendiam romper com a imagem de Marias de que fala José Murilo de Carvalho. Assim, as mulheres da diretoria da União Feminina, formada em 1934 como movimento auxiliar à Aliança Nacional Libertadora, eram criticadas por:

> seu comportamento imoral e espalhafatoso. Se a maior parte das mulheres membras se conformava com os padrões normais de conduta, algumas na verdade faziam-se vulneráveis a tais críticas, defendendo o amor livre e adotando afetações como cabelo curto e charutos baianos.[5]

Na República, a imagem de Maria fora mais forte do que a de Marianne, a representação das mulheres populares na Revolução Francesa, e na Primeira República, apesar da importância de figuras femininas no movimento operário, era a imagem da costureirinha frágil que dominava. Na República Nova, as muitas imagens femininas que irromperam na cena pública permaneceram como transgressoras, ou longínquas mulheres excepcionais, que se contrapunham às imagens correntes de mulheres exemplares. A igualdade não parecia estar em questão, as diferenças escondidas na igualdade formal não foram problematizadas pelos(as) excluídos(as) – mulheres, negros, índios.

Muito já se investigou como, nas sombras da ditadura militar, alguns grupos de subalternos forjaram uma ideia de direitos e de igualdade[6]. O movimento operário, que se constitui a partir da segunda década de 1970, é certamente o ator mais importante desse cenário. Os movimentos de mulheres constituem talvez o inusitado.

A leitura dos movimentos tendeu muito mais a aplicar sobre eles a lógica das necessidades que se traduzem em demandas, das estratégias de sobrevivência que produzem respostas à exploração econômica. A vertente que muito cedo viu nos movimentos a construção de uma cidadania, da dignidade, dos direitos humanos, talvez não tenha ainda detalhado a articulação social, coletiva, dessa experiência – o campo social, o conjunto de instituições e práticas que é preciso analisar historicamente e para o qual nossos instrumentos de análise mais clássicos se revelam tão inadequados.

A não problematização da presença de mulheres nos movimentos sociais é sintomática. Partia-se de uma ideia de igualdade e não havia razão para introduzir uma diferenciação entre participação masculina e feminina, mesmo se a primeira fornecera sempre os parâmetros para a participação na vida pública e se as imagens das mulheres nas ruas, suas vozes agressivas, sacudiam as explicações fáceis do machismo, da eterna submissão das mulheres.

Uma incursão superficial pelo imaginário político dos anos 1980 no Brasil desenhará talvez a imagem de metalúrgicos e sofridas mulheres populares contrapostas às multidões alegres dos comícios por eleições diretas.

Meu primeiro argumento é que permanece invisível a imagem das mulheres que ocupam os espaços públicos, como se sempre ali estivesse e como se sua realidade não interpelasse o discurso feito sobre os movimentos, que frequentemente se construía inclusive no gênero gramatical masculino. Da mesma forma, o aumento da participação feminina no trabalho assalariado, em condições fortemente desiguais, no que diz respeito à qualificação, à carreira, ao salário e promoções, tampouco se constitui em problema para o discurso de especialistas acadêmicos, de dirigentes sindicais e das políticas sociais. É, no entanto, um problema colocado pelas mulheres nos movimentos e pelas mulheres familiarizadas com a produção acadêmica feminista.

Se, por um lado, a atualização de uma problemática dos direitos coloca em pauta a questão da igualdade desses direitos, por outro lado, mais além da representação de universalidade dos direitos, o problema está em analisar "as ambiguidades e repressões, as contradições e silêncios" contidos num sistema político que se pretende universal porque repousa em princípios naturais e científicos[7].

O segundo argumento é que essa imagem universal dos sujeitos políticos é por vezes desagregada em contextos muito definidos, para apontar as desigualdades sociais e as "especificidades". Fica evidente que a própria utilização do termo específico, cada vez que se quer referir a questões que concernem às mulheres, supõe uma universalidade neutra que se opõe à especificidade feminina.

O diagnóstico das desigualdades

Nada mais fácil, aparentemente, do que mostrar desigualdades entre homens e mulheres na sociedade brasileira contemporânea. Quando se aponta que "o rendimento médio masculino é cerca de 86% superior ao encontrado para as mulheres",[8] muitas explicações, no entanto, podem contextualizar essa assimetria. Desde o fato de as mulheres trabalharem, em média, menos horas por semana em relação aos homens, até o argumento de que as mulheres são menos formadas do que os homens, de que não fazem carreira da mesma forma porque se ocupam necessariamente da família ou porque elas são, naturalmente, ou, por educação, menos competitivas e mais afetivas, a carreira ocupando, assim, um lugar secundário em suas vidas.

Nessa discussão quase sempre os argumentos generalizantes trazem embutidos problemas pertinentes e curiosos. Se o argumento da desqualificação técnica das mulheres tem força definitiva, cabe perguntar-se sobre por que essa resistência subsiste se, por exemplo, no espaço de 30 anos, modificou-se substancialmente o padrão de escolaridade no Brasil – as mulheres alcançaram e suplantaram as taxas de alfabetização dos homens e atingem crescentemente o nível universitário.[9] Assim, mudou o padrão educacional das famílias brasileiras – as filhas mulheres, que antes permaneciam fora da escola (e as taxas mais baixas de escolarização encontram-se entre as mulheres mais velhas), hoje estudam. Se foi possível essa mudança, por que permanece a resistência, por exemplo, aos cursos técnicos?

Vale lembrar dois tipos de argumentos. O primeiro, desenvolvido por Danièle Kergoat, aponta que as mulheres não ocupam postos qualificados porque são mal formadas, mas que elas são bem formadas para ocuparem as funções a que são destinadas. O segundo, desenvolvido por Cynthia Cokburn, ao analisar a situação das mulheres face às novas tecnologias, observa que a luta das mulheres é muito menos pela qualificação e muito mais pela desmasculinização das tecnologias[10]. Ou seja, na raiz das desigualdades estão diferenças na construção de práticas masculinas e femininas, que são históricas e culturais, como indicam os muitos exemplos das mutações na sociedade brasileira recente.

Resta o argumento, sempre mais complexo de desconstruir: da relação entre trabalho e família e das atribuições familiares das mulheres, que estariam na origem das desigualdades nas carreiras, nas promoções.

Desigualdade ou diferença

Sem me deter nos aspectos mais conhecidos – a trajetória ocupacional das mulheres é vinculada ao ciclo reprodutivo, frequentemente abandonam o emprego quando têm filhos, voltando quando os filhos se tornam independentes –, vale a pena observar, no entanto, que também aqui é possível identificar mudanças no comportamento das mulheres, dependendo de sua situação profissional, de seu grau de escolaridade. As mulheres com profissões qualificadas tendem a conservar seus empregos, o que mostra que a relação com a família é mediada pelas possibilidades de ser substituída nas funções familiares e também por transformações nos projetos de vida das próprias mulheres[11].

Assim, as desigualdades não remetem necessariamente a uma vocação familiar e afetiva de mulheres sempre mais interessadas na família. No entanto, esse é um argumento persistente e tem com frequência duplo efeito: por um lado, pode explicar as desigualdades; por outro, cristaliza diferenças. E essa tem sido uma discussão polêmica na reflexão feminista.

Da dificuldade do tema, o caso Sears, ocorrido nos Estados Unidos, é uma boa ilustração[12]. A Sears, uma das maiores firmas empregadoras de mulheres nos Estados Unidos, foi processada com base na legislação que regula a igualdade de oportunidades de trabalho para homens e mulheres por restringir algumas funções comissionadas – e, portanto, mais bem remuneradas – a homens. Para sua defesa, a empresa contratou uma conhecida acadêmica feminista, que argumentou que, para aqueles postos, efetivamente se exigia um tipo de disponibilidade, de iniciativa, de audácia etc. que não correspondia aos valores das mulheres, muito mais voltadas para a afetividade, a vida pessoal, a família. Assim, as mulheres não eram excluídas das funções, mas elas próprias se excluíam. Os detalhes das formas de recrutamento (questionários etc.) por si sós já forneciam indicações sobre o viés da seleção – perguntava-se até se o candidato possuía voz forte, se praticara box e se era musculoso. Claro que os pontos obtidos nesses itens pelas eventuais candidatas eram naturalmente inferiores aos obtidos pelos candidatos homens.

Mas o argumento da diferença remetia à diferença de oportunidades na carreira, a uma definição de feminilidade – não interessa aqui se fundada em razões biológicas ou culturais. Os efeitos eram iguais do ponto de vista da igualdade de oportunidades entre mulheres e homens.

O processo, movido não pelas funcionárias prejudicadas, mas pela comissão encarregada do cumprimento da lei sobre igualdade de oportunidades e que contou também com a defesa de uma historiadora feminista, foi favorável à empresa. O resultado, obviamente, não pode ser separado da ofensiva conservadora desencadeada durante o governo Reagan contra as conquistas do movimento feminista nos anos 1970. Mas fica evidente também a ambiguidade do argumento da diferença e a difícil definição de uma igualdade que não pode ser universalmente formulada se os critérios remetem a situações diferentes ou a qualidades diferentes.

As diferenças numa sociedade desigual

A discussão sobre desigualdade e diferença no Brasil emerge num contexto muito particular.

Por um lado, desde os anos 1970 a problematização da crescente participação feminina, tanto na esfera pública, através dos movimentos sociais, quanto na população economicamente ativa se faz através de um discurso em que a reivindicação é o direito a igualdade, reconhecendo "as especificidades das mulheres". Um primeiro limite está, portanto, nessa conceituação de especificidade que remete a uma igualdade geral, da qual as mulheres são o específico. Não se trata, pois, de diferença. O segundo limite vem do fato de que essa especificidade está quase sempre associada à maternidade e às funções familiares. Essa situação é particularmente clara no discurso sobre os direitos das mulheres trabalhadoras e as desigualdades nas relações de trabalho.

O diagnóstico das desigualdades articula sempre as mulheres à família e às estratégias familiares. A possibilidade de uma cidadania trabalhadora das mulheres está principalmente voltada à harmonia entre trabalho assalariado e maternidade. Mas, paradoxalmente, a maternidade como diferença termina sendo considerada como um *handicap* para a cidadania das trabalhadoras. A nova Constituição tratou de assegurar os direitos da maternidade, mas as práticas sociais indicam que as trabalhadoras podem ser impedidas de ter filhos como condição de acesso ao trabalho assalariado. Muitas são as denúncias nesse sentido, mas nem mesmo os sindicatos foram capazes de materializá-las e acionar a justiça para garantir os direitos constitucionais.

Se a maternidade é especificidade que gera desigualdade, muitas outras "especificidades" são também argumento de desigualdade. Assim, as qualificações femininas – os talentos das mulheres – não configuram qualificações formais e não encontram correspondência em termos de carreira ou de salário. Aqui, os exemplos são também já conhecidos e analisados. As habilidades femininas para o trabalho industrial são consideradas inatas e não são consideradas "qualificações" – destreza, rapidez, concentração, disciplina para o trabalho rotineiro etc. –, pois dispensam cursos e diplomas. Por isso, o problema fundamental da desqualificação do trabalho feminino passa a ser sempre uma questão de má formação das mulheres e que, no Brasil, ainda não mereceu sequer uma discussão mais séria diante dos desafios reais ou sonhados das mudanças tecnológicas e da modernização dos processos produtivos. Por outro lado, nos limites da modernidade brasileira multiplicam-se as digitadoras, mas nem por isso a qualificação das novas funções é pensada e se reproduz a relação de desigualdade salarial e funcional[13].

A pertinência do problema de qualificação – ou, como quer Cynthia Cokburn, de "desmasculinização" das tecnologias – fica evidente nas dificuldades encontradas por empresas, sindicatos e pelos governos europeus em implementar políticas de paridade, de igualdade de acesso a carreiras e funções. Recentemente, uma empresa britânica no setor de telecomunicações, prevendo a necessidade de expandir o pessoal qualificado, desenvolveu programas especiais de treinamento supostamente igualitários. Os resultados revelaram forte segmentação, fundada não apenas nas habilidades desenvolvidas, mas também no sexo dos(as) técnicos(as) formados(as). Se inicialmente um número igual de homens e mulheres foi selecionado, o programa filtrava homens e mulheres para ocupações diferentes, constituindo carreiras masculinas e femininas. A mesma preocupação surgiu na British Telecom, decidida a recrutar mulheres para postos de liderança como engenheiras na companhia. Os resultados, depois de dois anos, revelaram que um grande número de mulheres desistia ou era eliminado depois das primeiras entrevistas. O diagnóstico das causas levou a empresa a reformular as formas de recrutamento, centralizando-as nas mãos de pessoal especialmente treinado para modificar os testes – eliminando até a palavra "engenharia", que era associada a uma imagem masculina, e prevendo um treinamento especial de capacitação para as mulheres. Os resultados passaram a ser mais positivos[14].

As experiências indicam aqui a necessidade de desagregar as oportunidades iguais, partindo das diferenças para reformular as relações de igualdade. Isso significa colocar o problema não em termos de uma universalidade abstrata, mas de diferenças de experiência que devem ser postas em relação não hierarquizada. Nesse caso, diferença não quer dizer especificidade.

Uma forma corrente de pensar através da "especificidade" consiste no exclusivo enquadramento das mulheres na relação familiar. Tudo se passa como se as experiências das mulheres no trabalho assalariado e nas práticas públicas fosse "sobredeterminada" inevitavelmente pela maternidade, pela sua relação original e biológica com a vida e a natureza. A subjetividade das mulheres é reduzida a uma função da maternidade e elas não existem enquanto cidadãs ou trabalhadoras. São formas veladas e atualizadas de um determinismo biológico, embutidas numa problemática complexa e, por isso mesmo, instigante das diferenças[15].

Por um lado, a "especificidade" termina sendo uma armadilha para justificar uma situação de desigualdade, como se as mulheres estivessem "fora do lugar", no trabalho assalariado e na vida pública brasileira. Salvo, é claro, as raras mulheres excepcionais. Por outro lado, o argumento. Os direitos são universais e estão definidos. As mulheres são uma parte específica desse universal. Qual é, então, o modelo não específico? Quem seriam os cidadãos não específicos e, por definição e origem, universais?

A resposta não é difícil. Difícil é reconstruir a relação entre os direitos universais de cidadãos e cidadãs que historicamente vivem experiências diferentes, nem definitivas, nem essenciais, mas construídas através das formas culturais, do imaginário e da história das relações entre sexos.

Para explicar a assimetria nas relações entre homens e mulheres, já conhecemos não só os argumentos biológicos, da natureza feminina, tão caros ao pensamento social do século XIX, quanto o biologismo revisitado de feministas preocupadas em fixar uma natureza feminina. Uma outra argumentação consiste em buscar as origens de um sistema patriarcal fundado na exclusão das mulheres do sistema produtivo ou na necessidade de equilíbrio demográfico e consequentemente de controle das capacidades reprodutivas das mulheres. A crítica do a-historicismo desses argumentos se fez frequentemente através de um funcionalismo que atribuía papéis sexuais, ou ainda através da separação das esferas produtiva-pública e reprodutiva-privada no capitalismo. Em comum, essas explicações possuem um fio condutor que busca fundar as relações entre os sexos na estrutura econômica.

A problematização mais recente, no entanto, chama a atenção para a necessidade de colocar novas perguntas, buscar as configurações históricas das diferenças, seus argumentos, uma vez que as assimetrias não são sempre as mesmas e que as relações entre masculino e feminino são constantemente repensadas, as práticas se modificam e algumas tradições desaparecem, outras não. Assim, as representações da igualdade e das diferenças se redefinem historicamente.

Na "sociedade de desiguais", a Constituição brasileira cristalizou uma igualdade de princípio entre homens e mulheres. Mas se a igualdade na família ficou para a regulamentação do Código da Família, a Constituição refletiu uma problematização tímida das diferenças nas relações de trabalho, ao mencionar o mercado de trabalho feminino, ao consolidar a legislação sobre a maternidade e ao introduzir a licença--paternidade. Mas, na tradição da "cidadania regulada", essas medidas parecem remeter ainda a uma ideia de cidadania trabalhadora específica. Ora, a especificidade desencadeia uma inevitável série de proteções, se não questiona o paradigma de universalidade para introduzir as diferenças como relações construídas, que trazem embutidas as relações assimétricas de poder, vigentes em todas as sociedades.

Para a compreensão dessas assimetrias na sociedade brasileira, imagine um grande inventário de imagens contraditórias que vão desde uma ministra inteligente "apesar de ser mulher" à operária montadora cujo trabalho "qualquer um pode fazer", ou as mulheres inteligentes que por isso mesmo não precisam ser feministas – provavelmente porque estas sim são iguais e não estão na periferia da cidadania, zona sombria onde igualdade e diferença são vagas referências ainda fora do lugar.

Notas

[1] Berten, A. "Entretien avec Michel Foucault", Paris, *Les Cahiers du Gril* 37/38 – Le genre de l'histoire. Printemps 1988, p. 18.

[2] Varikas, E. L'égalité et ses exclu(e)es, Paris, *L'Homme et la Société*, 94. 1989/4, p. 9-17.

[3] Carvalho, J. M. de. *A formação das almas – o imaginário da República no Brasil*. São Paulo, Companhia das Letras, 1990.

[4] *A Mensageira* (edição fac-similar), São Paulo, Imprensa oficial do Estado/ Secretaria do Estado da Cultura, 1987, III, p. 217.

[5] Levine, R. *O regime de Vargas – os anos críticos 1934-38*. Rio de Janeiro, Nova Fronteira, 1980, p. 117.

[6] Sader, E. *Quando novos personagens entram em cena*. São Paulo, Paz e Terra, 1988.

[7] Scott, J. "French feminisis and the rights of 'man': Olympo de Gouge's declarations", *History Workshop* 28, outono 1989, p. 1-21.

[8] Médici, A. C. "Mulher brasileira: muito prazer", *Revista Brasileira de Estatística*. Rio de Janeiro, 48 (189-190): 71-97, jan-dez, 1987.

[9] *Idem, ibidem.*

[10] Kergoat, D. "Lutas operárias e relações sociais de sexo – sobre a construção do sujeito coletivo no universo de trabalho operário". Anais do Seminário Padrões Tecnológicos e Políticas de Gestão, USP/Unicamp, maio/agosto 1989: e Cokburn, C, "Technical competence, gender identity and women's autonomy", XII World Congress of Sociology, Madri, 1990.

[11] Hirata, H. e Humphrey, J. Trajectoires et activité, *Cahier de l'APRE* n° 7. Paris, 1989.

[12] Para um resumo completo do caso ver Milkman, R. "Women's history and the Sears case", *Feminist Studies*, vol. 12, n° 2, verão 1986.

[13] Soares, A. dos S. "A organização do trabalho informático", Dissertação de mestrado, PUC/São Paulo, Pós-Graduação em Administração, 1989.

[14] Corcoran-Nantes, I. "Fast trackers or 'skill lackers': women in the labour market in the 1990", Comunicação à British Sociological Association Annual Conference. University of Surrey, abril 1990.

[15] Irigaray, L. *Le temps de la différence*, Paris, Le livre de Poche, 1989.

Movimento de mulheres e representação política no Brasil (1980-1990): o gênero da representação*

Elisabeth escreveu sua comunicação em francês. Sua amiga e companheira de trabalho Marie-Blanche Tahon, da Universidade de Ottawa, fez uma primeira revisão na forma do texto. Elisabeth morreu sem conhecer esta versão que é extremamente fiel ao texto inicial. Seguramente, o artigo sofreria modificações para sua publicação. Por outra parte, algumas das explicações e desenvolvimentos que estão no seu interior se explicam pelo fato de ter sido destinado essencialmente a um público estrangeiro. O tradutor procurou não modificar o texto original, salvo em alguns pequenos detalhes, quando lapsos se faziam mais do que evidentes. (N. T.)

O objetivo deste texto é o de analisar as relações existentes entre as formas de participação das mulheres nos movimentos sociais e as modalidades de sua representação política.

Esse problema suscita várias questões. Em primeiro lugar, trata-se de repensar a significação dos movimentos de mulheres e da participação das mulheres nos distintos movimentos sociais no Brasil a partir do fim dos anos 1970 e durante a década de 1980, na perspec-

---

* O texto de Elisabeth Souza-Lobo, "Movimentos de mulheres e representação política no Brasil (1980-1990): o gênero da representação" foi por ela apresentado no Colloque International "Mouvements sociaux et représentation politique – Brésil-Québec", em 7 de fevereiro de 1991. O evento foi de iniciativa da Université du Québec à Montréal, nos marcos de um convênio com a Universidade de São Paulo e contou com a participação de Elisabeth igualmente na condição de coorganizadora.

tiva das relações entre vida pública e vida privada, para responder à pergunta-chave sobre quais os fatores que estão na origem da participação das mulheres nos movimentos. Em segundo lugar, trata-se de pensar a emergência de temas como igualdade e cidadania, sua relação com os movimentos e sua incidência sobre as formas de representação constituídas.

As mulheres nos movimentos

Dentre os numerosos estudos sobre os movimentos sociais no Brasil, raros são os que se interrogaram sobre o fato de que os atores principais desses movimentos fossem mulheres. Somente os movimentos centrados sobre as questões "femininas" – isto é, aqueles correspondentes à esfera da reprodução – ou os que agrupavam exclusivamente mulheres foram chamados movimentos de mulheres. No entanto, as mulheres estão presentes também nas ocupações de terrenos urbanos, nos movimentos de saúde ou pela melhoria dos transportes, nas comunidades de base[1].

Os movimentos sociais foram abordados na literatura brasileira a partir de três tipos de enfoque:
1. Eles são respostas a demandas criadas por um modelo de urbanização cujo agente principal é o Estado;[2]
2. Eles são modalidades de ação que substituem os espaços políticos tradicionais restringidos durante o regime autoritário;[3]
3. Eles remetem a novas formas de organização das relações sociais.[4]

Na análise da participação das mulheres nos movimentos foi privilegiada a questão da relação entre reivindicações e necessidades correspondentes à esfera da reprodução, a saber, aquelas especificamente "femininas". Por outra parte, a participação das mulheres nos movimentos políticos foi determinada, segundo as análises, pela necessidade de abrir novos espaços para a prática política face aos limites institucionais impostos pela ditadura militar durante os anos 1970. Teria sido enquanto mães, esposas, irmãs de prisioneiros políticos ou de desaparecidos que as mulheres participaram do movimento pela anistia ou das lutas pela democratização? Seriam, pois, as identidades tradicionais das mulheres as que estiveram na origem de sua mobilização? O lugar das mulheres na esfera política não é objeto de questionamento.

Nos dois primeiros enfoques, os movimentos são analisados como agentes portadores de reivindicações. Sua formação refletiria necessidades sociais ou condições políticas. Esses estudos não abordam nem a morfologia da construção dos movimentos, nem a formação de um sujeito coletivo ou a formação das identidades sociais. O terceiro enfoque pôs em discussão a problemática da formação dos sujeitos coletivos a partir das articulações particulares entre temas da vida privada e práticas políticas[5].

Na origem de toda essa discussão está a tese de Weffort,[6] segundo a qual durante os anos de terror, a reconstrução da sociedade civil brasileira foi possível graças à existência de redes subterrâneas de sociabilidade. Weffort via nesses movimentos subterrâneos o verdadeiro milagre dos anos de ditadura (em oposição ao "milagre econômico"), o fator que subverteu totalmente as ideias tradicionais sobre as relações Estado-sociedade civil no Brasil.

Formulo aqui a hipótese de que a relação entre as formas moleculares de sociabilidade se desdobra em práticas públicas emergentes. Essa relação é produzida pela convergência de muitos fatores. Se, por um lado, os espaços públicos estavam bloqueados pelo Estado autoritário, é necessário, por outro lado, precaver-se contra o fato de que na sociedade brasileira as formas de participação coletiva nas questões sociais e políticas obedeceram tradicionalmente a mecanismos que articulavam práticas clientelísticas e despolitização, privatização e dinâmicas autoritárias e burocráticas de tomadas de decisão.

O fio condutor dessa análise dos movimentos parte da experiência cotidiana, vivida e pensada nas comunidades de base, nos clubes de mães, nos grupos informais, onde as reivindicações se confundem com o desejo de mudar a vida, de mudar as relações na família. Aqui, a formação do movimento não é vista como o resultado de uma relação causal entre miséria e demanda ou entre opressão e reivindicação. Não é vista tampouco como a consequência da expansão dos serviços públicos que criam necessidades. A formulação das demandas, das reivindicações coletivas, passa pela construção de uma ideia de direitos, pelo reconhecimento dos direitos de um grupo, pela tomada em consideração das experiências coletivas que estão na origem dos grupos.

As pesquisas efetuadas sobre a formação dos clubes de mães mostram o processo de construção das identidades de grupo: as mulheres se reconhecem a partir de uma atividade tradicional como o tricô ou a costura. "No final, nós líamos a Bíblia e refletíamos. Cada uma lia um pequeno trecho e nós discutíamos relacionando-o com nossas vidas. Hoje, nós lemos o Evangelho a partir das necessidades do bairro."[7]

O bairro se transforma em espaço de sociabilidade das donas de casa que participam nos grupos organizados pela Igreja Católica. Essas mulheres são na sua maior parte migrantes,[8] e na construção de suas vidas, na periferia da grande cidade, se confundem a construção de um espaço privado representado pela propriedade e a construção de um espaço público: o bairro. A particularidade dessa convergência entre as construções de um espaço público e de um espaço privado é pensada através da representação da dignidade das pessoas. Para essas mulheres esta tem suas raízes no discurso religioso que associa os direitos e a dignidade da pessoa humana. As reivindicações de creches, de habitação, de transporte não são unicamente a expressão de necessidades, mas constituem um discurso coletivo de sujeitos que definem seus direitos[9].

Nas palavras das mulheres dos clubes de mães, o cotidiano aparece como um espaço de reconhecimento das experiências comuns, nas quais se enraíza sua participação. Não é a natureza das reivindicações – remetendo à reprodução e, consequentemente, "próprias das mulheres" –, mas a forma de agenciamento coletivo que abre caminho para a construção de um campo social novo e para a reflexão sobre os atores, em particular sobre aqueles atores dominados cujos "movimentos, ao mesmo tempo carregados de revolta e portadores de inovações, constroem nossas sociedades"[10].

As modalidades de construção dos movimentos esclarecem a articulação entre práticas privadas e práticas públicas que rompem os modelos de confinamento das mulheres na esfera privada. Dito de outra forma, para as mulheres de grupos populares, a articulação entre vida privada e vida pública[11] se coloca em novos termos.

A particularidade das relações das mulheres nos espaços públicos em construção – os bairros da periferia – e suas relações com a família, onde elas assumem as responsabilidades de manutenção, ainda que mantendo as relações tradicionais de submissão para com os maridos, explicaria a ruptura com seu papel tradicional privado.

A formação de um sujeito coletivo é o resultado das práticas das mulheres reagrupadas nos clubes de mães. Dessas práticas surgem também as "militantes", em ruptura mais radical com as donas de casa, em consequência de seu papel permanente nas práticas públicas[12].

Os movimentos oferecem uma configuração aos coletivos femininos e interpelam a questão da cidadania das mulheres. Esta se coloca também nos discursos feministas que emergem no final dos anos 1970 e durante os anos 1980[13].

Feminismo e cidadania

Os estudos sobre a emergência dos discursos e dos grupos feministas no Brasil durante os anos 1970-1980 até agora só forneceram uma visão parcial. A partir deles se constata que as principais correntes teriam dado origem a três tipos de agrupamentos:
1. Os grupos feministas formados no exílio por mulheres ligadas às organizações de esquerda;
2. Os grupos de autoconsciência formados durante os anos de repressão, agrupando, sobretudo, intelectuais que exerciam distintas profissões;
3. Os grupos formados por militantes, simpatizantes ou egressas das organizações de esquerda no Brasil, próximos do que na França é caracterizado como tendência "luta de classes".[14]

Assim, na origem desses grupos se encontram misturadas a resistência ao regime autoritário, a busca de uma nova utopia, a experiência do exílio e as práticas políticas no masculino e a divisão entre vida privada e vida política.

Esses diferentes grupos e correntes formam um movimento social que propõe mudar as relações entre homens e mulheres. As questões feministas se transformam em questões sociais — creches, aborto, direito à contracepção ligado ao tema da saúde, violência contra as mulheres — que interpelam um público mais amplo do que as próprias feministas. As trajetórias e as práticas feministas cruzam as dos movimentos populares nos congressos, nos bairros, nos sindicatos. A transversalidade dos movimentos de mulheres remete a redes, pessoas e temas que tomam a forma de um sujeito coletivo: as mulheres nos movimentos[15]. As reivindicações, muitas vezes definidas como "específicas", se articulam com problemáticas emergentes tais como a cidadania e igualdade.

A instalação da Constituinte e as discussões suscitadas pelo bicentenário da Revolução Francesa, de uma parte, e os movimentos, de outra, fazem emergir a questão dos direitos e da cidadania, mas também a da igualdade e da diferença na sociedade brasileira.

Captar a emergência de uma problemática é sempre um desafio, como lembrava Michel Foucault:

> Há um momento em que, de alguma maneira, as evidências se confundem, as luzes se apagam, faz-se noite e as pessoas começam a dar-se conta de que elas agem cegamente e que, em con-

sequência, é necessário uma nova luz, novos enfoques, novas regras de comportamento. Eis que então um objeto aparece, um objeto aparece como problema.[16]

Toda a aproximação, mesmo superficial, dos anos 1980 no Brasil passa pela identificação de um movimento difuso de diferentes grupos sociais, de um debate mais ou menos articulado sobre os direitos da cidadania. E na medida em que os grupos se identificam como subjetivamente diferentes, eles oferecem ao observador um ângulo privilegiado para a busca da genealogia de relações ambíguas, quando não contraditórias, sobre as mulheres, entre igualdade e diferença[17].

Se no momento da proclamação da República no Brasil, o povo esteve ausente, que dizer do povo feminio?[18] No entanto, em 1900, *A Mensageira*, a "revista literária destinada às mulheres brasileiras", consagrava um artigo no qual destacava a importância da decisão adotada pelo Supremo Tribunal Federal que reconhecia o direito da mulher ao exercício da profissão de advogado – uma justa aspiração à igualdade[19].

O tema da cidadania das excluídas esteve presente nas lutas dos operários e das operárias durante a Primeira República e fazia parte do discurso das mulheres que, a partir do fim do século XIX, reclamavam o direito à educação para humanizar as mulheres. A partir dos anos 1930, a "cidadania regulada"[20] prometia uma igualdade formal – direito de voto, acesso gradual às profissões, regulamentação dos direitos – cuja realização se inscrevia no horizonte do possível.

Efetivamente, a cidadania estava associada ao estatuto profissional e os direitos dos cidadãos estavam definidos pelo lugar que eles ocupavam na atividade produtiva reconhecida pela lei. Todos aqueles cuja profissão era ignorada pela lei não passavam de "pré-cidadãos"[21]. Às mulheres, estava reservada a "pré-cidadania" associada à maternidade. Esta determinava uma cidadania específica para a trabalhadora: estava protegida por uma legislação trabalhista que harmonizava maternidade e trabalho assalariado.

O acesso das mulheres à vida pública, por real que fosse, permanecia invisível. Ele só era problematizado quando algumas mulheres de vanguarda pretendiam romper a imagem tradicional da mulher do lar. Em 1934, as mulheres da União Feminina[22] foram criticadas por seu comportamento "imoral" – elas usavam cabelos curtos e fumavam charutos – e por sua defesa do amor livre[23].

Durante o período republicano prevaleceu a imagem da mulher tradicional – mãe e esposa – a despeito da presença de mulheres no movimento operário, de intelectuais no movimento anarquista. A imprensa operária descrevia as trabalhadoras através da imagem da "frágil costureira", vítima das perseguições dos patrões, explorada e submissa. A partir dos anos 1920 e nas décadas que se seguiram, os direitos civis da mulheres – direito ao voto e à educação – foram objeto de discussões conduzidas por mulheres "excepcionais" que se opunham à imagem da mulher tradicional, sempre confinada à esfera privada, mesmo que fosse trabalhadora. Mas a questão da igualdade e das diferenças, ocultas sob a igualdade formal, não foi problematizada pelos excluídos: mulheres, negros, índios.

Muitos pesquisadores tentaram compreender como, nas trevas da ditadura militar, grupos subalternos chegaram a construir uma ideia dos direitos e da igualdade[24]. O movimento operário que se organizou durante os anos 1970 é seguramente o ator mais importante nesse cenário. Os movimentos de mulheres constituem a novidade. No entanto, a não problematização da presença das mulheres nos movimentos sociais é sintomática. Tanto as análises como os discursos políticos partiam de uma ideia de igualdade. Não havia nenhuma razão de introduzir uma diferença entre participação feminina e participação masculina. Mesmo se os modelos de participação na vida pública permaneciam masculinos, as imagens das mulheres nas ruas, suas vozes cheias de agressividade, sacudiam as ideias preconcebidas do machismo e da eterna submissão feminina. Um clichê do imaginário político brasileiro dos anos 1980 fixará sem dúvida a figura de um operário metalúrgico, cercado possivelmente de algumas mulheres heroicas.

Mas essa imagem feminina é um estereótipo, sem voz, como se tivesse sempre existido; ela nada diz sobre a interpelação das mulheres ao discurso sobre os movimentos, que constroem um objeto masculino mesmo do ponto de vista da linguagem. Nada foi dito nos textos acadêmicos, na fala dos dirigentes sindicais ou no discurso sobre as políticas públicas sobre o crescimento da participação feminina no trabalho assalariado no curso dos anos 1970-1980 em condições de desigualdade de salários, de promoção, de reconhecimento das competências. Somente as próprias mulheres – as feministas e as militantes dos movimentos – colocaram o problema.

Se a questão dos direitos sociais suscitou a da igualdade desses direitos, por outra parte, mais além da representação da universalidade dos direitos, permanece o problema das ambiguidades e das repressões, das contradições e dos silêncios "ocultos no sistema político que se pretende universal porque sustentado por princípios naturais e científicos"[25].

Na emergência dos sujeitos coletivos, as imagens universais foram reconstruídas, introduzindo as desigualdades sociais e as diferenças, frequentemente tratadas como "especificidades". Sabe-se que o termo "específico", mesmo utilizado para qualificar as reivindicações das mulheres, supõe uma universalidade neutra que se oporia ao feminino. Tais foram os discursos sobre os movimentos e, muitas vezes, dos próprios movimentos.

As diferenças em uma sociedade de desigualdades

A fim de captar as mudanças – e seus limites na representação das mulheres no seio da sociedade brasileira dos anos 1980, analisei até aqui as relações entre participação nos movimentos e representação. No entanto, a problemática das mulheres como sujeito coletivo, diferente mas não específico, corresponde em muito a uma tentativa de conceitualização da diferença construída a partir de um questionamento das desigualdades e do papel da maternidade.

Essa discussão, que permaneceu subjacente às práticas sindicais, foi precipitada pelo processo da Constituinte, que abriu o caminho para a expressão dos diferentes discursos dos movimentos sociais e, em particular, para os discursos sobre a cidadania dos excluídos. O questionamento da igualdade formal dos direitos e da especificidade das mulheres revelou-se; singularmente rico a propósito do trabalho e da saúde (incluídos a contracepção, e o aborto)[26].

Numa sociedade marcada pela desigualdade, o texto constitucional propõe uma igualdade de princípio entre homens e mulheres. Se a igualdade na família permanece um problema do Código Civil, a Constituição mostrou-se bem tímida em um domínio sobre o qual se ocupa: as relações de trabalho. Ela contenta-se em enunciar a necessidade de garantir um mercado de trabalho para as mulheres, em ampliar a licença-maternidade e prever uma licença-paternidade. Assim, a paternidade como encargo, não somente financeiro, intervém na definição dos direitos sociais dos homens. Da mesma forma, as exigências da maternidade integram os direitos das trabalhadoras. As duas situações são reconhecidas como diferentes; elas permanecem desiguais reforçando a paternidade.

O fantasma da especificidade não se esvai, no entanto. Se a lei legitima o direito das trabalhadoras à maternidade, as práticas patronais introduzem formas de controle sobre a fertilidade das mulheres que tentam subtrair-lhes o benefício das licenças. A maternidade e o trabalho assalariado continuam a se opor.

Por outra parte, outras diferenças entre homens e mulheres mereceriam um exame mais aprofundado a fim de precisar as desigualdades econômicas,[27] mas também outras desigualdades ainda não formalizadas, a despeito do direito teoricamente igual à cidadania. Por exemplo, uma pesquisa recente, que se debruçou sobre os recursos junto às instituições judiciárias, indica que os homens recorrem à justiça em conflitos de trabalho, enquanto as mulheres o fazem para resolver conflitos de ordem conjugal. A pesquisa revela igualmente que a violência contra as mulheres é majoritariamente provocada por seus familiares.[28] As mulheres permanecem pois enfurnadas em redes privadas.

O lugar das mulheres: movimentos e representação política

Em uma sociedade marcada pela desigualdade e pela exclusão, os movimentos de mulheres desempenham um papel importante no questionamento do problema da desigualdade.

Em um primeiro momento, eles permanecem à margem de toda institucionalização. A partir de 1982 foram criados o Conselho da Condição Feminina em São Paulo e posteriormente o Conselho Nacional dos Direitos da Mulher. Em seguida, surgiram outros Conselhos da Condição Feminina. Finalmente, Comissões de Mulheres são formadas nos sindicatos e partidos políticos.

Agregam-se aos movimentos, assim, instâncias de representação institucional das mulheres nos espaços políticos. Ainda que fragmentários, os dados indicam claramente um crescimento dessa representação[29]. As mulheres representam apenas um terço dos inscritos nas associações profissionais e sindicatos de empregados. No entanto, 12,8% das mulheres dessas associações manifestam um interesse pela participação política contra 8,4% dos homens, que, por sua vez, revelam um grande interesse (36,1%) pelas atividades esportivas e culturais[30]. Se esses dados podem ser interpretados como sinal de "politização" das mulheres, eles deixam margem para que se pense que as mulheres que participam são militantes, quer dizer, mulheres em ruptura com as práticas femininas tradicionais.

A questão da participação das mulheres mereceria um estudo particular. Ela me parece constitutiva das formas de constituição e de representação das mulheres na vida pública. Ela seria o elemento explicativo das relações entre vida pública e vida privada, problemática à qual voltarei na conclusão.

No nível da representação das mulheres nas centrais sindicais, os dados disponíveis para a Central Única dos Trabalhadores (CUT) indicam que, em 1988, mais de um quarto dos filiados eram mulheres. Mas existe apenas uma mulher na Executiva e as mulheres eleitas para a Direção Nacional não ultrapassam 10%[31]. Na Assembleia Nacional Constituinte, 26 dos parlamentares eram mulheres, o que corresponde a 5%. Nas eleições anteriores[32] para o Congresso apenas nove mulheres tinham sido eleitas, cabendo destacar que elas são proporcionalmente melhor representadas nas bancadas dos partidos menos fortes[33].

Assim, o enraizamento profundo das mulheres nos movimentos sociais não se traduz em legitimidade política. Alguns autores destacaram que as modalidades de organização da própria sociedade brasileira não se expressam em um enraizamento social mais forte dos partidos políticos[34]. Essa tese é discutível. Dos 487 deputados eleitos, 18 eram dirigentes sindicais, aos quais se juntavam dois profissionais que trabalhavam para sindicatos.

É necessário assinalar igualmente que muitas mulheres eleitas se beneficiam do prestígio político dos homens de sua família (em particular o pai ou o marido)[35].

A exemplo de outros grupos sociais, as mulheres formaram um *lobby* no seio da Constituinte. Na maioria das vezes ele esteve articulado em torno do Conselho Nacional dos Direitos da Mulher, sobre o tema "Viva a diferença dos direitos iguais". Elas apresentaram a Carta das Mulheres, agrupando proposições relativas à propriedade, à terra, ao trabalho, à discriminação, à violência, à educação, à cultura e saúde[36]. A propósito do aborto, os deputados conseguiram impedir a ratificação de posições mais conservadoras, propondo que esse problema seja o mais rapidamente discutido pela sociedade brasileira no seu conjunto.

A título de conclusão

Para caracterizar os anos 1980, eu diria que nós assistimos a uma "cidadania emergente" de mulheres, que se constrói a partir de três correntes distintas: as práticas das mulheres nos movimentos, os discursos sobre a dignidade elaborados nos movimentos populares e os discursos feministas[37].

Essa cidadania emergente remete a noções difusas na sociedade, como a discriminação das mulheres, em particular de seus direitos sociais e políticos. Os temas das mulheres coincidem com as questões sociais debatidas na sociedade brasileira. Isso explica a transversalidade da problemática da igualdade e dos direitos das mulheres assim como uma consciência frágil e difusa da discriminação. A questão democrática, hoje o centro dos debates, está atravessada pela problemática da extensão da cidadania. Durante os anos 1980, e em particular quando da Constituinte, as mulheres conseguiram ser interlocutores visíveis. Essa cidadania emergente apresenta, no entanto, limites. Sua aspiração à liberdade é contra-arrestada pelas formas institucionalizadas que, em nome da legalidade formal, obscurecem os mecanismos que fundam as diferenças. A participação decisiva das mulheres nos movimentos não se traduz ou se reflete insuficientemente no nível da representação institucional. O gênero da representação permanece masculino na sua forma clássica e a representação das mulheres na vida pública permanece ainda periférica.

Notas

[1] Os movimentos pela saúde reivindicavam a melhoria desse serviço público em vários bairros. Em São Paulo, um movimento significativo se constituiu na zona leste da cidade. Sobre as comunidades de base – grupos de vizinhos organizados por padres católicos ou agentes laicos –, ver Singer, Paul e Brandt, V. Caldeira. *São Paulo, o povo em movimento*. Petrópolis, Vozes/Cebrap, 1980 e Corten, A. *Les peuples de Dieu et de la Forêt*. Montréal, VLB, 1990.

[2] Jaccobi, P. *Movimentos sociais e políticas públicas*. São Paulo, Cortez, 1989.

[3] Moisés J. A. et al., *Cidade, povo e poder*. Rio de Janeiro, Paz e Terra, 1982.

[4] Scherrer-Warren e Kritscke. *Uma revolução no cotidiano? Os novos movimentos sociais na América do Sul*. São Paulo, Brasiliense, 1987.

[5] Sader, Eder. *Quando novos personagens entram em cena*. São Paulo, Paz e Terra, 1989 e Laclau, E. "Os novos movimentos sociais e a pluralidade do social", *Revista Brasileira de Ciências Sociais*, 2, 1, 1986.

[6] Weffort, F. "Le populisme dans la politique brésilienne", *Les Temps Modernes*, nº 257, out. 1967.

[7] GEP/URPLAN-Rede Mulher, *Que história é essa?* Clubes de mães e grupos de mulheres de São Paulo, nº 3, outubro 1985.

[8] Ver a tese de Salete, J. M. *Militantes e clubes de mães. Os efeitos da experiência na organização popular de mulheres*, Dissertação de mestrado, São Paulo, PUC, 1990, 2 vol.

[9] Silva Telles, Vera. "A pobreza como condição de vida – família, trabalho e direitos entre as classes trabalhadoras urbanas", *São Paulo em Perspectiva*, vol. 4 (2), 37-45, 1990.

[10] M. Wieviorka, "Le déploiement sociologique". in *L'État des Sciences Sociales en France*, Paris, La Découverte, 1986. Ver também Souza-Lobo, E."Homem e mulher: imagens das ciências sociais", *in* Menicucci E. (org.) *Mulheres, da domesticidade à cidadania*. Brasília, Conselho Nacional dos Direitos da Mulher, 1987.

[11] No sentido utilizado por Arendt, Hannah. *A condição humana*, Rio, Forense Universitária, 1983.

[12] Fraisse, G. "Du bon usage de l'individu féministe", *Vingtième Siècle*, 14, primavera 1987.

[13] Costa, A. Oliveira "É viável o feminismo nos trópicos?", *in* Menicucci, E. (org.), *op. cit.*

[14] Costa, A. Oliveira, *art. cit.*, A. Goldberg, *Feminismo e autoritarismo – a metamorfose de uma utopia de liberação em ideologia liberalizante*, Dissertação de mestrado, Rio de Janeiro, IFCS/UFRJ, 1987, e Pontes, J. *Do palco aos bastidores*, Dissertação de mestrado, Campinas, IFCH/Unicamp, 1986.

[15] Melucci, A. "The New Social Movements", *Social Science Information*, 19, 2, 1980.

[16] A. Berten. "Entretien avec M. Foucault", *Les Cahiers du GRIF*, nº 37/38, *Le genre de l'histoire*, 1988, p. 18.

[17] E. Varikas. "L'égalité et ses exclu(e)es", *L'Homme et la Société*, 94, 1989, p. 9-17.

[18] J. M. Carvalho, *A formação das almas – o imaginário da República no Brasil*, São Paulo, Companhia, das Letras, 1990.

[19] *A Mensageira*, edição fac-símile, São Paulo, Imprensa Oficial do Estado, Secretaria de Estado da Cultura, 1987, t. II: 217.

[20] A expressão é de Santos, W. G. dos. *Cidadania e justiça – a política social na ordem brasileira*. Rio de janeiro, Campus, 1987. Trata-se de uma cidadania "cujas raízes não remetem a um código de valores políticos mas a um sistema de estratificação ocupacional definido como norma legal", p. 68.

[21] Santos, W. G. dos. *op. cit.*

[22] Ligada à Aliança Nacional Libertadora, versão brasileira das Frentes Populares dos anos 30.

[23] Levine, R. *O regime Vargas – Os anos críticos, 1934-1938*. Rio de Janeiro, Nova Fronteira, 1980, p. 117.

[24] Sader, Eder *op. cit.*

[25] Scott, J. "French feminists and the Rights of 'Man': Olympe de Gouge's declarations", *History Workshop*, 28, outono 1989, p. 1-21.

[26] As mudanças no Código Civil relacionadas com o tema da família independem do texto constitucional. As mulheres já apresentaram um projeto para alterações que ainda não foram discutidas.

[27] Os dados sobre a desigualdade econômica são significativos. Por exemplo: 65% de trabalhadores recebem menos que o salário mínimo; 58,6% das mulheres assalariadas estão nessa situação contra 33,8% dos homens. Ver Medici, A. C. "Mulher brasileira, muito prazer", *Revista Brasileira de Estatística*, 48, 189/190, 1987, p. 71-97.

[28] IBGE, *Participação político-social*, 1988, vol. 2, Rio de Janeiro, 1990.

[29] Blay, E. "O visível e o limite dos movimentos sociais na construção da prática democrática" e Avelar, L."Participação política da mulher: o conservadorismo político feminino", *in* Menicucci (org.), *op. cit.*

[30] IBGE, *op. cit.*

[31.] Castro, M. S. P. *Feminismo e democracia*, mimeo, 1990.

[32] Tabak, F. *A mulher brasileira no Congresso Nacional*. Brasília, Câmara dos Deputados, Centro de Documentação e Informação, 1989.

[33] Martins Rodrigues, L. *Quem é quem na Constituinte. Uma análise sócio-política dos partidos e dos deputados.* São Paulo, O Estado de S. Paulo/Mal-tese, 1987, p. 68. O autor observa que as mulheres representavam 15% da bancada do Partido dos Trabalhadores, Partido Comunista Brasileiro, Partido Comunista do Brasil e Partido Socialista Brasileiro.

[34] Almeida, M. H. Tavares de. "Derechos sociales, organización de intereses y corporativismo en Brasil", *Revista Mexicana de Sociología*, Año LI, nº 4, out-dez de 1989.

[35] Tabak, F. *op. cit.*: 127.

[36] F. Tabak, "Representação política e prática democrática".

[37] Tahon, M. Bl. "A propos de la citoyenneté des femmes en Alkgérie", Centre d'Etudes Médiévales de l'Université de Nice/Laboratoire Chryseis du CNRS, 1988.

IV

ANEXOS

Mais-valia feminina[1]

As denúncias encaminhadas pelas trabalhadoras e confirmadas pela Delegacia Regional do Trabalho são conhecidas e usuais: o piso salarial é baixo e implica uma jornada diária de mais de nove horas de trabalho; os critérios de admissão, as práticas de gestão agridem as trabalhadoras com exigências sobre seu aspecto físico e sua vida privada, para impedir a contratação e o emprego de mulheres grávidas; as humilhações na fiscalização para impedir roubos são dignas de um campo de concentração. Nada disto é novo. Apenas atesta, mais uma vez, as perversidades da sociedade brasileira, as mazelas do Brasil profundo, o avesso da modernidade morena.

E porque o episódio De Millus ocorre quando outros velhos temas vêm à tona – maioria e minoria, igualdade e cidadania – e porque todos eles, apesar das aparências, não são neutros, vale a pena pensá-los no feminino, a partir do exemplo das meninas da De Millus.

O lugar das mulheres

Entre as transformações recentes da sociedade brasileira, o crescimento da participação das mulheres na atividade econômica não terá sido a menos importante. Não apenas pelo que representa em termos quantitativos para a população economicamente ativa mas pelas transformações nas relações sociais que estão embutidas nesta entrada maciça das mulheres no mercado de trabalho. Assim, entre 1970 e 1985, a População Economicamente Ativa (PEA) feminina triplicou, passando de 6,1 para 18,4%. Ainda em 1970, no total da população feminina, 18,2% trabalhavam, em 1985 este percentual sobe para 36%, assim, neste ano, 33% das pessoas que trabalhavam no Brasil eram mulheres[2]. Os dados ilustram a importância da femininização do mercado de trabalho e mostram que nestes últimos anos, ricas e pobres, casadas, solteiras, separadas e viúvas, universitárias ou apenas escolarizadas, as brasileiras saíram de casa para trabalhar. Assim se por um lado foi a necessidade de completar o orçamento familiar que levou as mulheres, solteiras ou casadas, a "trabalhar fora", como observa C. Bruschini, é alta a atividade das mulheres casadas, com alta escolaridade e com filhos, o que indica que a necessidade não é a única explicação para o ingresso das mulheres no mercado de trabalho.

Por outro lado, com este lugar das mulheres no mercado de trabalho não significa que os trabalhadores homens estão perdendo terreno. Mas as formas do desenvolvimento industrial e a expansão do terciário ampliaram a oferta de empregos femininos. De maneira clássica, a expansão do terciário e de alguns ramos industriais – eletroeletrônica, por exemplo – consolidou a divisão sexual do trabalho. Há tarefas masculinas e tarefas femininas na sociedade configurando verdadeiras culturas profissionais sexuadas: as costureirinhas, as enfermeiras, as professoras primárias, as domésticas e secretárias, as embaladoras na indústria farmacêutica, as montadoras na eletroeletrônica ou no setor de autopeças. Enquanto na metal-mecânica, na automobilística, na química, na siderurgia são ramos masculinos.

A esta configuração clássica correspondem desigualdades também clássicas. Apesar da crescente escolarização das mulheres, suas possibilidades de carreira são mais restritas e seus rendimentos são inferiores. Em 1985 cerca de 16,5% dos homens ocupados ganhavam mais de cinco salários mínimos, enquanto apenas 7,2% das mulheres estavam nesta faixa salarial. Em compensação, 58,6% das mulheres tinham em 1985 renda de até um salário mínimo[3]. Por outro lado, o processo de terceirização da economia atinge especialmente o trabalho feminino: em 1985, 69,2% das mulheres estavam ocupadas em atividades terciárias – a informatização bancária fez aumentar o trabalho feminino no setor, cresce o número de secretárias e digitadoras.

Ao mesmo tempo, estudando os dados sobre o nível de ocupação em São Paulo, observa-se uma diminuição significativa do emprego doméstico remunerado das mulheres, provavelmente resultado do acesso à educação, de um modo de vida urbano que valoriza os empregos "formais" e faz aumentar as resistências à "escravidão doméstica" que sempre fez das empregadas domésticas trabalhadoras inferiorizadas na própria legislação, o que só começa a mudar com a nova Constituição[4]. Mas se por um lado a diminuição do trabalho doméstico assalariado nos grandes centros urbanos é significativa das novas práticas femininas, maior escolarização e especialmente do que se poderia analisar como uma tentativa surda de ruptura com as trajetórias profissionais tradicionais, por outro lado a distribuição das mulheres no mercado de trabalho reproduz as tendências já apontadas da divisão sexual do trabalho. O detalhamento desta distribuição é indicativo: os setores que absorvem com mais intensidade o trabalho feminino no Brasil são o de prestação de serviços e o social. Aliás, setores não valorizados socialmente por meio dos salários.

Assim, se por um lado é verdade que as mulheres trabalham mais, como nas velhas polêmicas do feminismo do começo do século, coloca-se a questão: trabalhar fora significa uma maior igualdade entre mulheres e homens na sociedade brasileira? E se não há igualdade, é este um tema maior de política?

A humilhação cotidiana das meninas da De Millus é apenas a ponta do *iceberg* de uma relação de poder que, entre as muitas desigualdades sociais, inclui a desigualdade entre homens e mulheres. É claro que ter seu corpo vasculhado, ter sua vida sexual controlada faz parte de práticas de controle que atingem particularmente as mulheres. Trata-se de se perguntar, mais uma vez, o que faz com que patrões, ou outras autoridades, se sintam no direito de invadir o corpo e a vida privada de suas funcionárias.

Não cabe aqui remontar à história da dominação de gênero na nossa cultura: as ideias que identificaram as mulheres à natureza, à irracionalidade, à reprodução biológica e à maternidade e como o trabalho não doméstico, apesar de historicamente realizado também pelas mulheres, foi considerado próprio dos homens. Como consequência de tudo isso, se para os trabalhadores foi necessário lutar pelo direito à cidadania por meio de séculos, a luta das trabalhadoras foi sempre mais difícil porque por definição eram trabalhadoras ilegítimas, salvo naquelas funções que se assemelhavam à maternidade, ao trabalho doméstico. Estes mesmos serviços sociais que ocupam majoritariamente as brasileiras.

A situação das mulheres brasileiras combina assim as formas da dominação: assalariamento crescente, mas em setores "femininos", o que implica o reforçamento das desigualdades salariais e de carreira etc. Por outro lado, apesar da escolarização crescente, a definição das tarefas femininas, principalmente na indústria, ainda repousa no falso naturalismo das tarefas que exigem "dedos finos", agilidade, concentração e "disciplina", todas, obviamente, qualidades "inatas" das mulheres.

Mas, confirmados os dados das desigualdades salariais, profissionais etc., cabe analisar as outras dimensões deste processo de mutações em que as mulheres saem de casa. Porque se de um lado é certo que as relações domésticas ainda são fortemente marcadas pela subordinação feminina, por outro lado, nos vários grupos sociais, cresce o número de mulheres chefes de família, que criam seus filhos sozinhas, que fazem projetos de carreira profissional. É esta situação que coloca a questão da igualdade.

Há igualdade de direitos entre mulheres e homens trabalhadores(as)? Parece que não. Isto porque, no quadro dominante da violência social e de desigualdades, vimos que as mulheres ainda ganham menos, e são menos qualificadas. Mas, mais ainda, para serem trabalhadoras, têm que deixar de ser mulheres. Isto é, as trabalhadoras são controladas na sua sexualidade, na sua vida privada, para terem acesso ao direito ao trabalho reconhecido pelos mesmos defensores das liberdades privadas e do direito à vida, que, no entanto negam às trabalhadoras.

A comparação das faixas salariais de homens e mulheres, das qualificações e das carreiras indicam claramente que as trajetórias profissionais masculinas e femininas são não só diferentes mas desiguais em seus resultados. Por outro lado, se consideramos o texto da nova Constituição como indicador de uma preocupação de igualdade presente na sociedade brasileira, o problema de que igualdade queremos e quais os mecanismos que são necessários acionar para alcançá-la se coloca.

Concretamente há um problema: como fazer para que as oportunidades profissionais de homens e mulheres sejam iguais, ou isto é impossível?

Ainda faz parte da nossa mentalidade a idéia de que o trabalho profissional das mulheres é secundário e que naturalmente nela se reproduzem as preferências de homens e mulheres. Assim, os guetos ocupacionais, as diferenças na ascensão de carreira teriam explicações senão biológicas, de que as mulheres pensam menos ou que são inaptas para gerir até mesmo uma simples família[5], explicações culturais de que as mulheres se relacionam com o trabalho de forma diferente, são menos ambiciosas e, sobretudo, colocam a maternidade como primeira opção. O segundo argumento foi amplamente utilizado por um certo feminismo radical, preocupado com a defesa de uma cultura feminina, que recentemente ressurgiu nos Estados Unidos em torno do caso Sears – quando a empresa, utilizando a argumentação de uma intelectual feminista, definiu alguns postos para os quais as mulheres não seriam adequadas, justamente por sua cultura feminina menos competitiva, menor dedicação ao trabalho etc. O caso virou processo e a discussão serviu para chamar a atenção para as armadilhas da cultura da diferença. Mas no Brasil enfrentamos situações bem mais marcadas. Em primeiro lugar, os guetos ocupacionais não são contestados. Não há mecanismos para incentivar que as mulheres façam cursos técnicos e sobretudo tenham oportunidades de trabalho correspondentes a sua qualificação. Ao contrário, as estatísticas indicam que há um subaproveitamento da escolarização feminina. As mulheres estudam mais, mas nem sempre têm a formação necessária para, por exemplo, chegar ao posto de inspetora de qualidade numa indústria. Mas, num segundo momento, é preciso considerar que tampouco se recrutam mulheres para este posto. A forma de enfrentar esta desigualdade de carreiras foi, em muitos países europeus e também nos EUA, promover políticas de discriminação positiva, isto é, forçar o recrutamento de homens e mulheres em quotas iguais, através de uma legislação que vise a paridade mas não a proteção.

A nova Constituição apenas enuncia o princípio da igualdade, mas as formas de sua promoção devem ser objeto de uma regulamentação que nem os partidos, nem as centrais sindicais, nem as trabalhadoras apresentaram ainda para discussão. Assim, se a igualdade de acesso ao mercado de trabalho e a reformulação das qualificações dependem de uma legislação paritária, a igualdade salarial depende da implementação de contratos coletivos de trabalho.

A promoção da igualdade significa também o reconhecimento do direito das mulheres e dos homens à maternidade e à paternidade. Para que a legislação sobre o trabalho feminino não seja desigualmente protetora, é preciso introduzir também os direitos da paternidade – a licença paternidade. O avanço neste item é ainda pequeno, o novo texto constitucional apenas reconhece o princípio, mas sua regulamentação vai depender do interesse e do investimento dos grupos sociais. A julgar pelo que está acontecendo com a aplicação da licença maternidade, as perspectivas não são positivas.

Na verdade, é esta a única tradição de política com relação ao trabalho feminino existente no Brasil: a proteção à maternidade. A nova Constituição, ao aumentar o período de licença maternidade, apenas seguiu uma tendência geral na legislação mundial. No entanto, a mentalidade dos empresários brasileiros ainda não parece ter alcançado este nível de reconhecimento de direitos individuais. Para os empresários brasileiros a maternidade não é direito das mulheres pobres. Não se trata de romper a divisão sexual do trabalho, pois seria difícil requalificar homens para todas as funções exercidas por mulheres, trata-se de impossibilitar a aplicação da licença maternidade, impedindo que as mulheres engravidem. O exemplo da De Millus é aqui o mais notório, mas as denúncias individuais se multiplicam e envolvem não só indústrias mas setores do comércio. Na verdade, caberia uma ampla investigação sobre os questionários de recrutamento em que se pergunta se a candidata ao emprego "fez ligadura de trompas", ou sobre a aplicação de testes periódicos de controle de gravidez.

Este é talvez o ponto mais interessante para a discussão da igualdade e diferença nas relações de gênero. A vivência maternidade é uma diferença que atinge mulheres, uma especificidade, ou maternidade e paternidade são vivências de mulheres e homens iguais que compõem uma humanidade que nem é masculina nem é neutra, mas sexuada, e que por isso mesmo implica vivências sexuadas.

Assim, é preciso poder viver a maternidade e a paternidade, e se os homens não a vivem é também porque a paternidade só é entendida através da ética do provedor. Não se dá tempo aos homens para que sejam pais. E para que as mulheres sejam mães é preciso que renunciem ao trabalho. Isto não só porque se considera a licença maternidade um luxo, mas porque as mulheres não encontram equipamentos coletivos que facilitem as tarefas domésticas: as creches, os parques infantis, as escolas com tempo integral. Por isso é tão difícil ser operária, bancária, médica ou professora universitária e, especialmente, avançar nas carreiras.

Mas será que as mulheres querem avançar nas carreiras, ou este é um desejo apenas de algumas mulheres excepcionais, espécies de supermulheres, que renunciam ou limitam a vida afetiva, o envolvimento familiar? Ou será ainda que as mulheres não querem subir na carreira porque a competição não faz parte dos seus valores, como pensam os gerentes da Sears.

Para as meninas da De Millus considera-se que o emprego é uma necessidade que elas manterão se não puderem encontrar alguém que as sustente. Por isso, como seu trabalho não é visto como uma atividade que faz parte do exercício de sua cidadania, seus direitos enquanto trabalhadoras também não são reconhecidos. Seguindo esta lógica, a necessidade de políticas paritárias é apenas uma questão de minorias. Depois de resolvida a pobreza na sociedade brasileira, as mulheres chegarão quem sabe à igualdade, ou quem sabe à diferença escolhida de uma carreira intermitente subordinada ao prazer da maternidade.

Mas a história ainda desconhecida das relações de gênero indica que a igualdade de direitos individuais, sociais e políticos vem sendo penosamente construída como um direito através de séculos e lutas. Por um lado, esta história atesta a necessidade de políticas que promovam a igualdade. Por outro lado, a própria reflexão sobre estas políticas e sobre as relações de gênero configuram um quadro muito mais complexo. Como traduzir no cotidiano os direitos sociais e individuais assegurados na Constituição: *a igualdade em direitos e obrigações, a licença remunerada de 120 dias à gestante, a proteção ao mercado de trabalho da mulher, a proibição de diferenças de salário, de exercício de funções e de critério de admissão por motivo de sexo, idade, cor ou estado civil.*

A experiência europeia e a norte-americana ao mesmo tempo que apontam para as políticas de paridade reconhecem também as dificuldades de sua implementação, a necessidade de uma vigilância permanente por parte das próprias mulheres, no caso italiano, ou dos organismos encarregados de políticas antidiscriminatórias – nos EUA a Equal Employment Opportunities Comission[6] – para que a paridade não permaneça como princípio abstrato.

Neste sentido é necessário combinar medidas imediatas que favoreçam a igualdade de oportunidades de emprego e de salário, tanto quanto medidas de largo prazo que tenham como objetivo a capacitação das mulheres. Tudo isto apoiado em políticas sociais que multipliquem creches e equipamentos coletivos para que a trajetória profissional de mulheres e homens, mães e pais, possa se fazer sem o sacrifício da vida cotidiana, sem dupla jornada, sem penalização das crianças, elementos fundamentais para redefinir a divisão do trabalho doméstico.

O objetivo de uma política de paridade deve ser promover a igualdade de homens e mulheres no exercício da cidadania, e não sancionar as desigualdades através de medidas protecionistas como aquela que antecipa a aposentadoria das mulheres, justa se considerarmos a dupla jornada de trabalho das mulheres, mas perigosa na medida em que tende a reforçar uma diferença que na perspectiva da igualdade tem que ser questionada no dia a dia da vida doméstica, nos espaços privados, tanto quanto no trabalho e nos espaços públicos.

A humilhação cotidiana das meninas da De Millus, os dezessete autos de infração da legislação trabalhista e as 73 notificações sobre medicina e segurança do trabalho emitidos pela Delegacia Regional do

Trabalho do Rio[7] atestam apenas uma parte do que se entende por dignidade e respeito das trabalhadoras, do terror que se esconde embutido na *magia das rendas e na sedução dos brilhos* dos lançamentos da De Millus e nos trabalhos femininos.
A cidadania das trabalhadoras é um tema para os anos 90.

Notas

[1] Texto publicado na revista *Teoria e Debate*, edição n° 8 (out/nov/dez 1989).

[2] Cf. Bruschini C. *Tendências da força de trabalho feminina brasileira nos anos 70 e 80: algumas comparações regionais.* Textos Fundação Carlos Chagas, 1, São Paulo, 1989.

[3] Cf. Medici André C. Mulher brasileira: muito prazer. *Revista Brasileira de Estatística*, 48 (189190: 71-97, jan. dez. 1987/ Rio de Janeiro.

[4] Ver Trabalho feminino: elas vieram para ficar. DESEP/CUT. *Debate Sindical*, 10, maio de 1989, p. 12-23.

[5] Cf. A. Comte, citado por Perrot, M. "Histoire et pouvoir des femmes". *In* Aubert *et alli* (s/la direcion de) *Le sexe du pouvoir.* Paris, Desclée de Brouwer, 1986, p.82.

[6] Ver Beccalli, Bianca. Le poliche del lavoro femminile in Italia: donne, sindicati e stato tra il 1974 e il 1984. *Stato e Mercato*, 15, (423-459) dicembre 1985.

[7] Ver *Isto É, Senhor*, edição n. 1003, de 5 de julho de 1989, p. 62.

Desventuras das mulheres em busca de emprego[1]

Procura-se:
Secretária com um ano de experiência, 1º grau completo, hiperbonita para trabalhar com diretor de firma.
Recepcionista com boa apresentação, boa aparência, que não seja de cor, nem japonesa.
Engenheira civil feminina, recém-formada e japonesa.
Faxineira magra e esperta.
Cozinheira que não seja gorda.

Os anúncios não são inventados. Estão registrados no Sistema Nacional de Empregos (SINE) em São Paulo. Segundo o coordenador do SINE em São Paulo, estas são vagas "encalhadas", porque tais "qualificações" não existem em nosso mercado.

Sobre o sexismo e racismo explícitos nos anúncios de empregos, nenhum comentário. É verdade que não são novidade. Porvoam os classificados dos jornais e a linguagem "científica" dos técnicos em relações humanas.

Não se espera, nem de quem redigiu os anúncios nem dos funcionários do SINE, uma reflexão sobre o que é afinal "qualificação" para as mulheres. O que espanta, a mim pelo menos, é a impunidade, a naturalidade com que sexismo e racismo se manifestam. Na verdade, os anúncios vêm reforçar uma tese polêmica, a de que o sexo determina a qualificação de um trabalho. Assim, a avaliação de uma mulher secretária, engenheira ou operária passa por critérios que julgam suas qualidades como mulher. Por isso, antes de se medir a eficiência de uma secretária, mede-se a sua pessoa, como se fosse uma mercadoria, um enfeite. Um contrato de trabalho de uma mulher não compra apenas (e já é muito) a sua capacidade de trabalho. Compra também a mulher. Por isso, a mulher grávida não serve, mulher gorda não serve, mulher negra não serve. A qualificação vem depois.

Se o sexismo (e o racismo também) é, às vezes, transparente, e não se aplica para os homens o mesmo tipo de critérios aplicados às mulheres, o sutil processo de desqualificação do trabalho feminino é bem mais complicado. Dificilmente encontraremos um anúncio buscando "um engenheiro japonês, viril". Mas é frequente, sobretudo no trabalho industrial, a dificuldade para distinguir porque uma tarefa feita por homens é considerada mais qualificada do que outra feita por mulheres.

O certo é que não só é preciso ser feminina, bonita, às vezes loura, para conseguir trabalhar, mas ainda que as mulheres no seu conjunto estejam nas faixas salariais mais baixas e nas tarefas menos qualificadas.

Não é um problema que se limite ao mercado de trabalho, ao discurso dos gerentes de relações humanas, aos patrões. Vai mais longe e é indicativo do que é ser mulher e trabalhadora no Brasil cotidiano, sob o fino verniz da modernidade da "nova mulher".

É um problema político. Porque sexismo e racismo são questões políticas, que fazem parte da nossa vida, do dia a dia das que procuram emprego, vão a hospitais ou postos de saúde, abortam escondidas como criminosas, amam, andam pelas ruas, cuidam dos filhos. Fazem parte, também, dos discursos oficiais e oficiosos, como o do brigadeiro Valdir de Vasconcellos, chefe do Estado-Maior das Forças Armadas (EMFA), que declarou que "os vastos espaços vazios que ainda existem neste país não devem ser ocupados por grupos de nordestinos de uma família rural de onze filhos, mas por homens fortes" e, coerentemente, propôs que o planejamento familiar passasse a ser questão de segurança nacional, a ser regulamentada pelas Forças Armadas.

A esta política, o que temos a opor?

O discurso de oposição promete igualdade, dignidade para as mulheres, creches, saúde, uma nova situação civil. O discurso feminista foi mais longe. Denunciou a violência oculta ou aberta contra as mulheres, a dupla jornada de trabalho, e humilhação no trabalho e muitas vezes em casa ou nas ruas.

À margem dos discursos, os resultados são magros. O que se sente é muito mais uma mudança simbólica, meio sufocada pelo modismo da mulher liberada. O que se passa no mundo das mulheres "pobres e obscuras", que brigam por casa e trabalho, que ocupam o SINE, é ainda invisível. E enquanto não surge uma política do cotidiano, as várias faces do sexismo se desdobram.

Em matéria de trabalho, a situação é que se adivinha pelos anúncios do SINE. A única medida do governo atingindo o trabalho feminino de que se tem notícia é a liberação do trabalho noturno. Boa ou má, a medida passou e as mulheres não foram consultadas.

Enquanto isso, as mulheres entram na ordem do dia como máquinas reprodutivas, objetos de um surpreendente interesse, e viram questão de segurança nacional. Tudo isso porque técnicos competentes descobriram que as mulheres estão gerando futuros delinquentes, seres defeituosos que não servem para honrar as nossas gloriosas Forças Armadas, monstrengos perigosos.

Trata-se, portanto, de impedir que essas mulheres, que certamente não são hiperbonitas, nem femininas, procriem. E o governo, que até hoje pouco ou nada fez pela saúde das mulheres, limitando-se a magros programas de assistência pré-natal, de alcance restrito, em que as mulheres só existiam se fossem mães, resolveu produzir um Programa de Saúde Integral da Mulher.

A uma política autoritária se sucede outra. Antes não se tratava da contracepção, ou quando muito receitavam pílulas, sem atendimento médico, sem informação. Agora, exalta-se a necessidade de "paternalidade" responsável (o brigadeiro fala mesmo de paternidade, nem maternidade reconhece) e faz-se o elogio da contracepção. Com o pequeno detalhe da insistência nas vantagens da esterilização feminina. E tudo isso virou matéria de segurança nacional, sem que as mulheres fossem ouvidas. Sem que se saiba efetivamente o que se está fazendo em termos de contracepção neste país.

A esta política, o que temos a opor?

Enquanto o Ministério da Saúde finge consultar especialistas, feministas e parlamentares, as condições de aplicação do novo programa são obscuras. E, em nível de estados, os melhores projetos de saúde da mulher permanecem bloqueados, entre interesses conservadores, temores e hesitações.

E o discurso político, o que diz?

Algumas tentativas das feministas aqui, um ou outro fragmento de discursoa li, mas não há posição nem ação.

Enquanto o brigadeiro Vasconcellos se escandaliza, desta vez com o número de jovens subnutridos, com deficiências dentárias e insuficiências de peso e decide apoiar um planejamento familiar para que "os casais tenham apenas o número de filhos que possa criar", a saúde integral das mulheres passa para segundo plano, e fica mais uma vez evidente que as mulheres não contam. Devem procurar ou não segundo os interesses da nação. Não é de se estranhar que o aborto continue sendo crime e tabu, mas na verdade existindo para maior aperfeiçoamento da raça. Que seja feito à custa da saúde e da vida de muitas mulheres, não interessa.

Assim, mulheres enfeites, ou mulheres máquinas de procriar, a mesma situação se repete: as mulheres são objetos e não sujeitos da política, e não há ainda um espaço político em que elas possam realmente assumir um novo papel.

Não é apenas uma questão de espaço. Tampouco se resolve o problema criando órgãos representativos, mas ainda simbólicos, como os Conselhos, ainda que, num quadro mais favorável, estes pudessem ser instrumentos úteis e eficientes. O sexismo e a crítica que dele faz o feminismo apontam para uma perversão gritante: a desigualdade e a opressão que se apoiam sobre o sexo.

O que é, talvez, tempo de compreender é que esta perversão gritante, fazendo parte do nosso dia a dia e sendo uma questão política, não ganha um tratamento político nem ao nível do discurso, nem ao nível das iniciativas, das estratégias e das práticas.

Enquanto isso ocorre, do outro lado, patrões e brigadeiros manifestam uma clareza muito grande sobre o fato de que um corpo de mulher não é apenas um objeto qualquer, é um objeto útil e perigoso, a ser controlado e a ser explorado de várias formas. E montam, como quem não quer nada, um sistema de controle social que se baseia na debilidade da posição social das mulheres, na sua submissão, cuidadosamente programada. O brigadeiro quer que o corpo das mulheres seja área de segurança nacional. Os patrões querem que o corpo das mulheres produza mais e mais, sempre mais barato, sempre mais rápido.

E é por isso que Marli Cristina de Campos, 17 anos, ex-empregada doméstica, sete irmãos, mutilou a mão numa prensa de uma indústria de plásticos onde trabalhava sem registro em carteira, sem experiência. Comentário da irmã: "eu sei que o salário é muito baixo, mas nessa situação não temos muita escolha". E porque Marli, mulher, sem qualificação profissional, provavelmetne não hiperbonita nem feminina, precisa trabalhar para sobreviver, a empresa aproveita e explora. Faz sua política.

Como também o faz o contramestre, que atrás dos muros altos da fábrica asséptica, e modelar, construtora, afinal, do "milagre do Delfim", grita todos os dias para as mulheres que trabalham sob suas ordens pequenas frases do tipo: "vocês só prestam para ter filhos", ou "estão precisando é de homem". E quando alguém vem pedir licença para sair no dia seguinte, para visitar a filha na UTI hospitalar, o contramestre responde: "quem está grave hoje amanhã está morta". A moça conta e para. A companheira acrescenta: "diz que a tua filha morreu". As lágrimas aparecem atrás do sorriso doce.

Verdade que é difícil juntar essas formas quase invisíveis do sexismo cotidiano, que aparecem nos desabafos, nas queixas e denúncias. Mas são estas práticas miúdas que constroem a repressão, a humilhação das mulheres. Divididas entre pobres e ricas, mas também entre brancas e negras, bonitas e feias, sulistas e nordestinas, que podem ter os filhos que querem ou impedidas de tê-los, para não prejudicar a qualidade da nossa população.

Procura-se uma política que dê conta dos sofrimentos cotidianos e dificuldades de mulheres que querem trabalhar e ganhar a vida, que querem ter filhos ou evitá-los, que querem ser tratadas com dignidade.

Nota

[1] Texto publicado na revista *Lua Nova*, São Paulo: Cedec, vol. 2, n° 1, abr./jul. 1985, p. 68-72.

V

Trabalhos da autora

V

Trabalhos da aurora

Livros

1983 – *Emma Goldman – a vida como revolução,* São Paulo, Brasiliense.

1984 – "La pratique invisible des ouvrières" (em colaboração com John Humphrey, Leda Gitahy, Rosa Moysés), *in Le sexe du travail,* Grenoble, Presses Universitaires de Grenoble.

1986 – "Division sexual del trabajo: el trabajo tambien tiene sexo" *in Mujer y trabajo en America Latina,* GRECMU, Montevidéu, Ed. Banda Oriental.

1986 – "Masculin et feminin dans la pratique et les discours syndicaux au Brésil", *in Le sexe du pouvoir* (obra coletiva), 1ª ed., Paris, Desclée de Brouwer.

1987 – *O sexo do trabalho* (Andrée Kartchvsky *et al.),* São Paulo, Paz e Terra, "A prática invisível das operárias" (em colaboração com John Humphrey, Leda Gitahy, Rosa Moysés).

1991 – "Modelo japonês e práticas brasileiras», *in* H. Hirata (org.), *Sobre o modelo japonês,* EDUSP – Nova Stella, 1992. Ed. Harmattan, Paris, 1992 (a ser publicado).

Artigos

1981 – "A questão da mulher na reprodução da força de trabalho", *Perspectivas,* São Paulo, n° 4, p. 43-7.

1982 – "Femmes au Brésil – Mouvements et Recherches", *Cahiers des Amériques Latines.* Paris, n° 26, p. 149-51.

1982 – "Operárias, sindicalização e reivindicações (1970-80)" (em colaboração com Helena Hirata, Leda Gitahy e Rosa Lúcia Moysés), *Revista de Cultura e Política,* São Paulo, n° 8, p. 11-38.

1982 – "Luttes ouvrières et luttes des ouvrières à São Bernardo do Campo" (em colaboração com John Humphrey, Leda Gitahy, Rosa Moysés), *Cahiers des Amériques Latines,* nº 26, jul-dez, p. 149-51.

1985 – "Women, factory workers, unions, sociological discourse" (em colaboração com Elisabeth Higgs), *The Florida Journal of Anthropology,* Gainesville, 10(2) p. 68-72.

1986 – "Desventuras das mulheres em busca de emprego", *Revista Lua Nova, Cultura e Política,* vol. 2. nº 1, abril-junho, CEDEC. Brasiliense, p. 68-72.

1986 – "As mulheres e os sindicatos: novas práticas, velhos problemas", *Revista Tempo e Presença,* São Paulo, nº 214, p. 4-6.

1987 – "Mulheres, feminismo e novas práticas sociais", *Revista de Ciências Sociais,* Porto Alegre, UFRGS, v. 1, nº 2, p. 221-9.

1987 – "Homem e Mulher: imagens das ciências sociais", *in Mulheres: da domesticidade à cidadania – estudos sobre movimentos sociais e democratização.* Eleonora Oliveira (org.), ANPOCS/Conselho Nacional dos Direitos da Mulher.

1989 – "Experiências de mulheres. Destinos de gênero". *Tempo Social:* Revista de Sociologia da USP, vol. 1, nº 1, 1ª sem. 1989, p. 169-82.

1989 – "Trabalho Feminino: 'elas vieram para ficar'", *Debate Sindical,* A mulher trabalhadora, ano III, nº 10, maio, DESEP/CUT.

1989 – "Emma Goldman – revolução e desencanto: do público ao privado", *Revista Brasileira de História,* São Paulo, v. 9, nº 18, ago-set 89, p. 29-41.

1989 – "Uma nova identidade", *Revista Tempo e Presença,* p. 248, São Paulo, CEDI, dezembro.

1991 – "A igualdade imaginada", *São Paulo em Perspectiva.*

1991 – "Movimento das mulheres e representação política no Brasil (80-90): o gênero da representação", RBCS, nº 17, ano 6, 1991.

1991 – "O trabalho como linguagem: o gênero no trabalho", BIB-ANPOCS, 1º sem. De 1991.

Anais de Congresso

1983 – 7º Encontro Anual da ANPOCS, Águas de São Pedro, SP. Comunicação apresentada "As operárias, o sindicato e o discurso sociológico" (em colaboração com Elisabeth Higgs).

1983 – Seminário "Processo de trabalho e reivindicações sociais" Grupo de trabalho "Processo de trabalho e reivindicações sociais", ANPOCS. Comunicação apresentada: "A prática invisível das operárias".

1983 – Seminário: "Políticas públicas e a condição feminina", Fundação Carlos Chagas-UNICEF, São Paulo. Comunicação apresentada: "As condições de saúde das mulheres brasileiras – síntese de um relatório de pesquisa".

1984 – 8º Encontro Anual da *ANPOCS,* Águas de São Pedro, SP. Comunicação apresentada: "A divisão sexual do trabalho e as ciências sociais".

1984 – Seminário "Investigación sobre la mujer e investigación feminista: balance y perspectivas de la década de la mujer en América Latina", Grupo de Estudios sobre la Condición de la Mujer en Uruguai, Montevidéu. Comunicação apresentada: "A divisão sexual do trabalho nas ciências sociais".

1984 – Seminário "Nuevamente sobre los movimientos sociales de mujeres", CLACSO, Montevidéu. Comunicação apresentada: "La classe obrera en el feminino: práticas obreras y práticas de las obreras en San Pablo/Brasil".

1984 – Seminário Zahidé Machado Neto, "Pesquisa sobre mulher no Brasil", Fundação Carlos Chagas, Salvador, Bahia.

1985 – VI Seminario de Estudos Latino-Americanos. *CLACSO-UFRGS,* Porto Alegre, RS. Comunicação apresentada: "As mulheres e as novas práticas sociais".

1985 – "Assim passaram 10 anos", Feminismo, História e Memória. USP-Fundação Carlos Chagas-CIM, São Paulo – USP – Departamento de Ciências Sociais. Comunicação apresentada: "As mulheres, o movimento e a pesquisa em São Paulo".

1985 – Simpósio "Anthropological perspectives on women's collective Actions: A assesment of the Decade, 1975-1985", organizado pela Wenner-Green Foundation for Anthropological Research, Mijas, Espanha. Comunicação apresentada: "The rising of women workers in São Paulo (Brazil)".

1985 — Forum "End of women's décade NGO forum", Nairóbi, Quênia. Participação na sessão "Women and the economy". Comunicação apresentada "The sexual division of labour in Brasilian industry". Participação no painel "Research methods related to women". Comunicação apresentada: "División dei trabajo: social, sexual y internacional".

1986 – "Masculino e feminino na linha de montagem – Divisão do trabalho e controle social" (em colaboração com Vera Soares). Anais do Seminário "Relações de trabalho e relações de poder: mudanças e permanências". Universidade Federal do Ceará/FINEP/ANPOCS/CNPq. vol. II, p. 16-35.

1986 – "The sexual division of labour in Brazilian industry", International Development Research Centre Manuscript Report: Women in Development – Perspectives from the Nairobi Conférence, Ottawa, Canadá, p. 40-52.

1986 – Seminário Regional Interamericano y del Caribe: "Desarrollo de curricula y preparación de materiales de ensenanza en estudios de la mujer para la educación superior en América Latina y el Caribe", *UNESCO,* Centro de Estudios de la Mujer, Universidad de Buenos Aires. Comunicação apresentada: Temas prioritários en el Curriculum de Estudios de la Mujer.

1987 – Seminário "Contraintes et maîtrise du dévelopement: la réponse des femmes et des hommes", ORSTOM – Institut Français de Recherche Scientifique pour le Dévelopement en Coopération. Comunicação apresentada: "Nouveaux discours, pratiques sociales nouvelles: féminismes et mouvements de femmes dans le Brésil contemporain", Paris, França.

1987 – Instituto Goethe, São Paulo, Seminário "Mulher e sociedade". Comunicação apresentada na mesa "Mulher e trabalho".

1987 – IV Congresso Estadual dos Sociólogos, Mesa de Debates : Modos de vida e relações familiares". Comunicação apresentada. "Modos de vida: usos e abusos".

1987 – 11º Encontro Anual da ANPOCS, Águas de São Pedro, SP, Grupo de trabalho "Mulher e política". Comunicação apresentada: "Movimentos de mulheres e feminismo".

1987 – "Os usos do gênero", *in* "Relações sociais de gênero x relações de sexo", Departamento de Sociologia, Núcleo de Estudos da Mulher e relações sociais de gênero.

1988 – "Expériences de femmes, destins de genre", Actes de la Table Ronde Internationale: "Les rapports sociaux de sexe: problématiques, méthodologies, champs d'analyses", *Cahiers APRE n° 7*, v. II, p. 205-16.

1988 – VII Reunião Brasileira de Antropologia, Campinas, SP, Associação Brasileira de Antropologia, Grupo de trabalho "Cultura e política nos anos 70". Comunicação apresentada: "Itinerários de 1968: entre a subversão e o feminismo".

1988 – 40º Reunião Anual da Sociedade Brasileira para o Progresso da Ciência, São Paulo, SP. Mesa Redonda "Os acontecimentos de 1968: memória e história". Comunicação apresentada: "Itinerários de 1968".

1988 – XII Encontro Anual da ANPOCS, Águas de São Pedro, SP. Grupo de trabalho "Mulher e política". Comunicação apresentada: "Os usos do gênero".

1989 – "Trabalhadoras e trabalhadores: o dia-a-dia das representações". Anais do Seminário Internacional "Padrões tecnológicos e políticas de gestão. Comparações Internacionais". Universidade de São Paulo/Universidade de Campinas, p. 275-94.

1989 – "Panorama da Sociologia brasileira – Estudos sobre gênero", Anais do IV Congresso Brasileiro de Sociologia, IFCS/UFRI 1 e 2 de junho.

1989 – Seminário "Sociedade, política e relações sociais de gênero", Departamento de Sociologia – Núcleo de estudos da mulher e relações sociais de gênero, org. Prof°. Dra. Eva Alterman Blay. Comunicação apresentada: "Movimentos sociais, Estado e relações sociais de gênero".

1989 – Seminário "O retorno do ator", Faculdade de Educação USP, Comunicação "A luta das mulheres".

1989 – Debate "A cidadania hoje: igualdade e diferença na sociedade brasileira", V Congresso Estadual dos Sociólogos do Estado de São Paulo, agosto.

1989 – XII Congresso Mundial de Ciência Política, Mesa redonda "Mulheres e Cidadania", Rio de Janeiro. Comunicação apresentada: "Práticas operárias femininas".

1990 – Colóquio internacional "Movimentos sociais e representação política", Brasil-Québec, Montreal, 7-9/2/91, Université de Québec à Montreal.

1990 – Seminaire franco-brésilien "Autour du 'modèle japonais'. Automatisation, nouvelles formes d'organisation et de relations de travail", CNRS/BID/USP. Comentadora da seção "Les dimensions historiques, sociales, culturelles et symboliques du modèle japonais, à partir des cas européen et brésilien".

1990 – Mesa redonda "Relações de gênero, abordagens diversas nas ciências humanas", XVII Encontro Nacional de Estudos Rurais e Urbanos, CERU. Departamento de Sociologia, FFLCH/USP, maio.
1990 – XIV Encontro Anual da ANPOCS, Caxambu, MG. Grupo de trabalho "Processo de trabalho e reivindicações sociais". Comunicação apresentada: "O trabalho como linguagem: o gênero no trabalho", outubro.
1990 – Seminário "Estudos sobre mulher no Brasil. Avaliação e Perspectivas", Fundação Carlos Chagas, São Paulo, novembro, 27-30. Comunicação apresentada: "O trabalho como linguagem: o gênero no trabalho".
1991 – Conferência na UFPB, "A classe trabalhadora no Brasil: experiência, estrutura e gênero", Campus de João Pessoa.

Conferências e Debates

1984 – Conferência sobre "Classe ouvrière et syndicalisme au Brésil. La question des femmes", ministrada no Laboratoire de Sociologie du Travail et des relations professionnelles, Conservatoire National des Arts et Métiers, Paris, França.
1985 – Grupo de trabalho "Família e Sociedade" (ANPOCS), Programa de reuniões anuais, conferência "Família, práticas produtivas, práticas reprodutivas".
1987 – Institute of Social Studies, Haya, Holanda, Conferência "Sexual division of labour in Brasilian industry".
1988 – Conferência "A violência e a mulher". Atividade de Extensão sobre "A violência em Debate II". Universidade de Brasília, Instituto de Ciências Humanas.
1989 – Seminário Temático "Movimentos Sociais – leituras dos anos 80", conferência: "Os excluídos da História", Programa de Pós-Graduação em Sociologia Rural e Urbana da Faculdade de Ciências e Letras – UNESP-Campus de Araraquara.
1990 – Conferência no Seminário "Transformation de la citoyenneté et la participation politique dans diverses sociétés latino-américaines". Org. Prof. Dr. Daniel Pécaud. CES. École des Hautes Études en Sciences Sociales.

Atividades dirigidas à Comunidade

1984 – Mesa-Redonda "A questão do aborto no Brasil", organizada pelo Conselho Regional de Medicina do Estado de São Paulo, organizado pelo Diretório Regional do PMDB em São Paulo.
1985 – Conferência "Emma Goldman – a vida como revolução", Centro de Cultura Social, São Paulo.
1985 – Fórum de Debates "Questões da mulher Andreense", conferência "O papel da mulher na sociedade (Direitos e Constituinte)". Câmara Municipal de Santo André, SP.

1985 – Participação no I Simpósio de Mulher Trabalhadora, organizado pela Secretaria de Estado de Relações de Trabalho, São Paulo, debate "A mulher e a CLT".

1985 – IV Semana Interna de Prevenção de Acidentes do Trabalho, Banco do Brasil, conferência "Corpo, mente e trabalho".

1986 – Câmara Júnior Brasil – Japão, Departamento Feminino, Conferência "As mulheres brasileiras: um pouco de história".

1987 – Conselho Regional de Psicologia e Sindicato dos Psicólogos do Estado de São Paulo, Semana do Psicólogo, debatedora: "O psicólogo e a discriminação no trabalho".

1987 – Conférence débat: "Les Mouvements des femmes en Amérique Latine". Centre d'Etudes Marxistes sur L'Amérique Latine José Carlos Mariategui, Paris, França.

1988 – IV SIPAT – Semana Interna de Prevenção de Acidentes no Trabalho/USP, conferência "A mulher e a crise brasileira".

1988 – Encontro Brasileiro de Pastoras, organizado pelo Conselho Latino-Americano de Igrejas, conferência "As mulheres no contexto social e político brasileiro".

1989 – Seminário sobre a questão da mulher metalúrgica. Sindicato dos Trabalhadores nas Indústrias Metalúrgicas de São Bernardo e Diadema, conferência "Mulher Trabalhadora, sua situação na sociedade".

1989 – Central Única dos Trabalhadores, Secretaria de Política Sindical-Comissão Nacional da Questão da Mulher Trabalhadora e Secretaria de Relações Internacionais. Seminário "Participação social, econômica, política e sindical da mulher trabalhadora na sociedade brasileira", conferência "Direitos da mulher trabalhadora na nova constituição".

1990 – I Encontro dos Conselhos de Profissionais, São Paulo, Painel: "A educação para libertação da mulher – o mercado de trabalho".

1990 – Curso sobre a Questão da Mulher Trabalhadora. Mesa "A mulher no mercado de trabalho urbano e rural". CUT – Nacional-CQMT, Cajamar.

1990 – Seminário "Trabalhadoras: De tutela à igualdade", Mesa "Igualdade e diferença: trabalho e maternidade". São Paulo, CUT-Nacional – CQMT/ILDES.

1991 – Seminário "Ser Mulher em São Paulo". Prefeitura de São Paulo.

Outros artigos

"De Nairóbi a Bertioga: viagens aos confins dos feminismos", *Desvios,* nº5, março 1986, p. 45-50.

"Movimento no feminino", *Desvios,* nº 11, cf. out. 13, em colaboração com M. C. Paoli.

"Le mouvement des femmes en Amérique Latine: l'expérience brésilienne", *Paris Féministe,* nº 42, março 1987, p. 28-31.

"Mulher ainda luta por espaço", *Ligação, Revista Sindical Metalúrgica* SBC/ DDA, n° 01, maio-julho 1989, p. 20-22.

"A humilhação da mulher operária – mais-valia feminina", *Teoria e Debate,* n° 8, out-dez, 1989, p. 42-45.

Jornais

"Negras: quem não se organiza, dança", *Em Tempo,* 15-28/5/80, p. 15.

"Mulher metalúgica – vai começar o I Congresso em São Paulo", em colaboração com A. Silveira e R. Moysés, p. 7.

"Agnes Heller. Uma escolha entre a vida e a liberdade", em colaboração com C.Barroso, *Mulherio,* ano III, n° 11, jan-fev, 1983, p. 14-15.

"Pagu", *Mulherio,* ano III, n° 12, março-abril, 1983, p. 6-7.

"Os rumos do feminismo. O feminismo é uma cachaça. Relato pessoal e parcial de uma viciada", *Mulherio,* ano IV, n° 17, jul-ago, 1984, p. 15-16.

"Sob o signo de Cinderela (Sobre Colette Dowling)", *Mulherio,* ano VI, n° 24, jan-fev, 1986, p. 5.

Entrevistas dadas à imprensa

"A difícil – mas possível – ação feminista nos partidos políticos", *Mulherio,* ano I, n° 3, set-out, 1981.

"Um lugar no governo", *Mulherio,* ano II, n° 10, nov-dez, 1982, p. 8-9.

"Opinião" (Sobre o Conselho da Condição Feminina), *Mulherio,* ano III, n° 13, mai-jul, 1983.

"Elections présidentielles au Brésil le 15/11. Il nous faut un gouvernement innovateur et progressiste", *Unité.* Montréal, 11.11.1989, propos recueillis par Ph. Boudreau.

"Brésil. Forces et faiblesses du mouvement des femmes". Entretien avec E. Souza-Lobo, *Cahiers du Féminisme,* n° 53, verão de 1990, p. 30-33.

Projetos de Pesquisa

"Trabalho e trabalhadores(as) em São Paulo: trajetórias", Departamento de Sociologia, FFLCH-USP, 1988, p. 3.

"Trabalho e divisão sexual do trabalho: o caso do Brasil nos anos 80", DESEP/ CUT, 1990.

Outros

Notas sobre os movimentos de mulheres, Departamento de Sociologia, USP, 1987.

Texto para "EROS", calcografias de Iole Di Natale, s/d.

O texto desta edição do livro *A classe operária tem dois sexos* foi composto em Times New Roman no corpo10.5/12.6. A capa foi impressa em papel Supremo 250g; o miolo foi impresso em papel Bolvory 65g.